U0530492

# 更优

## 战略财务变革八法

方世力 著

中国宇航出版社
·北京·

版权所有　侵权必究

图书在版编目（CIP）数据

更优：战略财务变革八法 / 方世力著. -- 北京：中国宇航出版社，2023.12

ISBN 978-7-5159-2205-8

Ⅰ.①更… Ⅱ.①方… Ⅲ.①财务管理 Ⅳ.①F275

中国国家版本馆 CIP 数据核字（2023）第 247344 号

| 责任编辑 | 刘　凯　马　喆 | 封面设计 | 王晓武 |

出版发行　**中国宇航出版社**

| 社　址 | 北京市阜成路 8 号　邮　编　100830 | 版　次 | 2023 年 12 月第 1 版 |
| --- | --- | --- | --- |
|  | (010)68768548 |  | 2023 年 12 月第 1 次印刷 |
| 网　址 | www.caphbook.com | 规　格 | 710×1000 |
| 经　销 | 新华书店 | 开　本 | 1/16 |
| 发行部 | (010)68767386　(010)68371900 | 印　张 | 21.5 |
|  | (010)68767382　(010)88100613（传真） | 字　数 | 272 千字 |
| 零售店 | 读者服务部 | 书　号 | ISBN 978-7-5159-2205-8 |
|  | (010)68371105 | 定　价 | 50.00 元 |
| 承　印 | 北京中科印刷有限公司 |  |  |

**本书如有印装质量问题，可与发行部联系调换**

# 目 录
CONTENTS

1/ 引 言

7/ 第一章 站到更全的角度

9/ 第一节 战略财务的高度
9/ 什么是战略财务
12/ 辨识战略财务工作

16/ 第二节 创造价值的尺度
16/ 站到需求侧
18/ 提供高品质的数据
23/ 财务也能创造价值

26/ 第三节 推动变革的维度
26/ 转型就是变革
29/ 推动财务数字化转型
33/ 转型为了强化管控
36/ 把变革进行到底

41/ 第四节 成就员工的角度
41/ "拼积木":把任务系统化
46/ 共享价值

## 49/ 第二章　选择更难的方案

### 51/ 第一节　不走捷径
51/ 不走捷径是价值观
53/ 预期性变革最难
57/ 根治问题也难

### 63/ 第二节　追求系统最优解
63/ 在约束条件下工作
65/ 寻求最优解
68/ 新一轮成本管控

### 73/ 第三节　寻找工作的意义
73/ 意义与幸福：积极心理学
77/ 意义感、成就感、归属感
80/ 在工作中寻找意义
82/ 资金安全的守望者

### 86/ 第四节　建设司库大厦
86/ "司库大厦"
89/ 建设与应用

## 93/ 第三章　锚定更高的目标

### 95/ 第一节　法乎其上
95/ 憧憬目标
98/ 从目标到蓝图
100/ 目标是"全国有名"

### 102/ 第二节　锚紧目标的过程管控
102/ 长周期要有过程管控
106/ 过程管控要解决问题
108/ 始终锚定"全国有名"

### 114/ 第三节　轨道控制与保持
114/ 把经验转化为流程
119/ 纳入制度轨道
121/ 财务工作质量保证体系

### 124/ 第四节　一张蓝图绘到底
124/ 像节拍器一样规律
126/ IT化和组织变革

## 130/ 第四章　成为更好的自己

### 132/ 第一节　卓有成效的管理
132/ 会计是知识工作者
135/ 专业洞察力
138/ 管理知识工作者

### 140/ 第二节　用身影指挥人
140/ 情境领导理论
143/ 管理者与领导者
147/ 从运动员到教练

### 152/ 第三节　认识自我
152/ 认识自我与脑科学
153/ 认识自我与心学
155/ "量化自我"运动
158/ 性格测试（MBTI）

### 163/ 第四节　管理自我
163/ 时间管理
168/ 管控注意力
170/ 情绪管理

**174/ 第五节　在舒适区外成长**

174/　成长的心态
177/　走出舒适区
183/　从自己开始变革

# 185/ 第五章　融入更大的团队

**187/ 第一节　依靠团队**

187/　团队的力量
189/　关键任务团队
191/　小团队组成大团队
194/　扩大团队的开放区

**196/ 第二节　动车组团队**

196/　团队的角色
198/　团队的组织模式
201/　团队驱动力

**203/ 第三节　团队赋能**

203/　积极反馈
207/　领导与教练

**211/ 第四节　塑造团队文化**

211/　文以化人：航天企业文化
215/　从企业文化到团队文化

## 219/ 第六章　讨论优先于辩论

### 221/ 第一节　个人间的沟通
221/ 营造良好的沟通氛围
223/ 积极倾听
226/ 达成沟通目的

### 229/ 第二节　给任务起好名字
229/ 好名字的重要性
233/ 规范团队自己的语言

### 236/ 第三节　团队的沟通
236/ 轮毂式沟通
238/ 主持小团队讨论
245/ 推动信息公开与共享

### 251/ 第四节　学会用故事沟通
251/ 人脑是故事处理器
255/ 练习讲故事
257/ 对上沟通"要下毛毛雨"

## 260/ 第七章　分母优先于分子

### 261/ 第一节　度量是管理的基础
261/ 量化管理
266/ 数据也会骗人
271/ 平均数的陷阱

### 274/ 第二节　没有全面性就没有系统性
274/ 整体主义
276/ 全面性难得
280/ 把握系统性

### 286/ 第三节　分子分母一起抓
286/ 二八定律：抓关键
289/ 长尾理论：抓分母

## 292/ 第八章　完成优先于完美

### 294/ 第一节　目标不要跑偏
294/ 跑偏与走样
297/ 岔口与诱惑
301/ 考核的陷阱

**303/ 第二节 不能半途而废**

303/ 0.1与半成品
308/ 防止成为烂尾楼

**310/ 第三节 推到不可逆阶段**

310/ 自然停止点
314/ 不可逆的本质：交班可积

**317/ 第四节 坚　韧**

317/ 顺势而为
319/ 渐进主义
323/ 愚公移山

# 329/ 后　记

# 引 言

当我第一次触摸到胡夫金字塔的巨大石块时，心底涌出一种历史感，石块在近4600年的时间长河中，历经吉萨高原风沙的剥蚀，变得坑坑洼洼。我对胡夫金字塔并不陌生，观看和阅读过海量的影像资料，但第一次站到它的脚下，还是被它的古老、巍峨震撼了。胡夫金字塔几乎见证了人类文明所有的历史，从亚历山大、凯撒到拿破仑，以及在咫尺开外的金字塔酒店召开的开罗会议。金字塔可以说很古老了，但会计这个职业竟比它还古老。据考古学发现，人类用文字记录下来的最早一句话是："29086（单位）大麦，37个月，库辛。"很多人认为，"库辛"是一位会计人员，也就是说，人类用文字记录下来的第一位人物，不是国王，

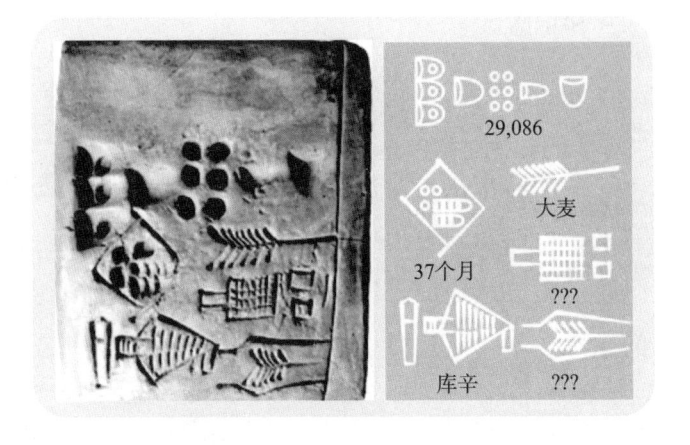

也不是宗教领袖,而是一个会计——我们的一位同行!具体记录这段文字的考古文物出土于两河流域的乌鲁克城的苏美尔文明,距今约有5000年。库辛用楔形文字在泥板上记录下这句话后的几百年(大约是宋元时期到现在的时间),胡夫金字塔才开始修建。

在中国,会计也是一门古老的职业。《周礼》记载,西周设有"司会"部门,负责对财务收支活动进行"月计岁会"。在司会之下,又设有司书、职内、职岁和职币四个机构,其中司书掌管会计账簿,职内掌管收入类账户,职岁掌管支出类账户,职币掌管财务结余。

古今中外,不少著名人士都和财会工作有关。根据《孟子·万章下》记载:孔子尝为委吏,曰:"会计当而已矣",意为"算账计数必须准确才行呀"! 1928年邓小平从苏联回国后担任中央事务秘书长,领导中央机关秘书处的工作,其下就设有会计科。陈云12岁靠亲戚资助,在离家20多公里的青浦县立乙种商业学校读书,学习一般高小课程及珠算、簿记,在校的时间虽短,但学会了珠算和记账。

毛泽东1955年12月第二次编辑《怎么办农业生产合作社》时作出批示:"'没有会计',是反对合作化迅速发展的人们的借口之一。全国合作化需要几百万人当会计,到哪里去找呢?其实人是有的,可以动员大批的高小毕业生和初中毕业生去做这个工作,问题是要迅速地加以训练,并且在工作中提高他们的文化和技术的水平。"我父亲高小毕业后在生产队当了一名不脱产的会计，他用工整的简体字记录社员们的工分，核算生产队的每一笔收支。

父亲当年手记的一本已经残缺的流水账我保存至今，但我没想到自己会子承父业。参加工作以后，我一直在中国航天科技集团有限公司（以下简称集团公司）从事财会相关工作。从中国运载火箭技术研究院（以下简称火箭院）的主管、副处长、财务处长到三级单位的总会计师，从火箭院的会计机构负责人到火箭院总会计师再到中国空间技术研究院（以下简称卫星院）的总会计师，从集团公司的会计机构负责人到集团公司的总会计师，我几乎遍历了集团公司内部所有的财会岗位。择一业终一生，干一行爱一行。

回顾近 30 年的航天财会生涯，有几件工作差强人意，比如在火箭院推行的全面预算管理和会计内部控制体系，在卫星院推行的财务工作质量保证体系，以及在集团公司推行的司库建设、新一轮成本管控和财务信息化促管理能力三年跃升工程（以下简称财务信息化三年跃升工程）等。这几项工作，是在不同时期为落实单位主要负责人的管理要求制定的财务系统解决方案，都是打基础、利长远的长期复杂工作，组织管理难度堪比一个个航天型号任务，都属于战略财务工作。所谓"不谋万世者，不足谋一时；不谋全局者，不足谋一域"，战略财务工作，就是要处理好局部和全局、当下和长远的关系，进而明确目标、确定重点、找到关键、系统推进。抓战略任务，就得站到更全的角度、锚定更高的目标、选择更难的方案，群策群力、群威群胆，才有可能建成一个既有价值又有意义，能随着时间推移不断完善的、有生命的系统。

岁月不居，时移世易。会计这门古老职业也面临着人工智能的时代变革。剑桥大学研究机构列出最易被人工智能取代的职业有：电话推销员（被取代概率99%）、打字员（98.5%）、会计（97.6%）……另一家研究机构调查显示，在1800多个职业中，会计和程序员最缺少成就感。作为财会团队的领导人，我们对成员负有什么样的责任，在团队中要扮演什么角色？在领导财务变革、推进长期复杂任务的过程中，我们希望团队成员做什么、怎么做，又能让他们收获什么、给他们承诺些什么呢？

俗话说"人不亏地、地不亏人"，战士在战斗中成长，我们希望团队成员在完成这些战略任务后变成更好的自己、融入更大的团队，获得满满的成就感、意义感和归属感。积极心理学之父马丁·塞利格曼在普林斯顿大学读书时，被老师问到所期许的未来自我是什么样子，他回答道："要像维特根斯坦一样，被忠实的学生和追随者簇拥。"那我呢？如果问我，那我就回答说："要像奥兹的魔术师一样，给人们带去他们所需要的东西。"我喜欢《绿野仙踪》这个故事，结局皆大欢喜：狮子获得了勇气，如同有的人坚定了信心和决心；稻草人有了大脑，如同有的人收获了知识与成就；铁皮人有了一颗心脏，如同有的人找到了意义和幸福；小女孩多萝茜回到了温暖的家，如同有的人体验到了爱与归属。所有这一切，虽然是稻草人和铁皮人他们原本就拥有的，但确实都与奥兹的魔术有关，都是由魔术师点化出来的。

现代管理学之父彼得·德鲁克认为自己最重要的贡献是"创建了管理这门学科"，一直"围绕着人与权力、价值观、结构和方式来研究这一学科"，把管理当做一门真正的综合艺术。德鲁克说："人比这些概念有趣多了""管理就是激发和释放人心中的善意"。就管理而言，他指出了"人"和"事"之间存在着精妙的关系：一方面因人成事，另一方面人在事上磨砺而得以进步；反过来，失败的情形也一样。我理解，优秀的团队领导人要有魔术师般点石成金的"金手指"。这本书是关于"财务人"的，我自己是一名财务人员，总结介绍的是财务工作，主要的目的是与财务同仁们交流研讨。财务人，财、务、人。"财"就是财务领域、财务理论、财务视角；"务"就是"事"，就是那几项长期复杂的战略任务；"人"就是管理、团队与沟通。我试图从这三个维度展开，来探讨在战略财务变革领域如何成功推进这些长期复杂的任务。

全书分为8章，以"更优"为主线凝练出"五更三优"的战略财务变革八法，第一章站到更全的角度，讲思维变革，如何树立战略财务思维；第二章选择更难的方案，讲价值观变革，如何选择系统性的解决方案；第三章锚定更高的目标，讲目标制定与过程控制，如何实现一张蓝图绘到底；第四章成为更好的自己，讲自我管理与终身成长；第五章融入更大的团队，讲团队与组织，如何组建财务的"动车组团队"；第六章讨论优先于辩论，讲沟通，如何形成团队的共识、讨论出更好的方案；第七章分母优先于分子，讲系统谋划，如何在抓全面的基础上抓重点、抓关键；第八章完成优先于完美，讲问题导向，如何防止目标跑偏，如何防止半途而废。每一章虽各有侧重，但由于战略财务变革本身就是一个有机系统，无论怎样分开说也避不开彼此之间的联系，加上"人"和"事"如同量子般纠缠在一起，所以部分章节的内容存在交叉，尚希各位同仁明鉴。

# 第一章

# 站到更全的角度

一年一度的财务决算工作是财会人员的重头戏。从费用报销、合同结算、经费催收、发票开具、资产盘点，到费用分摊、收入确认、指标核对，从合并报表范围的确定到与会计师事务所的沟通，财务决算工作涉及面广、工作量大、时间跨度长。财务报表编制岗的特点是政策性强、准确性高、时限性紧，多由团队中经验丰富、专业能力较强的业务骨干担任。我在卫星院"找亮点"时，认识了很多"老表姐"，她们介绍自己最自豪的工作成就时，讲了很多有关决算的感人故事：有人做项目结算，连续加班36个小时；有人躺在病床上做财务报表，上级审核通不过，反复改了三次；有人元旦大雪夜凌晨刚到家，还没拿出钥匙开门，又被叫回去修改数据；有人因为一分钱对不上，反反复复地查找，新婚丈夫几次提出能不能自己"补"上。财务报表是财务决算工作的重要工作成果，也确实是财会系统最重要的产品之一。

财务报表是反映某一特定时点财务状况和某一会计期间经营成果、现金流量等财务信息的法定文件，对外披露时按规定从填表人、会计机构负责人到总会计师、单位负责人要层层签章，会计机构负责人、总会计师对财务报表进行审核，要确认内容的真实性、准确性，单位负责人要确认其真实性、完整性。2011年集团公司要求抓紧报送正式签章的财务报表，我当时刚任火箭院的总会计师，同时还兼任会计机构负责人，抱着厚厚一大摞报表去院长办公室请他签字。他拿起笔又放下，抬头看着我说："能签吗，没问题吧？"航天单位的一把手大多是航天技术专家，对按会计准则和会计制度进行确认、计量、披露的业务，大多授权甚至依赖总会计师或会计机构负责人把关。我抱过来让他签字的11份报表，分别会报送财政部、国资委等上级部门和集团公司总部，却几乎不能支撑火箭院的任何内部管理；对院长来说，耗费了财务系统20%的人力、很多财会人员为之自豪的最重要的产品，只是确认真实性、完整性的法律责任。

"横看成岭侧成峰，远近高低各不同"是视角不同。"会当凌绝顶，一览众山小"是站位不同。视角和站位不同，看到的风景、内心的感受也会不同。单位负责人和其他业务人员看财务工作，与财务人员自己看财务工作，基于内、外部视角的不同，就如同买家秀和卖家秀，差别会特别大。

## 第一节　战略财务的高度

### 什么是战略财务

新中国成立以后，尤其是改革开放以来，中国的财务管理不断与国际接轨，理论研究和实践探索的案例也日益丰富。企业集团的总会计师定位已远不同于借鉴苏联时代"一长三师"（厂长、总工程师、总经济师、总会计师）时的职能，很多企业集团在实践中对总会计师职责进行了重新定位。如何在日复一日看似平常的长周期管理活动中，辨识出战略财务工作，是新时代总会计师们需要优先回答的问题。

"财"来自《周易》的《象》。"天地交，泰。后以财成天地之道，辅相天地之宜，以左右民。"财者，裁也，裁道成务，彰往察来，转识成智。所以"财者，为国之命，万事之本"。

虽然"财"这个字出现超过3000年，人类有文字记载以来的第一个职业也是会计工作，有人也考证出孔子曾从事过会计，但我相信，谁也不可能真把这3000年来的财务管理演变过程说清楚，我们所熟知的财务管理还是伴随现代企业制度的演变而演变的。

我从2000年年底起从事财务会计工作。2001年，根据国务院稽查特派员的要求，我带领团队编出了第一份火箭院的"合并"会计报表，由于上级部门尚未出台相应的办法、规则，我们是探索性地解决了其中涉及的军工科研事业单位报表科目的转换、模拟抵消等问题。2002 年，火箭院新任院长从通用电气（GE）学习考察回来后提出，要加强"以财务管理为核心的综合管理"，要求财务部门牵头建立全级次、全要素的预算管理体系。我带领团队在 2003 年年初编制了第一本火箭院的全面预算报表。记得当时院长听完合并了 100 余家成员单位的全面预算后，感叹地说："我现在才真正是全院的院长了。"说这些经历，只是想说，2000 年左右，像集团公司这样的由政府部门到行业性总公司、再改制为企业的集团，才刚刚开始企业化转型。财务部门单独设置不久，财务管理刚刚与计划管理分离，合并报表、预算管理等工作刚刚开始推动。

随后 20 多年来，中国经历了大的飞跃，GDP 跃升至世界第二，进入《财富》世界 500 强排行榜的企业也越来越多。大企业集团财务管理对标世界一流水平，匹配企业自身的实际情况，财务管理职能和组织结构不断进行适应性调整。财务管理出现专业化分离，财务管理涵盖了越来越多的内容，诸如预算管理、成本管理、资产管理、绩效评价等等。面向大型企业集团整体和总部的战略财务也逐渐浮现出来。

在此期间，一些国际咨询公司把大型企业集团的财务管理理念从国外带到国内，如大家都比较熟悉的两个三角形的变化，从基础作业占比大向管理支持占比大的三角形结构转变。一些市场化程度比较高的企业较快地借鉴了国外财务管理模型，像华为财经体系、中兴通讯财务共享中心都是从这个时期开始起步的。其直接影响就是把基础作业分离到了财务共享服务中心，基础作业之外的管理职能又逐步向战略财务、业务财务分离转化。

我们这批较早建设财务管理体系的参与者，也是财务三角结构转化的见证者，对战略财务这个新生事物——中国大型企业集团财务管理整体层面进化出来的产物——的进化过程是清楚的。但我认为，仅仅从自下而上、自内而外的财务内部视角来界定战略财务工作，在实践中会导致"买家秀"和"卖家秀"的差别，是不完整的，也是不准确的。

那什么是战略财务呢？一位清华大学讲授战略人力资源的教授认为，战略人力资源就是要求单位主要负责人决定的有关人力资源方面的管理事务。从某种意义上，也可以把这句话中的"人力资源"替换成"财务"。所谓"战略财务"，就是要求单位主要负责人关注的财务管理工作。这就是战略财务工作的应有高度。

我理解，战略财务工作是单位财务负责人（总会计师）在战略思维指导下推动的相关工作。具体来说，战略财务工作是总会计师在战略思维指导下识别财务工作的关键和重点，抓准财务工作结合点和着力点，带领财务团队开展创造价值、推动变革的各项实践活动。

从概念来看，战略财务与战略管理有区别。战略管理是对战略分析、选择、实施的管理过程；战略财务是战略思维在财务领域的实践活动。战略财务与财务战略有区别，财务战略是一种职能战略，战略财务是总会计师亲自推动的财务活动。战略财务与财务管理有区别，传统财务管理是对投资、筹资、利润分配等的管理活动，战略财务更聚焦于中心任务和决策支持，有时也可能包括经营活动。

一般来说，战略财务工作呈现出创新性、外部性、累积性的特征。

创新性。战略财务面对的是不确定的外部环境和持续提升的内部管理要求，在实践中往往表现为首创型的财务活动。战略财务可以通过推动财务运行机制扁平化、智能化的转变进而带动企业经营管理机制的变化，可以围绕中心、面向业务、支持决策推动财务管理职能拓展，可以通过财务数字化转型促进财务工作从流程驱动向数据驱动与流程驱动并重转变，持续不断的创新是战略财务支撑企业获得并保持竞争优势的根本保障。

外部性。在企业的经营管理活动中，与研发活动、市场活动相比，财务活动重要程度小；与生产活动、市场活动相比，财务活动工作业绩的反馈速度慢，具有过程性特征。这种过程性特征，容易养成财务人员的内部视角，缺乏用户意识、产品意识，要破解这个矛盾，首先要跳出传统财务思维，把每一项财务工作的使用对象具体化，站在用户角度思考问题，提供有价值的数据产品和服务，让自己的工作成果为别的岗位所使用，在系统外部实现工作价值。

累积性。战略财务活动本身具有长期性、复杂性特点，其取得成效的好坏最终体现在是否补齐短板、锻造长板、形成核心竞争力，可能是一个螺旋式上升的过程。此外，人们对创新性活动的初步接受、达成共识和付诸行动也需要一个过程。因此在具体实施过程中不可能一蹴而就，需要从战略思维出发适配阶段性需求和资源，做好过程跟踪，抓准关键节点，提前设置放行准则，建立"里程碑"考核机制，持之以恒、持续改进，不断迭代、动态协调，才能产生满意结果。

## 辨识战略财务工作

一个合格的管理者，必须做好承上启下的工作。承上是战略，启下是执行；如果对一些专业性较强的工作领域来说，这其实是两次重要的"翻译"工作。把上层的战略，翻译成本领域的工作目标；再把工作目标，翻译成可供分解落实的工作任务。也就是说，管理者要让团队成员知道做什么，也知道怎么做。

把战略翻译成工作目标，"知道做什么"，这就是我们上面说的战略思维。在战争中，如果指挥员不知道自己在全局中的任务，就会犯拿破仑麾下格鲁希元帅所犯的错误，他根本不知道自己打的是"101高地"还是一个毫无意义的小土包。作为管理者，要知道企业初心使命、企业发展战略，以及企业使命、战略对自己的部门、领域有什么样的要求。当然，管理者还要对业务有深入理解。不懂业务，就像是在黑洞洞的环境里盲抓，容易掉入为了做事而做事，为了管人而管人的陷阱。

总会计师是本单位的班子成员，但另有特别的任职要求，属于专业领导干部。国务院《总会计师条例》规定的总会计师任职条件包括：取得会计师任职资格后，主管一个单位或者单位内一个重要方面的财务会计工作时间不少于3年；有较高的理论政策水平，熟悉国家财经法律、法规、方针、政策和制度，掌握现代化管理的有关知识；具备本行业的基本业务知识，熟悉行业情况，有较强的组织领导能力；等等。

由于财会工作的专业性，总会计师更要做好这两次"翻译"工作，其中第一道翻译，也就是把单位的战略"翻译"成本系统的工作目标，换个角度讲，就是战略财务工作的辨识工作。

战略财务活动就像一个个"靶子"，有些近在咫尺、位置固定，不用瞄准就能命中，另外一些则距离较远，转瞬即逝，大多数人甚至根本意识不到它们的存在。战略财务识别是先有"靶子"再瞄准的过程，是要先识别出来再开枪，而不是先开枪再画"靶子"，不是总结出来的工作。

基本型的战略财务活动可以从总会计师的主要职责来概括：企业会计基础管理、财务管理与监督、财会内控机制建设和重大财务事项监管等。这些职能是出资人赋予总会计师的基本必要职责，其具体财务活动是战略财务的底线。

除了基本型的战略财务活动外，比较难识别的是需要提级的战略财务活动。"提级"指提升到上一个更高的等级或级别，一般是指一件事情或者一个问题被提到高级别的人来处理。

例如，作为集团公司总会计师，近几年在实际工作中，我把以下三类工作提级成了战略财务工作。

一是把落实国家战略部署的财务相关工作提级为战略财务工作。在财务领域落实好党中央、国务院重大决策部署是战略财务的根本遵循，这些工作必须也必然是战略财务的重中之重。防范金融风险、清理拖欠中小企业账款、履行会计监督职责、严肃财经纪律等工作是落实防范化解重大风险、构建新发展格局、全面从严治党和贯彻新发展理念等重大理论和实践问题在财务领域的具体实践，我们第一时间把这些工作提级为战略财务，在企业主要负责人的授权下，总会计师直接负担起部署、推动、落实落地的各项职责。

二是把适配企业战略要求的财务活动提级为战略财务工作。企业战略目标要转化为重点任务和实施途径才能落地，战略财务要把战略重点任务"翻译"成财务重点工作，这些工作就构成适配战略要求的战略财务活动。集团公司明确了建设世界一流航天企业集团、支撑世界一流军队建设、全面建设航天强国的战略目标,为实现这一目标,集团公司把科研生产模式转型升级作为重要战略任务。

重大航天项目都是复杂的工程系统,决定了集团公司内部存在着大量的交互协作关系。与此适配,集团公司开展了全级次、全范围的内部往来款项清理活动。财务工作从内部往来款规模大、差异率高、分歧多等现象出发,梳理出现行科研生产管理模式中存在资源配置不科学、运营效率和管理效能不高、市场化法制化意识薄弱等问题,把开展内部往来款清理提级为助推科研生产模式转型升级的战略财务活动,以解决科研生产经济运行中的堵点、痛点为目标,确定了动员部署、全面清理、完善提升三个阶段的重点任务。经过动员部署和全面清理,集团公司形成了一本台账(往来款处置台账)、一本计划(往来款管理提升工作计划),并进一步"简化""极化"协作关系,构建集团内部清晰合理的经济协作关系;以建立健全合同管理为抓手,建立合理的内部市场规则;同时形成了业财联动的工作机制,扎实推进、久久为功,务求工作取得长效。

三是把解决发展阶段主要矛盾的财务活动提级为战略财务工作。企业经营管理中一些重要的基础性工作,在企业不同的发展阶段有可能演变为影响企业发展的主要矛盾,解决这些矛盾的财务相关工作也必须提级为战略活动。成本管控是集团公司长期以来持续推动的基础性工作,经济形势好的情况下,成本影响可能不突出,但在装备价格阶梯降价和竞争性采购等外部环境的影响下,成本管控工作成为实现高效益推动国防和航天强国建设任务的主要工作。由集团主要负责人亲自推动,总会计师牵头实施的新一轮成本管控工作,从建立成本管控月度检查例会机制为切入口,从构建"3+10"成本管控监测指标体系开始抓，通过一项项举措，把成本管控这项战略财务工作一直推到了不可逆转的阶段。

## 第二节　创造价值的尺度

### 站到需求侧

站到需求侧，是针对财务负责人说的，是基于思考问题的角度，也是基于谋划工作的立场。站到需求侧，就是站到用户的角度，以用户为中心，识别用户的需求、满足用户的需求，在给用户提供使用价值的同时创造价值。

什么是价值、如何度量价值？价值是如何创造的？价值和价格的相互关系是什么？这些问题，都是经济学研究的永恒主题。对财务等职能部门来说，这些问题同样重要。否则我们付出了艰辛劳动，不仅不能创造价值，反而会造成价值的损耗。

战略财务的原点是什么？我觉得应该是实事求是满足用户的需求。因为价值一定要通过交换来实现，变成用户的使用价值。这里的用户是指战略财务的用户，包括外部和内部的用户。首先是企业外部的用户，这是战略财务的最终服务对象，以为用户创造更多价值为主要目标，是一种效益观。其次是企业内部对财务产品和服务的需求者，围绕中心、面向业务，提供高效的财务产品和服务，是一种效率观。以用户为中心，只理解用户需求而没有满足用户需求是没有意义的。理解用户需求是基础，满足用户需求是关键。

市场营销学中有一个"FAB"法则，可以从产品的属性（Feature）、功能（Advantage）、益处（Benefit）顺序向顾客营销。与此类似，一般思考财务活动的顺序通常也是从财务自身出发，构成了"供给方-属性-功能-益处-需求方"的认识主轴，这个主轴我们可以称为习惯主轴（基于供给侧）。而企业决策层一般首先会想到"财务活动能给企业带来哪些益处"，这刚好与习惯主轴的顺序相反，形成了"需求方-益处-功能-属性-供给方"的期望主轴（基于需求侧）。

战略财务的确立过程就是从基于供给侧的习惯主轴向基于需求侧的期望主轴转变的过程。只有符合企业用户、上级主管部门和企业决策层的管理需求的关键和重点财务活动才是战略财务活动，只有满足这些管理需求的战略财务活动才是有效的战略财务活动。

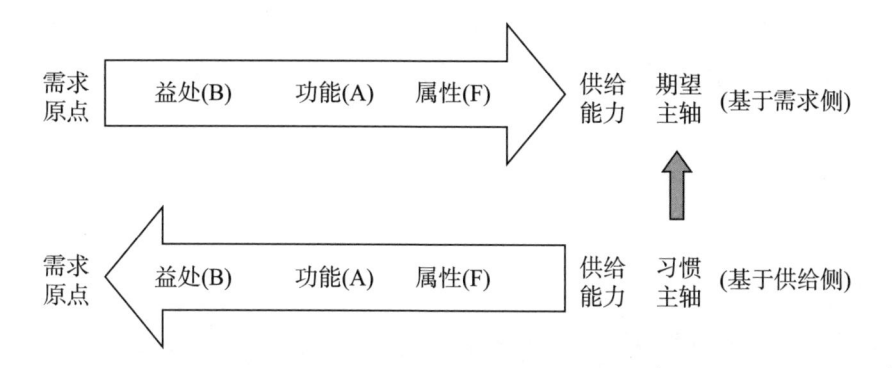

```
需求        益处(B)    功能(A)    属性(F)   供给   期望
原点                                          能力   主轴   （基于需求侧）

                                                     ↑

需求        益处(B)    功能(A)    属性(F)   供给   习惯
原点                                          能力   主轴   （基于供给侧）
```

人性的本能是以自我为中心，以用户为中心是逆向做功。在战略财务主轴转变的过程中，没有任何物理变化，也无需昂贵的代价，甚至没有时间延迟的过程。对个人来说，这种转变可以在毫秒之间发生，所需要做的只是头脑中的一闪念、眼睛一眨或者采用一种新的观察方式。但这是一个观念变革，对囿于惯性思维的人来说就是一次破茧成蝶。对整个组织来说，更是一个缓慢和艰难的变革过程。

华为公司的财务系统经历过这种变革。2015年，华为公司内部《管理优化报》刊发了《一次付款的艰难旅程》的文章，反映了一线人员向客户预付款时遇到审批多、流程复杂的问题，引发华为内部员工的激烈讨论。文章说："对一线而言，找不到流程入口、不知道全流程的所有要求和操作规范，流程指导和说明往往比流程本身更难懂和复杂；我们的流程建设多针对的是某个具体业务场景，防范的是特定风险，在设计上往往防卫过当，不考虑执行成本，更不用谈面向对象的流程拉通和友好的用户界面了。"这篇文章最终惊动了任正非，任正非对财务系统提出了批评。任正非说："据我所知，这不是一个偶然的事件，不知从何时起，财务忘了自己的本职是为业务服务、为作战服务，什么时候变成了颐指气使，皮之不存、毛将焉附。我们希望在心声社区上看到财经管理团队民主生活发言的原始记录，怎么理解以客户为中心的文化。我常感到财务人员工资低，拼力为他们呼号，难道呼号是为了形成战斗的阻力吗？"

任正非的问题值得每一个财会人员反思。我在火箭院请院长签字的例子也表明，一个财务人员把报表做到极致，如果没能满足用户的需求，也不会得到好的效果。我们不能用"没有功劳，也有苦劳"来安慰自己。企业所有的职能部门都要避免自娱自乐，要不断增强自己的用户意识。

### 提供高品质的数据

稻盛和夫在《经营与会计》中提出，会计将成为现代经营的中枢，因为经营者必须正确掌握企业活动的真实状态，才有可能带领企业长期持续地发展。如果想认真经营企业，那么经营数据决不允许有任何人为的操作，它必须反映企业经营的实态，它必须是唯一的真实数据。

量化管理之所以更精细、科学，前提是基础数据必须真实、准确。财务部门是企业天然的数据中心，是企业管理的神经系统。我们首先要守护好财务数据的质量，为业务部门和决策层提供高品质的基础数据。

"财务造假""统计造假"，一直为决策层所诟病。20世纪90年代曾流传一则笑话，讲的是不同部门提供数据的准确率，财务部门看不起统计部门，统计部门看不起气象部门。气象部门发布天气预报，明天下雨的概率是67%。仔细一问数据来源，是三位专家中有两位专家猜测明天会下雨。如今气象预报的准确率提高了不知多少倍，分时分区域的，短时半个月的，是小雨、中雨还是大雨、暴雨，早就很好地满足了人们日常生活的需要。但财务部门和统计部门之间，依然是"鹅蛋瞧不起鸭蛋，有色金属瞧不起黑色金属"，数据质量被一直诟病至今。

集团公司也存在财会数据质量不高、不好用甚至不能用的问题。例如，在推动航天型号项目限成本设计时，设计人员普遍反映缺乏成本数据支撑。在推动压控存货、应收款项的过程中，单位各级领导大多注意到财务数据不精细、不准确、不及时的问题，财务部门提供的数据不好用。近些年国家审计等外部监督检查也发现部分成员单位仍存在成本高留低转、计提减值准备不充分、购销业务中人为增加购销环节等问题。这些问题带来的粉饰业绩甚至是业绩造假，从而导致上级、股东对其绩效评价不准、业绩考核不实，进一步导致资源错配以及国有资产损失。

数据质量是财会工作的生命线。我们通过财务信息化三年跃升工程，汇聚起了集团公司全量的财会数据，目前结构性数据已经超过2TB。这些数据好比丹江口水库的湖水，只有水质优良，南水北调工程的价值才能彰显；只有数据准确，财务信息化三年跃升工程的价值才能彰显，财会人员的本职工作才有价值。我们下决心要系统提升财务工作规范性水平，守住数据质量的生命线。

我们首先明确底线，旗帜鲜明地反对"假、乱、空"等行为；其次是划定了财会人员的"十条红线"；再次是坚持标线，持之以恒抓好财务会计规范性的重点工作；最后是要推动高线，构建财务工作质量保证体系。

首先明确底线。一是严禁"假业务""假合同""假单据"，做财金纪律的坚定捍卫者。"假业务"主要包括开展以贸易业务为名、实为出借资金、无商业实质的融资性贸易；开展以出表为目的、尤其是提前回购的应收账款保理业务。"假合同"主要包括通过虚构交易、循环交易、人为增加购销环节等，开展虽没有融资性质，但缺乏实物流、脱离贸易实质的"空转""走单"和"循环贸易"；以及在购销业务中人为增加购销环节，增加项目成本的行为。"假单据"主要包括编造与项目实际进度不符的收入成本结算单，推迟或提前确认收入成本；变造发票骗取国家税款或偷逃税款，以及以报销假发票虚列支出套取资金等。坚决抵制"假业务""假合同""假单据"等业务造假造成的财务造假行为，财务人员要杜绝应发现未发现、应提醒未提醒、应制止未制止、应报告未报告的情形，避免造成重大损失，做财金纪律的坚定捍卫者。二是杜绝"乱分摊""乱抵销""空计提""空结转"等会计核算乱象，做财金纪律的模范遵守者。"乱分摊"主要包括财务部门无依据或依据明显不合理分摊各类费用，以及在各项目间随意调整分摊各类费用等。"乱抵销"主要包括财务部门人为编造或篡改抵销事项，不基于对账结果进行报表合并抵销，随意调整差额表等。"空计提"主要包括财务部门无依据或依据明显不合理计提各项费用，以及未按减值测试结论计提减值等。"空结转"主要包括财务部门无依据或依据明显不合理空结转收入，无充分依据暂估或调节成本，人为造成收入成本不配比结算等。对于财会人员随意操纵会计政策和会计估计，无依据或依据明显不充分并带来粉饰报表、虚假完成业绩考核的，可推定为有主观故意，明确为财务人员的财务造假行为。

其次是划定"十条红线"，并制定了相应的追责条款。"十条红线"包括：主动或参与以融资性贸易、"空转""走单"和循环贸易等虚假贸易为代表的假业务、假合同行为，财会监督职责明显未履职到位的；主动或参与开展以出表为目的的应收账款保理，尤其是提前回购的；主动或参与变造发票骗取国家税款或偷逃税款、报销假发票、假合同虚列支出套取资金，形成"小金库"或造成重大损失，财会监督职责明显未履职到位的；主动或参与编造与项目实际进度严重不符的假单据等，推迟或提前确认收入成本，造成经营成果严重不实，财会监督职责明显未履职到位的；财务部门无依据或依据明显不合理分摊各类费用，以及在各项目间随意调整分摊各类费用，造成会计信息严重失真的；财务部门人为编造或篡改抵销事项，不基于对账结果进行报表合并抵销，随意调整差额表，造成会计信息严重失真的；财务部门无依据或依据明显不合理计提各项费用，以及未按减值测试结论计提减值，造成会计信息严重失真的；财务部门无依据或依据明显不合理空结转收入，无充分依据暂估或调节成本，人为造成收入成本不配比结算，造成会计信息严重失真的；在建工程项目达到可使用状态不及时转固，造成虚假完成业绩考核目标，财会监督职责明显未履职到位的；业务已明确无收入来源的项目成本长期挂账、无形资产长期应摊销未摊销，财务部门未及时将收到的成本费用报销单据进行账务处理导致跨期入账等，造成会计信息严重失真的。

　　再次是坚持标线，持之以恒抓好财务会计规范性的五方面重点工作。一是坚持完善制度规范，不断完善"规章制度＋管理标准＋规范性文件"三个层次的标准化、规范化体系，巩固完善"活页夹式"会计核算手册的迭代机制，细化会计核算政策、会计估计和会计处理标准，管控财务人员的职业判断和会计估计选择的自由裁量权，健全会计内部控制标准，强化标准规范体系硬约束。二是坚持问题整改闭环，建立健全"横向协同、上下联动"的问题整改工作机制，建立整改验收销号机制，确保"条条有整改、件件有落实"，将共性、系统性问题转化为标准规范，形成持续改进的长效机制，通过彻底的问题"归零"来提升财务系统的专业能力。三是坚持管好、用好财务决算会计师事务所的专业力量，健全对会计师事务所统一选聘轮换的工作机制，建立审计质量的考核评价机制，用好财务决算审计成果，不断提高管理建议书的内容质量和管理效益。四是坚持财务系统自我完善、自我提高的财务大检查和"回头看"工作机制，每两年开展一轮财务大检查，第二年进行"回头看"，加强对三四级单位、新并入单位、较少接受外部监督检查的单位以及财务问题频发单位的现场检查，及时掌握各项财经制度执行效果和重点工作的执行成效，畅通财金管控信息的反馈渠道。五是坚持财务集中共享，全面搭建覆盖全业务范围、全级次单位的"1+N"模式财务共享中心，不断优化全业务流程，统一规范表单规则、审核规则、附件规则、凭证规则，利用大数据等先进手段实现智能审核校对，不断提升财务信息利用能力，倒逼财务会计规范性的提升。

最后是要推动高线，把卫星院的试点成果进一步提炼总结，在全集团推动构建财务工作质量保证体系。针对不同成员单位之间财务工作水平不平衡、同一单位不同岗位之间工作水平不平衡、同一岗位不同时期之间工作水平不平衡的问题，为了提供稳定、一致的财务信息，借鉴航天产品质量保证方法，推动构建以一支保证队伍、一套保证标准、一组保证工具为主体要素的财务工作质量保证体系，推动隐性知识显性化、显性知识规范化、规范知识工具化，系统促进集团公司财务会计规范性的全面提升。

## 财务也能创造价值

财务工作创造价值，也就是管理工作创造价值。管理创造价值是一个创新观点，在理论和实践中都未达成共识。一般说来，管理提高效率、经营创造价值、资源配置创造价值，怎么理解管理创造价值？以生产函数来类比，最初生产函数只有劳动和资本两个要素，后来又细分出科技创新、企业家才能、数据等要素，这些要素都参与价值创造，形成了全要素生产率。对科技创新，也有一个类似的逐步深化认识的过程。约瑟夫·熊彼特最先提出创新是将原始生产要素重新排列组合为新的生产方式，以求提高效率、降低成本的一个经济过程。德鲁克一向承认深受约瑟夫·熊彼特的影响，也同意"创新"便是生产要素的排列，并在此基础上更深入地剖析了创新的价值，进一步提出了管理创新。我认为，管理可以提升效率，也可以创造价值。

如果财务工作能够创造价值，那么财务部门也应该能够成为利润中心。例如，很多企业把人力资源管理领域的一些日常工作标准化打包，成立共享中心或者独立公司，自负盈亏。中智公司70多人团队承担华为公司18万员工的共性人力资源管理服务工作，创造的全员劳动生产率在央企里位列前茅。与此类似，财务共享中心假以时日，也应该通过提供高效专业的服务来实现独立核算、自负盈亏。

近年来，集团公司主要负责人多次要求总部和二级单位两级机关要通过管理创造价值，明确财务系统要做价值创造的排头兵。我们在认真研讨后决定从四个方面推进财金管理创造价值工作。

首先，履行归口责任牵引创造价值。一是提升政策利用水平，加强前瞻性政策研究，跟紧国家宏观调控指挥棒；加强政策收集、政策研究、政策利用各环节管理，分解政策研究任务责任清单，建立集团内政策利用共享机制和平台；加强实践案例的总结，探索政策利用精准直达机制，实现从"人找政策"向"政策找人"转变。二是坚持全面预算引领，发挥全面预算管理作为优化资源配置主要平台的作用，促进中央部门预算、国有资本经营预算等资源配置向创造价值活动倾斜；集中力量办大事，强化预算对落实本单位发展战略目标的保障能力；持续完善预算绩效管理机制，加强绩效评价结果应用。三是持续加强纳税管理，以"应缴尽缴、应享尽享"为目标，推进纳税工作流程、计税规则等事项统一；提高纳税管理信息化水平，实现税票信息集中管理；完善对重大经营决策的纳税支持机制，对重大涉税业务提出专业意见；加强纳税风险防控，分业务、分税种梳理风险点，定期开展纳税风险监督检查。

其次，推动业财融合协同创造价值。一是持续加强成本管控，建立面向组织、面向产品、面向流程的成本管控工作机制，构建航天精益成本管控体系，不断提升成本管理基础能力。二是推进管理会计应用，利用管理会计工具和方法，持续提升利用财务知识谋划业务优化的能力；加快构建集团公司管理会计应用体系，积极开展以点促面、点面结合的体系化推广。三是积极支持资本运作，保证资产评估的质量，既要守住防止国有资产流失的底线，也要促进资产流转；积极组织和参与投资项目可行性研究、财务尽职调查，全级次推进投资项目财务指标评价标准。

再次，防控财金风险守护国资价值。一是加强财金风险管控，严防经营风险向金融风险转化，外部风险向内部风险转移。二是不断夯实资产质量，持续加强"两金"（应收账款、存货）管控，建立内部往来款清理长效工作机制，支持稳妥消化处理历史遗留问题和低效无效资产。三是坚决捍卫财经纪律，严格把握财金管理创造价值行为边界，"不挣不该挣的钱"，不挣快钱，不挣扰乱内部经济秩序、超出主业范围的钱。

最后，创新组织模式服务创造价值。一是提升司库体系价值，秉持"大结算观"，对标交易银行开展工作，建成集团公司统一的数据集市，提供货架式司库金融和服务产品。二是探索财务共享价值，把外部用户购买服务作为检验财金管理创造价值转型的"试金石"，为职能部门通过管理创造价值探索从成本中心向利润中心转型提供试点。三是挖掘财金数据价值，探索建立从数据后端向业务前端的分析模型，构建具有洞察性、专业性特征的货架式财金信息与数据产品。

我们在集团公司层面，探索构建财金管理创造价值能力提升工作机制，对照市场开拓强、资源配置优、管理效率高、经济效益好、战略管控好、政策利用好等六方面标准，建立评价体系，引导财金系统在直接创造价值、间接创造价值、守护国资价值等方面作出可量化、可考核的实际贡献。

## 第三节　推动变革的维度

**转型就是变革**

谷歌实验室推崇"10倍思维"。所谓10倍思维，就是认为把一件事做到10倍好，比做好10%更容易。这与大部分人的常识相违背。我们通常认为，小困难比大困难更容易解决，小变革比大变革更容易实现，所以，人们往往倾向于从难度较小的事情入手。但是，在相当一部分情况下，10倍思维确实成立。前些年我每天坚持健步走，虽然我非常不习惯跑步，但走着走着也开始慢跑了。第一次慢跑一小时的平均配速是7分11秒，我当时发了一条朋友圈："耗费一小时，较走提速30%。增长30%原来这么难！"如果仅从提高速度这一个维度来说，我再怎么锻炼身体、改进跑步技术，也不可能在 7 分 11 秒的基础上再次提升 30%；但是改骑一辆自行车，就能提速 2 倍；开一辆机动车，就能轻轻松松提速 15 倍。

谷歌实验室很早践行 10 倍思维。阿斯特洛·泰勒是实验室负责人工智能专业的博士，他主管的领域已经取得了无人驾驶汽车、谷歌眼镜以及能在平流层四处漫游的 Wi-Fi 气球等诸多成就。他在总结时介绍，这些成就的取得，除了得益于优秀的团队成员之外，也得益于他推崇的一条信念，那就是"10 倍思维"。泰勒认为，把一件事情做到 10 倍好，往往比做好 10% 还要容易些。因为当你尝试做一件新东西时，做法不外乎两条路径：一种是小幅度变动，比如改变生产模式，那就只能取得 10% 的进步；另一种就是重新开始，打破一些基本的假设，尝试另一种方式或很多种方式，10 倍的目标就逼着你利用勇气和创造力走一条变革之路。

转型与升级之间的差别与此相似。转型与升级的概念，日常讲得多的是产业转型和产业升级。产业转型是指一个企业在发展过程中，从现有的业务领域或市场向新的领域或市场进行战略转移，通常涉及企业组织结构、管理模式、业务流程等方面的彻底改变。产业升级是指在一个特定的产业领域内，通过对技术、管理、人才等核心内容的深化和提升，提高该领域的产品、服务质量和附加值，从而提升该产业的竞争力。简单地说，产业升级是以每个 10% 为一个台阶的改变，产业转型则是以每个 100% 为一个台阶的变革。

财务管理领域的转型也是一样，不是单纯的管理提升。财务转型意味着要从意识、组织、职能、技术、人员等方面进行全面变革。

上面这句话，我花了两年左右的时间才体悟出来。2019 年我担任集团公司会计机构负责人后，当时集团的主要负责人和财务负责人在多个场合反复说，要推动财务转型、加强财务管控、建设好财务信息化、提升财务工作水平，等等。如何领会这些要求，"翻译"成什么财务工作目标，分解成什么样的工作任务？为此，我组织了一系列的研讨会，讨论过怎么算转型、怎么算升级，集团公司的目标是什么、财会领域现存哪些问题，等等。两年后，集团公司财金管理"十四五"专项规划编制完成，我对这些问题有了初步答案。

  我们首先统一了对现存问题和矛盾的认识。一是战略财务工作不到位，对"国之大者"没有做到心中有数，对遵循政策"指挥棒"、落实国家出台的各项政策存在认知与运用不充分的问题；对资源投入产出的规律认识有差距，对战略要素的资源配置需求不清，没有建立起对创新等重要领域重点配置财务资源的顶层机制；也未能时刻把财金管理工作放到中心任务中去谋划和推动。二是组织管理不完善，支撑集团公司总部管控模式调整的财务管控界面需要不断完善；适应财务共享中心、司库中心等财务组织模式变革的组织架构和人才机制没有建立；缺乏高端领军人才、复合型人才、国际化人才；财金人员缺失意义感、归属感、成就感，存在隐性流失现象。三是运行管理不精细，精细化管理水平不够，财金管控内部闭环不完善，上下接口效率低，与外部信息等系统对接少；不同层级单位间财务管理水平不平衡，存在逐级衰减现象；业财联动不够，缺少对财金风险、"两金"清理等源头抓起的机制，对严控非主业投资的手段不多。四是基础管理不托底，财金规章制度体系还不够精准、有效，制度的宣贯执行不到位；财务管控基础支撑职能发挥不充分，信息管理扁平化不够，决策信息不及时、不完善，家底不清晰，投入产出效果无法准确计算，风险不能提前识别；财务部门的用户意识、质量意识、风险意识不到位。五是财务职能发挥不充分，全面预算的资源配置能力有待进一步提高；成本管控长效机制没有建立，提质增效职能发挥不充分；创造价值职能发挥不充分，在充分挖掘和有效利用财务资源、加强资金集中统一管理、市值管理等方面需要进一步提升。

问题找准后解决问题，这是问题导向。除此之外，还要遵循目标导向、需求导向和结果导向。我们接着在内外部形势分析的基础上进一步完善确定规划目标。"十四五"期间，航天强国建设进入新阶段，要与建设航天强国、世界一流企业相适配，要与建设数字航天的总体方案相适配，要与集团公司履行全面从严治党主体责任的顶层要求相适配，一言以蔽之，我们必须要推动集团公司财务工作的数字化转型，转型的首要目标就是要实现对全级次成员单位的穿透式、准实时的财务管控。

《象》曰："革，水火相息；二女同居，其志不相得，曰革。己日乃孚，革而信之；文明以说，大革以正，革而当，其悔乃亡。天地革而四时成；汤武革命，顺乎天而应乎人：革之时大矣哉！"我们推动的财务转型，毫无疑问，就是一次财务变革。

## 推动财务数字化转型

2019年，我们对标一流企业，以"全国有名"为目标，作为军工央企基于自主可控体系的财务数字化转型排头兵，加快推动财务数字化转型。我们启动以财务信息化促管理能力三年跃升工程，成立专班开展方案论证，充分借鉴先进跨国公司、兄弟军工单位以及其他中央企业的经验，经过多轮优化迭代形成了最终建设方案。按照最初设想，财务数字化建设基于商密网、云架构开展建设、部署、应用，但由于国家安全保密的红线要求，从理想型的"一张网"调整为基于内部专网的国密网（集团公司内部用于支撑各种涉及国家秘密的信息系统部署和运行的网络环境）与商密网（集团公司内部用于支撑各种涉及单位商业秘密的信息系统部署和运行的网络环境）的"双网"部署应用。同时，考虑到集团公司财务信息化建设已有近20年工作基础，不是从零开始，不能在一张白纸上作画，按照"不浪费、不倒退"的理念，结合不同单位的管理需求、业务类型和信息化基础，充分利用、集成已建设成熟的系统，将不同单位在国密网和商密网划分为多种建设应用模式。

我们在约束条件下寻求最优解，在系统部署和应用模式上从"单网单模式"调整为"双网多模式"，最终决定了财务数字化建设总体架构，也集中体现了集团公司的行业特点和阶段特征。总体架构是：为适应"双网、多模式"的现实特点和难点，以底层技术、标准规范、财务核心管理系统体系化建设为基础，通过财务核心管理系统与集团内各业务管理系统、外部工银税商系统的贯通融合和信息集成，形成财务数据全集，建成"一通道""一个库""一本账"，并开展数据全生命周期管理，实现业、财、技一体化管控和协同优化，助力经营决策由经验主导向数据和模型驱动转变，推动集团公司由财务信息化阶段迈入财务数字化阶段。

# 第一章 站到更全的角度

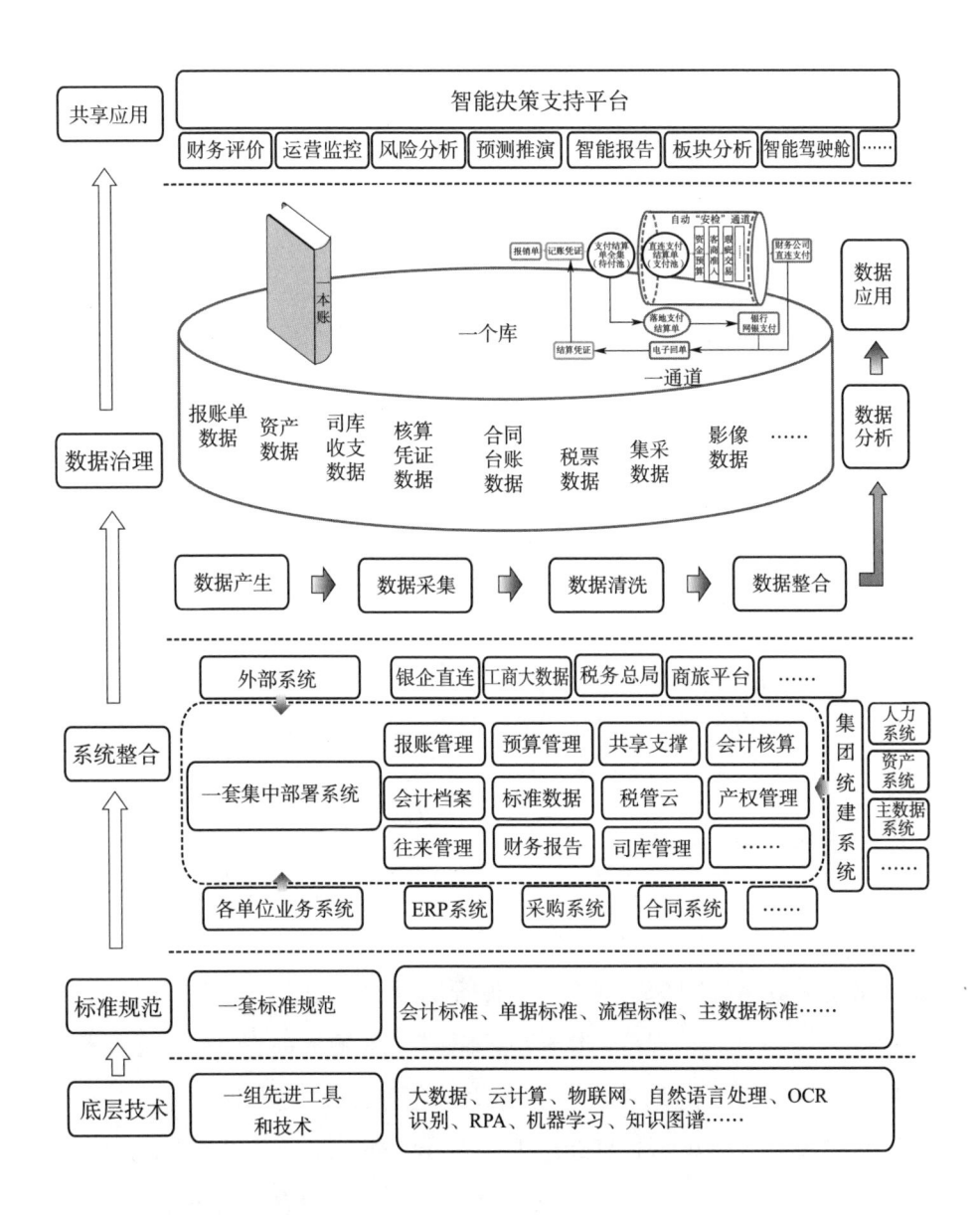

**共享应用**：智能决策支持平台 — 财务评价｜运营监控｜风险分析｜预测推演｜智能报告｜板块分析｜智能驾驶舱｜……

**数据治理**：一个库（本账）——报销单、记账凭证、支付结算单全集（待付池）、直连支付单支付池、自动"安检"通道、各商城准入、资金预算、银行网银支付、财务公司直连支付、落地支付结算单、结算凭证、电子回单；一通道

库内数据：报账单数据、资产数据、司库收支数据、核算凭证数据、合同台账数据、税票数据、集采数据、影像数据……

数据应用 ← 数据分析

数据产生 → 数据采集 → 数据清洗 → 数据整合

**系统整合**：
- 外部系统：银企直连、工商大数据、税务总局、商旅平台、……
- 一套集中部署系统：报账管理、预算管理、共享支撑、会计核算、会计档案、标准数据、税管云、产权管理、往来管理、财务报告、司库管理、……
- 集团统建系统：人力系统、资产系统、主数据系统、……
- 各单位业务系统：ERP系统、采购系统、合同系统、……

**标准规范**：一套标准规范——会计标准、单据标准、流程标准、主数据标准……

**底层技术**：一组先进工具和技术——大数据、云计算、物联网、自然语言处理、OCR识别、RPA、机器学习、知识图谱……

春种秋收。经过三年的集中攻关、奋力拼搏，财务信息化三年跃升工作取得了阶段性成果，初步实现了"三个一"（一通道、一个库、

一本账）与"两中心"（司库中心和财务共享中心）的转型架构。

财金数字化的逻辑架构体现在"三个一"上，"一通道"以资金安全保证为核心，再造了"业务报账-共享核算-司库结算"的一体化主体流程；"一个库"以提高决策支持能力为核心，整合形成财务数据全量资源库；"一本账"检验财务规范性和会计信息质量。司库和财务共享"两中心"是"三个一"的一体两面，并且强化"两中心"自身的融合贯通，通过专业化实体组织、信息系统互联互通来高质量地保证"三个一"逻辑架构的真实、及时、完整、准确。

实现了主体流程再造：打造"一通道"。聚焦资金管控能力，通过全程线上作业提高资金的受控程度，通过流程优化提高工作效率，横向打通财务工作主流程、纵向形成监控主窗口。统一建设司库系统，形成资金集中支付的统一出口，全级次单位所有支付业务通过司库系统统一的"安检通道"实现资金集中统一管理，2023年年底目标是实现司库集中支付率达到70%。

实现了财务信息集成：汇聚"一个库"。通过系统整合完成全级次单位报账、核算、资金、合同、税票、商旅、集采、影像、资产等全类型财务数据和配套协作业务数据集中，贯通"票账表钱税"数据，在国密网形成全集团统一的财务数据资源库。

提升了基础业务规范：形成"一本账"。基于统一的会计标准规范，在实现"一个库"的基础上，运用凭证规则引擎在集团公司集中统一部署的财务核算模块实时自动化生成会计凭证，在"一点（键）关账"后生成统一的总账、各类明细表，实现在系统中全级次单位任意会计期间的账务数据汇总，形成全集团一本账，这是财务的老本行，事实上是对财务规范性、财务核算质量的真刀实枪的检验。

推动了组织结构变革：组建"两中心"。数字化驱动组织变革，支撑集团公司战略管控为主的差异化管控模式，财务管控要发挥共性基础性作用，司库中心和财务共享中心是世界一流企业较通用的专业化财务组织，司库中心聚焦"一通道"建设，强化资金的存量和流量管理；财务共享中心聚焦实现"一个库"和"一本账"，实现压扁数据层级、提升数据质量、拓展数据应用等职能。

## 转型为了强化管控

数字化转型是为了更好满足内外部需求，转型本身不是目的，现阶段主要目的是为了强化财务管控。数字化转型与财务管控的关系，与传统文化中"体"和"用"、心理学的"内在效度"与"外在效度"、物理学的"马力"和"功"各有部分相似之处。目前财务数字化转型的首要目标，就是要大幅度强化集团财务管控能力，实现集团公司总部对各级次单位"穿透式"的财务管控，并推动管控环节从事后向事中转移。

集团公司以前管控模式不太清晰，总部是以管为主，不是以控为主。随着规模做大，这么多业务管不过来，管理事情多，管不到位；要控的信息不全，控不到位。但集团总部的管控必须有力。一些对国有企业集团的专项检查发现，近80%的问题集中在三级及以下企业。有的基层单位出现瞒天过海、利益输送、捅"窟窿"的现象，集团总部鞭长莫及、束手无策、吃"苦头"。总部管控能力弱会导致"大企业病""集而不团"。

因此，集团公司提出了建立以战略管控为主的差异化管控模式，财务管控在集团管控中应该发挥基础作用。在母子公司体系架构下，管控模式可以分为战略管控、运营管控和财务管控。其中，战略管控主要通过战略管理等方式，控制成员单位战略和重要关键职能与集团公司整体战略一致、协同；运营管控主要通过承担或介入相关职能等方式，控制成员单位经营管理各重要环节统一、高效运行；财务管控主要通过财务手段，控制成员单位效益、价值等最大化。集团财务管控与作为管控模式的财务管控，既相联系，又有区别。我们强调的财务管控，是指以各级财务为主体，利用各种管理和控制手段对成员单位的财务活动目标、组织、行为等进行引导、调节、监督和纠偏，以实现集团公司整体战略目标和价值最大化。财务管控不能与财务管理直接划等号。强化集团财务管控，要强化的是一种作为各类型管控模式共性基础的内容，而不是传统的财务管理职能，不是强化权力，而是强化支撑和服务。

我们组织制定了集团公司财务管控"1234"工作框架。"1"，就是一个目标，建成世界一流的精益化财务管控体系；"2"，聚焦两条路径，分别是集团化运作和标准化管理；"3"，履行好重大财务规则制定、重大财务事项管理、重点经营活动监督等三类职责；"4"，做好四项共性基础工作，包括全面预算、司库体系、会计信息、财务数字化。重点是在强化集团财务管控能力的方向上走好两条路径。

集团化运作路径是指纵向上强化财务垂直管理和监控力度，确保上下贯通、协调一致，包括全级次穿透式管控、一体化归一管控和"三位一体"管控。其中，全级次穿透式管控强调对合并报表范围内所属各级单位，通过机制、技术手段等透过现象看本质，重点应用于重要财务活动的纠偏，包括但不限于：对国家部署的中小企业款项支付要穿透到全级次与中小企业客户交易行为；对"两金"管控要穿透到每笔事项等。要积极探索向业务层面穿透，与项目、合同、资产、人力信息贯通，实施更有效的穿透管控。一体化归一管控是指全集团在一个信息系统平台上一体化运作，如资金管控归一于以"一通道"为核心的司库体系，会计信息质量管控归一于以"一本账"为核心的财务共享中心，财务信息支撑归一于以"一个库"为核心的财务数据应用中心。"三位一体"管控是探索战略财务、业务财务、共享财务"三位一体"管控模式，战略财务由集团公司总部负责，对下分级授权开展，支撑战略目标的实现和落地；业务财务由各级单位具体负责，落实、推进战略财务的规划部署，将业务活动产生的有效财务信息及时传递给战略财务，接收共享财务的数据回流并处理应用；共享财务根据战略财务制定的标准、规则开展集中化、标准化、规模化的交易处理。

标准化管理路径是指统一财务制度、文化、工具，统一资金、资产、税务等财务全要素和全流程的管理标准，实现业务布局延伸到哪里、财务的监管和服务就拓展到哪里，主要包括远程投放和标准化复制。其中，远程投放指集团统建系统的直接应用，包括但不限于：实现司库和财务共享中心全覆盖；提供货架式司库金融和服务产品；开发商旅管家、自动发票验真、移动报账、智能审核、电子档案、税管云等一点接入功能，提高财务核心管理系统建设应用的效率和易用性。标准化复制指的是标准和管理体系的复制应用，包括但不限于：统一制定以会计科目体系、会计政策与估计、会计核算规则为核心的会计标准，统一制定以表单规则、表单样式为核心的单据标准，统一规范以业务报账、内控审批、审核制单、司库支付、实物归档为核心的流程标准，统一制定以系统公共基础数据、财务核算基础数据、业务基础数据为核心的主数据标准。推广成本管控"样板间"，推广管理会计体系，推广财务工作质量保证体系、会计控制标准体系等，保证财务工作质量的稳定性和一致性。

## 把变革进行到底

有人说，变革成功的概率约是1/8。因为1/2的人没看到变革，1/2看到变革的人中又有一半的人没推动变革，1/4推动变革的人中又有一半的人没把变革进行到底，将变革成功进行到底的人就只有1/8了。

J.斯图尔特·布莱克和哈尔·B.格雷格森在《变革始于个人》中提出了变革矩阵。横轴是正确的事和不正确的事，纵轴是做得好和做得不好。右下象限是不正确的事做得不好，右上象限是不正确的事做得好，左下象限是正确的事做得不好，左上象限是正确的事做得好。变革目标就是把右边两个象限推向左上象限。但是变革的路径一般都是先经过左下象限，即先经过正确的事做得不好的阶段，再提升到左上象限。这个阶段也是很多变革夭折的地方。

两位作者提出，理想的变革需要耗费一段时间才能波及整个组织，因此产生的时间滞后会导致巨大的风险，使人们在此期间感到疲惫和迷茫。人们会感到疲惫，是因为组织性变革从根本上来讲并不是变革组织，而是变革在组织中工作的人。变革的"轮胎"必须接触到人们的行为发生改变的"路面"才能前进。如果人们自身不发生变革，即使轮子会转，战略性变革还是得不到任何的牵引力。

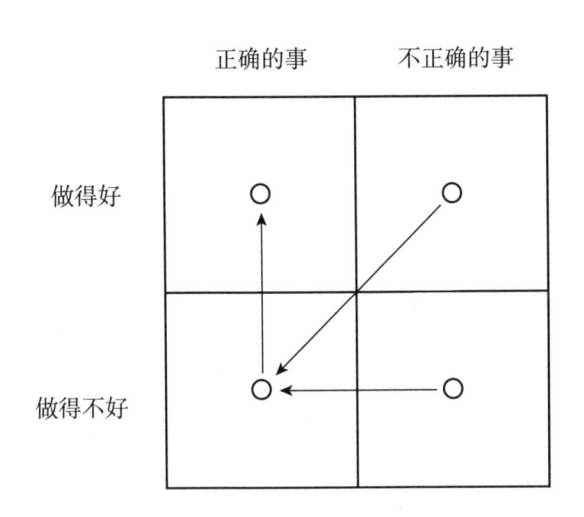

|  | 正确的事 | 不正确的事 |
|---|---|---|
| 做得好 | ○ | ○ |
| 做得不好 | ○ | ○ |

集团公司的财务数字化转型正在经历这个阶段。对单个法人来说，财务信息化已经有了十几年的基础。无论是自己开发的 ERP 系统，还是使用的不同软件厂商的单机版、网络版，都已经熟练应用，很多单位还开发了适合自身特色的小功能、小软件。2017 年左右，卫星院同事们和我聊天，很多人都谈到了财务信息化的工作。有人说自己开发了一个到款模块很好用；有人说单位开发的结算模块很好用，"原来做项目结算，写秃了一支笔，现在只要几分钟"。有单位开发了资金管理模块，原来资金管理岗做资金报表，至少半天，现在一键生成，第一次用时都不敢相信，说："咦，这就完了？！"集团内不少单位都开发了自己的 ERP，实现了报销系统、核算系统、合同系统、物资系统的联通，个别单位的财务信息化达到了全国先进水平。

集团公司目前推动的财务信息化三年跃升工程，要求集中部署报账系统和会计核算系统。打个比方，600户成员单位原来穿的是量身定做的衣服，又舒适又合身；现在要求统一制作，而且只有一个号码、一个款式，对相当一部分单位来说，感受到的是大踏步后退。我打趣说，有从奥迪车开回到奥拓车的感觉。

我们尽力提高财务人员使用的便捷性，但在系统实施过程中，还是遭遇了财务系统一线人员带来的阻力。有人抱怨系统运行速度慢，说："点完保存按钮后，下楼抽根烟回来，圆圈还在转。"还有人质疑集团公司对财务信息化建设的决策水平和管理能力。

我与团队核心成员严肃讨论了财务数字化转型是否存在变成"烂尾楼"的风险，判断现在所处的方位和未来几年遭遇的困难。我们一致认为，如果是跑一场马拉松，我们现在不仅没有"撞线"抵达终点，甚至还没到最困难的"撞墙"时刻。

为了把变革进行到底，我们一方面反复宣讲变革的目标和意义，另一方面树立榜样，动态、如实地展示变革进展。在宣讲方面，我们要求团队的核心成员每一位既是战斗员，又是指导员。在示范带动方面，我们在国密网应用、B模式转A模式、国密网单位核算系统集中、与主数据互联互通等各个方面，都是先试点、树榜样，再到更大范围内推广。同时通过各种渠道，利用各种平台动态报告财务数字化转型取得的阶段性成果。

我们是财务数字化的应用单位，不是建设单位。工作成果不能只报告建设成果，更要从以信息化促财金管理能力提升、进而推动财务数字化转型的角度进行总结和宣讲。到目前为止，这个方面已经取得了三大成果。

一是从线下到线上重塑了传统财会服务和作业模式。面向全体员工服务场景发生了变化。目前，员工可以享受从手机发起全部费用报销事项、经过各级领导手机审批后款项自动入卡、自动提醒入账的一条龙服务。这些场景背后支撑的后台包括报销系统与差旅、请销假打通，实现差旅报销免垫款、免打印、免贴票；发票通过税管云系统自动验真，核算环节实现凭证自动生成；资金支付环节，实现司库数字化软 Key 登录、批量支付等等。传统的财务作业模式发生变化。传统在银行柜台打印银行回单方式转变为在办公室线上打印；税务管理环节，不再使用实体税控盘到税务机关办税，实现线上实时认证办税。资金账户由审批开户，向账户开户、变更、使用、销户全周期管控转变；债务融资与担保业务由批复年度预算额度，向批复预算、预算分解、额度控制、执行总结全流程管控转变。合同、报销等经费结算，由各单位自行通过转账、支票、现金等方式，向统一按照集团规定的渠道和方式，集中通过财务公司结算转变；票据结算由各单位自行办理向按照集团公司调节成员单位资金丰欠、落实中小企业支付等要求，有选择、有秩序使用转变。资金集中管理，由主要集中境内大额人民币资金，向集中境内外全部资金的全局集中管理转变；金融衍生业务管理，由监管主要业务单位，向全部开展业务单位监管转变。

　　二是财务风险管控由"人防人控"转向"技防技控"。目前最典型的体现是司库系统应用，司库中心聚焦大额对公支付、对私支付、虚假贸易根除等方面，匹配和分析收付款账户名称、往来单位字典和交易对手信息，对所有交易对手进行分类，调试知识图谱，运用社区检测、中心性、相似度等算法，对同一控制人、循环贸易、虚假贸易等构建大数据模型，在司库系统中形成重复交易、长期不动户交易、集中转入分散转出交易等 17 类支付控制规则。坚持"普遍查"和"重点盯"相结合,及时向相关成员单位发出警示函,初步实现风险管控从事后向事前延伸、从集团向子企业延伸,推动从"人防人控"到"技防技控"转型升级。

三是财务信息动态"全景图"正在形成。集团财务信息系统在"双网、多模式"的现实条件下,初步实现财务数据"见森林",财务信息全景展现呈现由"静态"画像向"动态"实况转变,主要体现为全面性、及时性和穿透性。全面性体现在由原来的财务报表数据集中,到产权数据、报账数据、核算数据、司库数据、税务数据的全量集中,后续还将集成相关业务系统的数据。及时性体现在由原来的报表数据月度低频更新,到当前全量数据准实时更新,主要得益于信息采集由逐级汇总上报变为一级生成。财务数据架构从"一级集团、二级院/公司、三级厂所、四五级分子公司"转变为"一级物理逻辑集中",压扁了数据层级,当前已实现国密网内相关税务数据 T+1 更新,账务和司库数据每 20 分钟更新,商密网司库监测账户状况、资金结算等刷新时效缩短至 10 秒以内。穿透性体现在由原来的数据单点纵向穿透向全量数据的多域融合穿透转型,由原来的影响分析向因果分析纵向深入。如通过开票信息结合各单位报账、司库支付情况,对各单位"两金"开展溯源分析;识别成员单位取得中小企业发票金额与实际现金流支出金额相差情况,判断是否存在中小企业款项支付不及时问题,以便及时督导监管问责。

概括地说,我们以系统归一为前提、高频应用为基础,建成了首个国密网信创环境下日均在线 2000 余人的准实时交易系统,系统业务覆盖度 93%,应用覆盖度 100%,大幅度提升了集团公司总部的财务管控能力;已经实现了对集团公司全级次单位财务运行全面感知,资金流和账务数据实时采集、集中监控；正在推动财务风险防范从"人防人控"向"技防技控"的转变；下一步重点探索提供财务信息与数据产品，提升财务赋能业务的价值创造能力。

距离2019年的五年后，在集团公司财务管理"十四五"专项规划实施的中期评估时点，针对如何"推动财务转型、强化财务管控"这个问题，我和团队在实践中提交了期中考试的答卷。

## 第四节 成就员工的角度

### "拼积木"：把任务系统化

财务战略不同于战略财务，但组织编制财务规划则是一项战略财务工作。集团公司自1999年航天工业总公司改制分立以来，财务部门完成了从行政化向公司化的转型，目前正在向集团化、数字化转型的过程中。20多年中，全集团的财务系统一直是以财务工作五年规划为主要遵循，比如"十一五"财务工作规划（简称"1251"）、"十二五"财务工作规划（简称"1361"），一直到目前正在组织实施的"十四五"财务管理专项规划（简称"1258"）。

从2020年开始，我带领"十四五"财务规划论证小组组织了多轮头脑风暴。有一位组员保留了一组照片，是记录员写在白板上的讨论记录。比如，记录员记录下来的"问题清单"有：自娱自乐；隐性流失；工作手段落后；基础规范不细、有章不循；人才队伍通道窄；风险预判能力弱；业财双向信息融合不够；管理会计应用不多；财务管控精细化不够；工作亮点积累、传承不够；跳出财务思考不够；做工作过细，失去目标；金融业务、管理"两张皮"；风险预警的标准没分层；金融业务缺乏整体规划；金融队伍专业能力不够……从他保留的照片来看，我们还讨论了如何理解集团公司的"十四五"目标，如何理解航天主责主业、全面深化改革、管理提升、财务转型与财务升级等一系列的主题。2021年年初形成了规划初稿，然后多轮征求意见、多轮完善，最后通过集团总经理办公会审定后印发执行。

我体会到，组织编制五年规划的过程，也是单位财务负责人或会计机构负责人的"翻译"和"拼积木"的过程。

"翻译"在前面说了，就是管理者要把上级部门等外部要求以及董事会、主要负责人的顶层要求"翻译"成财务领域的工作目标，然后将这些工作目标"翻译"分解成具体的工作任务。"拼积木"就是要把这些碎片化的目标和工作任务整合成一个体系，是一个体系化的过程。例如，这些年我把"信息化、成本管控、表率、带头、推动、价值创造、财务规范性、财务队伍、管理会计、神经系统、血液系统、三像文化、财务管控、财务转型、政策利用、防控风险、资金管理、司库、业财融合、资源配置"这些上级部门和单位领导提出的单点的、碎片化的要求，通过"翻译"和"拼积木"逐步转化为财务信息化三年跃升工程、新一轮成本管控、司库大厦、财务文化建设等系统性的任务。在组织编制"十四五"专项规划的过程中，进一步把这些系统性任务"拼积木"，拼为以"1258"为代表的一本规划。

总体来说，集团财金管理"十四五"专项规划既是我们"翻译"和"搭积木"的主要产品，也是我们现阶段的任务合集。它的主要内容是推进"1258"战略,即"一条主线、两个一流、五个提升、八项锻造"。

一条主线:紧紧围绕强化财务管控、推动财务转型、提升价值创造能力这条主线。

两个一流:牢牢锚定世界一流的财务绩效、世界一流的精益化财务管控体系两个目标。

五个提升:思想提升,提升财金管理战略意识、大局意识、成本意识,提升财务人员的风险意识、廉洁意识、用户意识、产品意识、质量意识、市场意识。组织提升,探索适应财务共享、司库和管理会计应用的组织模式。管理提升,促进规范化、标准化、流程化水平提升。技术提升,建成集中共享、高效管理、服务主业的数字型智慧财务管理信息系统。人才提升,加强高层次、复合型、国际化人才队伍建设。

八项锻造:重点在财金规章制度体系、财务信息化、成本管控等八个方面持续推动、锻造优势。

坚持财金规章制度体系建设,锻造精益化管理的制度优势。深入推进财金制度、标准、规范三个层次的标准化、规范化,形成系统完备、科学规范、运行有效的财金规章制度体系。

坚持推动财务信息化跃升工程,锻造支撑精益化管理的财务信息优势。以"全国有名"为目标,以信息化建设为工具抓手,通过管理创新、技术创新,使集团财金管理在数字化引擎的助推下实现跃升。

坚持发挥全面预算资源配置平台作用,锻造集中财力办大事的整体格局优势。围绕提升资源配置能力,推动预算管理功能最优化、管理方法科学化、管理工具现代化,进一步做细、做实、做优预算,为高质量发展把好总控开关,成为优化资源配置的主要平台。

坚持推动成本管控长效机制建设，锻造适应高质量发展要求的成本优势。聚焦"三高"发展目标，支撑打得起、打得赢的战争和航天技术应用及服务产业发展，建立加强成本管控的长效机制，推动成本管控成为支撑集团公司高质量、可持续发展的重要战略途径。

坚持推动金融服务实体经济，锻造产融结合优势。推动航天金融服务业聚焦服务集团产业发展实现价值创造模式的转型升级，突出金融平台功能定位，以集团整体利益最大化为原则，从侧重追求金融资产规模与效益扩张向支撑实现集团战略利益与主业高质量发展目标转变，构建具有航天特色的产业金融生态。

坚持推动财务转型主体框架建设，锻造现代财务的组织模式优势。构建财务共享、管理会计和司库作为未来财务管理的主体框架，财务共享中心压扁数据层级，司库提升金融风险防范和金融资源配置能力，管理会计提升利用财务知识、谋划业务优化的业务支持能力。

坚持推动财金风险防控长效机制，锻造早知早控早应对的先手优势。下好先手棋，牢牢把控重点领域风险管控底线，大力提升关键环节风险管控能力，增强预见性和主动性，早知早控早应对各种风险；打好主动战，探索财金风险管控应急处置机制。

坚持推动财金文化和队伍建设，锻造极具活力的人才队伍优势。全方位加强财金队伍建设，建设像军队、像学校、像家庭的财金文化，强化航天精神在规范行为和作风培养等方面的引导。

如果把以"1258"战略为代表的"十四五"专项规划比喻为一个航天型号任务的话，那么财务信息化三年跃升、新一轮成本管控、司库建设、财务共享中心建设、财务工作质量保证体系、财务文化、管理会计等就是一个个的分系统。这些分系统，我们逐个论证了深入的实施方案，明确了工作目标和工作任务。此外，我们还从三个不同的角度，即分别从财务管控、风险防控、价值创造三个侧面对"十四五"规划进行了阐发。

关于财务管控的"1234"框架，前面已经介绍过了。关于价值创造，我们制定了"6431"框架：市场开拓强、资源配置优、管理效率高、经济效益好、战略管控好、政策利用好等六项标准；牵引、协同、守护、服务创造价值等四方面行动；建立评价机制、示范单位、交流平台等三类工作机制；压实总会计师的一个主体责任。这个框架的主要内容也已经介绍过了。

所有的战略任务也要从风险防控的角度予以系统审视。我当下正在组织的一项工作，就是组织修订货币资金的会计控制标准，要求确保资金保管和收付环节的本质安全，防范货币资金的舞弊风险和操作风险，尤其要杜绝财会队伍的监守自盗行为。我们正在用各种可能的舞弊模式测试财务共享中心和司库系统的控制有效性，找出漏洞和潜通路。

与财务管控、价值创造一样，我们也搭建了财务风险防范的"1399"工作框架。"1"是当好财务风险的守望者；"3"是建立早知、早控、早应对的"三早"工作机制；"99"是指聚焦金融平台、金融衍生品、基金、债务、"两金"、清理欠款、贸易业务、境外财务风险、参股企业等九个重点领域以及资金支付环节、差异化信贷、票据和产业链金融、担保、资产评估、涉税、会计信息和财务报告、信息安全和保密、保险等九个重点环节。

## 共享价值

什么是价值？价值作为一个经济学的术语，最早可以追溯到亚里士多德对于使用价值与交易价值的阐释。在经济学中，交易价值是某种使用价值与另外一种使用价值相交换的量的比例或关系；使用价值指物品的有用性或效用，是商品对于使用者带来满足的程度。交易价值是使用价值的货币化体现。马克思从劳动价值论的视角阐释价值是凝结在商品中的抽象劳动或者无差别的人类劳动，劳动是价值的根源。

在管理学视野中，价值主要是利用相应的资源产生相应的竞争优势，包括经济竞争优势与社会竞争优势。资源基础观认为企业的竞争优势在本质上就是基于独特的、难以模仿的以及难以替代的资源而产生的，企业利用异质性与稀缺性的资源创造新的产品或者差异化的服务。而从消费者行为视角来看，价值进一步体现为使用者的感知价值，即使用者对某一产品或服务效用的总评价，包括主观感知价值和客观使用价值等。

什么是共享价值？这个概念由迈克尔·波特和马克·克雷默最早提出，是指企业在推动社会进步的过程中取得自身发展。共享价值理念认为，企业的竞争力与社区的健康发展息息相关。企业的成功离不开社区的繁荣，因为社区不仅是产品需求的来源，而且提供了关键的公共资产和有利的经营环境。而企业解决社会问题，未必就会增加成本。

值得注意的是，共享价值并不是"分享"企业已经创造的价值，而是做大整个价值"蛋糕"。比如，为了增加贫困农民的收入，收购农产品的企业可以提高价格收购。但这不过是重新分配财富，不会增加总价值。如果设法改进农民的种植方法，建立产业集群提升农民的效率、收成、产品质量和可持续发展能力，就能做大收入和利润"蛋糕"，使农民和收购农产品的企业都得益。

我们希望，战略财务工作能够提供高品质的数据和信息，能够提供更好的工具、更有效的方法或者更专业的判断，更好地防控风险、创造价值。我们同时希望，从事战略财务工作的财务人员，不仅能通过薪酬奖励分享他们创造的价值，而且在工作过程中也能够创造共享价值，让自己变得更专业、更敬业、更乐业，从工作中获得成就感、意义感、归属感。

我们不仅从做什么事、怎样做事的角度看待战略财务工作，也要从人的角度来看待。我把战略财务活动实践归纳为"财-务-人"框架，就是希望从更系统的视角界定战略财务活动。

"财"，主要回答"做什么事"，核心是定位、辨识。战略财务要从更全的角度、选择更难的方案，坐标原点是实事求是地满足用户重大需求，既守住财务核心功能，更要定位到全局功能。

"务"，主要回答"怎么做事情"，核心是方法、策略。通过运用系统工程、管理科学等知识解决如何做好"财"定位的事情，所以要确定更高的目标，坚持分母优先于分子、完成优先于完美，卓有成效地做事。

"人"，主要指如何激发人的主观能动性、如何领导、如何管理，核心是提升、沟通，所以要成为更好的自己、融入更大的团队，讨论优先于辩论。我们在推动战略财务工作的过程中，从"人"的角度提出了三感（意义感、成就感、归属感）、四心（信心、决心、耐心、恒心)、五者(纪律捍卫者、规划建设者、文化传播者、价值创造者、风险守望者)、九意识(风险意识、成本意识、廉洁意识、产品意识、用户意识、质量意识、大局意识、战略意识、市场意识)等系列话题。

让团队成员共享价值是高线，底线是不能把团队成员工具化。亚里士多德一直为以下问题所困惑："我们有什么理由能给让别人做奴隶这件事辩护？"他的同时代人很少为这个问题操心。他也应该认为奴隶制不是问题，拥有奴隶是对的。他的困难在于他想不出为什么这是对的。后来他得出一个结论，人们的天性有一种区别：有的人生来是"做工具"的，有的人生来是"用工具"的。他的假设是做工具的人在体魄的特征上与用工具的人一般无二，但是缺少有理性的灵魂。他假定"做工具"的奴隶多少有点像我们现在称之为"机器人"的工具。生活在公元前四世纪的亚里士多德这样想无可厚非。到了21世纪，如果还有人把下级、同事视为"工具人"，那就是一种不道德的观念和做法。

我用自己非常喜欢的一个故事作为本章的结尾。世界上最长寿的公司据说是日本金刚组株式会社，它成立于公元578年，是一家历史超过1400多年的建筑企业。金刚组有一个资深的老建筑师，他替老社长工作了整整一辈子。老社长过世后，他的儿子继任为社长。有一天，老建筑师走进新社长的办公室，请求退休。新社长请他再干一段时间，帮忙建造一栋精美的别墅。老建筑师用自己一贯的高超技艺和严谨态度完成这项任务后，把钥匙递给新社长并再次请求退休。新社长把别墅钥匙递还给他，说："这是我送给你的退休礼物，你在为自己工作。"我希望，我们每个人在工作期间的付出，都是送给自己往后人生的一份精美礼物。

# 第二章

# 选择更难的方案

2022年11月，文森特·梵高《有柏树的果园》在纽约佳士德拍卖行的成交价为11718万美元，再一次刷新了他个人拍卖记录。梵高的《星空》《向日葵》等画作誉满天下，但在生前，他却是世界上最孤独的人之一，他一生的大部分时间都是单独生活，没有朋友与同伴。梵高在世时几乎没卖出一幅画，一辈子穷困潦倒，主要靠弟弟的救济生活。他的画商反复告诫他"必须把有人会买它放到第一位"，他的老师也曾对他宣称"我是艺术家"这件事进行攻击，他自己也苦恼过要不要"走某种捷径"，但最终，为了守住自己内心的那团火，他还是决定不投机取巧，不哗众取宠，不为市场而创作，不在画室中仅凭记忆构图，不只注重色彩而轻视素描。他寻找主题，到劳动人民中间生活，孜孜不倦地对着自然景物写生，一步步地提高自己素描和用色的技艺，最终形成了自己独特的风格。在他一生的最后十年，他专心致志地从事绘画艺术，并且取得了成功。他从观察大自然中得到美，从农民的脸上发现深刻的人道主义，他把自己的全部智慧用在作品中表达感情，使其他人易于理解，他认为"这是画家的责任"，他坚信艺术家这个词的意思是"我探索，我奋斗，我无条件地献身艺术事业"。总之，梵高选择了一条更艰难的道路；正因为这样，他远远超越了自己的老师，成为有史以来最伟大的画家之一。

2017年年初，我交流到卫星院工作，院长与我谈话，希望我牵头落实好财会监督职责。当时卫星院正要接受巡察，为此院财务部门再一次组织了发票自查。他们选调骨干分别到成员单位对全部发票进行"拉网式"查验，发现有违反中央八项规定精神的，立即整改。但检查越有效果，大家的心里就越没底，因为这不是解决问题的根本办法。《吕氏春秋》说"求之其末，劳而无功"。大家决定"求之其本"。经过一轮轮的头脑风暴，卫星院财务队伍运用系统工程思维，充分借鉴产品保证的成功经验，探索建立了一套财务工作质量保证体系：与其事后检查整改，不如在开展工作时就把质量保证好。最后一次头脑风暴后，如同玩游戏通了关，大家都很兴奋，一位同事说，刚接到加强财会监管职责这项工作时，还以为是捡一根绳子呢，没想到现在牵出来了一头牛。

"志不求易，事不避难。"这不是一种功利性的选择，而是一种价值观的坚守。罗伯特·弗罗斯特在《未选择的路》中说道："一片树林里分出两条路——而我选择了人迹更少的一条，从此决定了我一生的道路。"

# 第一节　不走捷径

## 不走捷径是价值观

2021年9月28日，据新闻报道：一只雄性斑尾塍鹬用10天时间飞越12200公里，从阿拉斯加飞抵新西兰，刷新了候鸟连续飞行的纪录。迁徙是全球约1800多种候鸟一代代遗传进化的智慧结晶。在春秋两季，它们沿着稳定的路线，往返于繁殖地和越冬地之间。关于候鸟迁徙的起源，学界有多种假说。最符合现代生态学的认为，鸟类起源于赤道附近的热带森林，因为种群规模的不断扩大，它们需要更大的空间和更多的食物，于是一些鸟在夏季向北方冰川退却的地区迁移，而当冬季冰川来临时再返回南方，久而久之，这种行为就演变成了候鸟迁徙行为。迁徙之路充满危险与艰辛。例如，来往于印度和我国西南地区的蓑羽鹤，在每年秋季飞往印度过冬时，必须跨越喜马拉雅山，飞到海拔9000米左右，几乎与民航客机一个高度。候鸟迁徙不畏艰险，原因就是为了生存，它们从来没飞过一条直线。候鸟不飞捷径，这是它们的生存智慧。

有人从不走捷径。化学家曾昭抡不修边幅，在中央大学担任教授时衣着褴褛，因为中央大学校长不认识他愤而辞职，到了北京大学化学系任教，开创了中国大学本科毕业论文制度。抗战时期，他随西南联合大学师生从长沙前往昆明，走黔西"24盘"时从不插小道，一个人沿着大道慢慢走。1949年他拒绝去台湾，1967年去世。不走捷径不仅是他的生活小节，也是他的价值观和人生观。

关于价值观和人生观，是哲学的根本问题之一。凡是人，都会思考活着的意义，但又很难找到标准的、大家共同接受的答案。在人生的道路上，大路朝天、各走一边，有人走阳关道，有人走独木桥，这也成为人之所以为人的特征。价值观和人生观，有时是功利的；有时不仅不带功利性，反而很吃亏、很不划算，自己乃至家人作出了巨大的牺牲。明代的方孝孺被朱棣诛了十族，其他很多选择忠于自己的价值观、不愿效忠朱棣的大臣，他们的妻女和子孙后代，200多年间一直被发配在西北做官奴。东汉末年的范滂，"少厉清节，为州里所服，举孝廉"，巡察官员时不畏权豪，不徇私故，"登车揽辔，慨然有澄清天下之志"，后来却被当权的宦官杀害。《后汉书·范滂传》记载，范滂知朝廷下诏书缉捕他后，决定自行到县狱。母亲和儿子前来和他决别时，范滂对年幼的儿子说："吾欲使汝为恶，则恶不可为；使汝为善，则我不为恶。"千载之下，我仿佛听到了当时范滂内心的剧烈斗争：我想要你做坏事吧，但坏事不能做啊，我想教导你做好事吧，但我不做坏事却结果如此！

很多人都有类似的内心斗争。1963年，美国芝加哥的一位小女孩不明白，为什么她好好学习、帮妈妈做家务活，得到的只是一句"好孩子"的夸奖，而那个什么都不干、只知道顽皮捣蛋的弟弟，得到的却是一个甜饼。她写信问《芝加哥论坛报》的西勒·库斯特先生：上帝真的是公平的吗？西勒·库斯特当时参加了一场婚礼，激动的新郎一时紧张，把婚戒戴到了新娘的右手上。牧师微笑着提醒说："右手已经够完美了，戒指还是用来装饰左手吧。"西勒·库斯特得出结论：

上帝让右手成为右手，就是对右手最高的奖赏；同理，上帝让好人成为好人，也就是对好人的最高奖赏。随后，他给小女孩回信，告诉她："上帝让你成为好孩子，就是对你的最高奖赏。"

这方面前人已经给我们留下很多他们的思考和实践。有了一种价值观和人生观，重要抉择关头听从它，日常生活工作中追随它，使整个人生成为追求意义的过程，就会觉得人生是充实的。岳麓书院有一副对联："是非审之于己，毁誉听之于人，得失安之于数，陟岳麓峰头，朗月清风，太极悠然可会；君亲恩何以酬，民物命何以立，圣贤道何以传，登赫曦台上，衡云湘水，斯文定有攸归。"是对是错，要靠自己的良知来审察，除此之外的毁誉、得失，就都不是自己能够决定的了。

**预期性变革最难**

2015年，我参加领导力培训。有一天，老师在教室外的走廊里摆满了长长一串的明信片，各种各样的图案，琳琅满目。老师指导我们各自先想定一件事，一项对自己意义重大的工作，不要说出来，心中想定了就行。然后把我们带到走廊里说："你们沿着走廊走一圈，如果有一张明信片跳出来找你，你就把这张明信片带回来，因为这张明信片反映了你潜意识里对那项工作的态度。"我没走两步，看到了一张明信片"跳"了出来，是两名击剑运动员在比赛，刚想伸手去拿，被走在前面的另一个同学拿走了。他是我们班上另外一家企业集团的总会计师，这个培训班40名学员，就我们两位是企业的总会计师。我一直很好奇，想问他当时想的究竟是什么工作，我俩的心态居然如此契合。我接着往前走，又一张明信片"跳"出来了，上面是一个攀岩者，孤零零地悬在石壁上，壁立千仞，被包围在莽莽群山之中。当时我想的工作是，如何在火箭院卓有成效地推进成本管控工作。在60多年的航天发展历程中，我们多次面临失败不起、没有退路、只能成功的严峻形势。唯有成功才能专注发展，确保成功、永葆成功的文化深入航天人的骨髓。当时推进成本管控时，我经常感受到明信片里弥漫的那种孤独气氛。我向讲授"变革管理"的鲍勃·古博教授提问：事业单位要把控制成本作为组织目标，是否属于根本性变革？古博回答说："当然是，最少得花2~3年的时间。"

大多数人习惯抵制变革。只要人感到有压力，就会几乎本能地推回去，我们会抵抗。不仅如此，人们越被强制去改变，他们的抵抗就似乎越有力。这仿佛是对牛顿力学的无意识应用，自动对每一个改变他们的行为都表现出一种力度相等、方向相反的反作用力来抵抗。如果这些变革只是缓慢地来到我们面前，那我们就可以像在足够长的时期内吃掉大象那样逐步消化，但变革往往都是迅速的，从来不让人闲庭信步。

J.斯图尔特·布莱克和哈尔·B.格雷格森在《变革始于个人》一书中将变革划分为三种最基本的变革：预期性变革、反应性变革和危机性变革。

预期性变革是指主动期望的战略变革（例如我们现在正在推动的财务信息化三年跃升工程，以及2014年火箭院推动的精益成本工程），而不是被动地等待着变革降临。也就是说，预期性变革要求我们扩大视野、放眼未来，这样，我们就可以提前预测到自身以及我们组织的变革预兆。反应性变革（例如目前正在推进的新一轮成本管控和"两金"压降工作）是指具有显著的征兆和信号表明必须进行的、且要花费大量的人力和时间进行的变革。这些征兆和信号来自外部，更多的是来自于股东和上级部门，我们须对此作出反应，否则会为此付出沉重的代价。当我们没能放眼未来做出预期性变革，还忽视了反应性变革的信号时，具有极大破坏力的危机性变革就会不期而至了。我们被迫要去应对危机性变革，否则将会被淘汰。不管你怎样称呼这三种变革，但是你肯定见过所有三种。

当被问到哪种变革最难时，通常人们会本能地说"危机性变革"。但事实上，危机性变革是最容易处理的。毕竟，当组织处于危机中时，银行贷款逾期了，供应商催着还钱，职工工资发不出来，上级部门正在追究领导责任，公司随时都可能破产，此时让人们改变要比预期性变革和反应性变革时简单得多。

实践表明，推动预期性变革才是最困难的。反映变革的那些信号遥不可及，它们很难被预测到，即使看到了也会认为危机是别人的，与我们没关系。正如鲁迅所描述的，在铁屋子里先醒来的人们，很难说服其他人什么才是正确的变革、现在必须要进行变革。

对习惯计算投入产出比的财会人员来说，这三种变革的难度和成本总体上呈负相关关系。当变革的难度增加时，变革的成本就会下降；相反地，难度下降，成本就会上升。也就是说，预期性变革最难进行，但成本最低。

这和军医与外科医生的例子相类似。与外科医生相比，军医需要多长时间的培训呢？短短几个月里，军医就完成了培训，而一个外科医生要好几年。为什么呢？假设你是军医，在战场上，有人的手臂被炸伤了，此时敌人正在逼近，你会怎么做？你会给他缠上绷带，然后赶紧带他撤退。也许为了救这个战士的性命，你不得不替他截肢。在危急中，你不可能像医院里的外科医生那样，带领麻醉师、护士、实习生助手等一个团队，在无菌手术室里，为这台手术进行长达几个小时的反复研究、仔细操作。同理，与预期性变革相比，危机性变革的固有特性使得突破危机和失败要容易得多。毕竟，当危机来临时，如果不能赶快变革，那么几乎与等死无异，当然就像那位士兵本可以不失去手臂一样，它的代价也是最大的。

  反应性变革是最普遍的变革方式。绝大部分领导者会慎重变革，由于情况不明、分歧太大，想等等看再说，于是就把预期性变革"等成了"反应性变革。2015年，我们在火箭院推动成本管控，也许是过于提前了，事后表明虽然取得了一些成效，但实效不大。现阶段随着国防领域的市场化、法治化改革不断深入，装备竞争性采购和商业航天众多生力军的加入，市场竞争变成了常态，于是我们这一轮成本管控工作变成了上级部门和市场联手施压的反应性变革。

  我们应该计算出并且记住这样做的成本和后果。我们每个人都知道了预期性变革非常困难，尤其在刚开始的时候。正如很难看到远方的物体一样，让我们察觉视野边缘甚至是视野之外的威胁或者机会，实在是太难了。此外，即使我们能使其他人预见这些威胁或者机会，但是它们越远，它们改变方向的可能性就越大，如此导致的结果是，我们先前决定的预期性变革可能不完全正确，实际上，这正是众多领导者不选择预期性变革的原因。诚然，我们并不倡导轻率的预期性变革，但当决策正确时，我们要提醒自己，正确的预期性变革会带来潜在的收益，并降低成本。这样做不仅给组织，也会给个人带来收益。

"老虎"伍兹是高尔夫球场上最成功的职业选手之一。他出道不久就被评为"年度最佳新人"，但他很快察觉到了自己能力提升的瓶颈，在教练指导下他决定改变挥杆方式，并在两年后收获了历史上最好的赛季之一。三年后他决定再次改变自己的挥杆方式。人们不禁再一次问：这个从 1999 年到 2002 年最出色的高尔夫球手，为什么要那么做呢？伍兹回答说："我想精益求精，这就是我所有的想法。我一直都在冒险变为更好的高尔夫球手，这也是支撑我走到现在的动力之一。"天下没有免费的午餐，高回报必定伴随着高风险。预期性变革需要勇气和伍兹式的眼光，也需要有远大的抱负。没有对卓越的热烈追求，我们就会等到反应性变革，甚至有可能会一直等到危机性变革才采取行动。好的结果并不会很快出现，首先出现的反而是不利的情况；甚至好的结果并不会必然出现，因为我们所处的时代是变化最剧烈的时代。我们很清楚这一点，对成功的信心、不走捷径的价值观的坚守，加上抱持不屈服的劲头和愚公移山精神，是预期性变革顺利推进并取得胜利的重要保证。除此之外，对于身处变革之中的团队成员来说，基本上也没有其他手段了。

## 根治问题也难

　　20 世纪 90 年代，我刚参加工作时，身边很多同事的工作量并不饱满，大家都有很多休闲时间，于是凑在一起，在楼梯间架了一副乒乓球台，时不时打上几局。转过年，忽然有一天，乒乓球台不见了。后来才知道，火箭院连续两次火箭发射失利，正在开展质量大整顿，部门领导感到形势严峻，赶紧把乒乓球台撤了。1996年年初，长三乙火箭首发"国际通信卫星708"，起飞后22秒爆炸，星箭俱毁；8月份，长征三号发射中星七号通信卫星，三级发动机二次点火发生故障，卫星未能进入预定轨道。

再往前，1992年3月22日，长征二号捆绑式运载火箭发射澳大利亚B1卫星失利。故障分析结果是由于点火控制电路中程序配电器上有微量铝质多余物。在很长一段时期，3月22日一直作为我国所有航天单位的质量警示日，提醒我们"质量就是生命"，任何一个小错误都可能导致重大的航天事故。

再往前，我国航天产品的质量更是不稳定。1977年，邓小平恢复工作，第一件事就是抓科学和教育，航天产品的质量总是让他放心不下。5月24日他讲："我们国家的卫星，有的上去了，有的上不去，就是因为对零件、对工艺的要求有的严格，有的不严格。"8月7日他再次讲："产品质量不稳定，过不了质量关，这里面有生产管理中的问题，但更重要的是科学技术问题，我们人造卫星上的零件，有的这次成功了，下次却不行了。小小零件，影响整个导弹发射成败。"

同时期，美国航天也出现过多次由小错误导致的惨痛事故。1962年7月，水手号发射失利，事故原因是制导计算机出现了一个非常小的编程错误，将"sub-n"打成了"sub n"。"-"表示平滑，这个错误导致软件把速率正常的微小变量当做重大变量，从而使计算机进行了一系列不必要的修正，最终使水手号偏离了预定轨道，造成直接损失5亿多美元。

1999年4月，大力神4号发射失利，最后给出的事故原因是控制软件中有一个小数点错位了。具体来说，有位工程师修改文件重建数据时，把 –1.992476 的正确参数输成了 –0.1992476，造成直接损失 11.5 亿美元。

20 多年过去了，截至 2023 年 11 月底，我国长征系列运载火箭累计已发射 498 次，发射成功率接近 97%，稳居世界前列。航天产品质量之所以能取得如此大的改进，与严格执行质量问题归零管理有很大关系。归零的方法是按照戴明、朱兰、克劳士比等共同的"质量改进"主题，遵循着戴明循环（PDCA），从出现的质量问题入手，通过技术上的分析、管理上的改进，达到系统预防的目的，从而提高航天产品的质量水平。质量问题的归零过程，也是实现质量管理从事后的问题管理转化为事前的预防管理的过程。质量归零对产品本身是"救火"，对其他型号则起到了"防火"作用。

1995 年原航天工业总公司下发《质量问题归零管理方法》，在 20 多年的实践中，质量问题归零的理念和做法已经融入了航天企业基因，成为了航天企业文化的一部分。2015 年，由集团公司主导制定的国际标准 ISO 18238：2015《航天质量问题归零管理》由国际标准化组织正式发布，这也是我国首次将具有中国特色的航天管理最佳实践推向国际，是我国向国际输出质量管理成功经验的重要成果，彰显了我国航天的软实力。航天质量问题归零管理包括技术归零和管理归零"双归零"。所谓技术归零，就是针对发生的质量问题，从技术上按"定位准确、机理清楚、问题复现、措施有效、举一反三"的 5 条要求逐项落实，并形成归零报告或技术文件的活动。管理归零则是针对质量问题，从管理上按"过程清楚、责任明确、措施落实、严肃处理、完善规章"的 5 条要求逐项落实，并形成管理归零报告和相关文件的活动。

对发生的质量问题进行彻底归零，就是瞄准问题根治下功夫。根治问题是解决问题的一种态度。面对问题有不同的态度，有不直面问题、采取鸵鸟政策的，也有头痛医头、脚痛医脚，走捷径的。《笑林广记》有一个笑话，一个将士打仗时胳膊中箭了，找了一位号称"手到病除"的外科医生治疗。这位大夫看过伤势后拿剪刀把胳膊上的箭杆剪掉了，说："治好了。"伤员问他："里面的箭簇呢？"大夫回答说："那是内科的事。"在一个规模足够大、分工足够细的单位，铁路警察、各管一段的"分解谬误"不鲜见，类似这种"锯箭杆"式解决问题的做法也不少见。

借鉴质量问题归零的理念和方法，根治财务领域存在的问题，是火箭院推进内部会计控制标准体系（ACS）工作的初衷。另一方面，ACS 工作也是我们瞄准根治下功夫的典型代表。

2006 年左右，某单位发生了挪用资金和贪污的经济案件。地方检察院发来了检察建议书，认为单位资金管理"形同虚设"，要求尽快整改提高。此经济案件就是通过编造虚假会议单据将经费转移到第三方公司，然后挪用或者占为私有。针对这类问题怎么整改，我们组织了一系列讨论。有人提出将这家第三方公司设为黑名单，有人觉得不彻底，如果今后别的会议中介公司继续发生类似情况怎么办？有人提出对会议管理流程进行彻底梳理，还是有人不放心，如果通过展览、招待等业务把经费转移出去怎么办？此单位最后的解决办法是先针对会议中介公司和会议费展开立行立改的工作，同时着眼长远，建立健全资金管理乃至整个会计内控制度体系。

我们在火箭院推动的 ACS 建设，经过多轮深入的方案论证后，形成了这样的工作思路：以会计控制为主体，同时兼顾与会计相关活动的控制，我们当时叫"向业务跨半步"；以业务流程为主线，突出岗位职责与授权审批；以关键控制点为核心，规范会计基础与精细化管理。

我们第一年选择了会计基础工作和货币资金两个急用先行的业务开展标准制定工作，第二年进一步扩展到采购与付款、存货、工程项目、固定资产、销售与收款、对外投资、筹资与担保、成本费用、无形资产、资产减值、关联交易、财务报告编制、信息披露与分析、预算、对子公司的控制、合并与分立和财务信息系统等17个核心业务，分两年制定完成了火箭院的会计控制标准，画出了流程图，明确了关键控制点。同时为了便于在火箭院所有成员单位贯彻实施，又制定了认证标准。认证标准是与控制标准配套的评价内容和方法，相应设计了760个认证考核点，并对认证方法、抽样数量、评分标准等进行了明确规定和详细介绍。

我们设立了ACS体系认证工作办公室，负责认证工作的组织实施，制定规划方案、部署安排，制定各项认证标准，组织认证工作的考核、确认、发证和复查工作。各单位对应成立ACS体系认证工作办公室，由总会计师或主管领导负责认证工作的组织与协调，并在火箭院认证工作办公室指导下开展工作。我们制定下发了ACS体系认证管理办法，培训组建了一批内审员队伍，ACS内审员培训合格后持证上岗，每年定期培训。

2007—2009年，我们用三年时间在火箭院全级次贯标，并用"持之以恒、持续改进"的工作理念建立起了一整套具有自己特色的会计控制体系以及"四位一体"的运行模式。这套做法很快得到了集团公司的认可。2010年，ACS体系控制标准作为院标发布；2011年ACS体系标准荣获国防科学技术进步奖二等奖；2015年集团公司借鉴ACS

体系控制标准中的《ACS-01 会计基础工作》至《ACS-07 销售与收款》7 个标准，发布《中国航天科技集团公司会计控制标准》，作为集团公司财务领域的第一个航天标准在全集团范围内推行。

16 年过去了，期间火箭院换了四任总会计师、五任会计机构负责人，ACS 工作一直都得以坚持并持续改进。自 2010 年作为院标正式发布以来，火箭院分别于 2012 年、2014 年、2016 年、2018 年和 2022 年全面组织完成了五次 ACS 体系标准的修订工作。最近的一次修订，新增了两个控制标准，对原有控制标准的条款共修订了 391 项，其中新增条款 139 项，修订条款 142 项，补充完善条款 94 项，删除条款 16 项。

16 年来，火箭院每年坚持对各单位新入职的财务人员开展 ACS 体系培训工作。ACS 体系内审员作为培训讲师，精心设计培训课程，培训内容主要包括每个标准的讲解、标准修订情况介绍、认证不符合项分析、案例分析与讨论、随堂测验、学习心得分享、分组讨论等。不断丰富培训形式，近几年进一步增加了小视频播放、热点问题讨论、标杆企业案例介绍以及院内单位优秀实践经验分享等形式，定期收集最佳管理实践案例，汇编形成最佳管理实践手册。

ACS 直到今天仍然富有生命力。2019 年，集团公司建立财务大检查机制，我们把会计控制标准作为财务大检查的检查要点，在集团范围内进一步推行落实。目前，我们正在针对央企发生的资金舞弊，尤其是财会人员内部的监守自盗行为，组织修订货币资金的内部控制标准。我们计划结合集团公司司库系统和财务共享中心建设工作，把这些内控要求内置到信息系统当中，推动从"人防"向"技防"的全面转型，这必将极大地提升集团公司货币资金的本质安全。前不久，我参加了一次会计内部控制标准修订小组的活动，看到 16 年前自己组织推动的一项基础工作，正在由一个全新的年轻团队充满激情地推动着，确实有一种别样的自豪。

## 第二节　追求系统最优解

### 在约束条件下工作

十几年前，我的一位朋友有两次装修房子的经历。第一次，她只记得有协调不完的接口。例如，安装大理石窗台的工人来了，安装铝合金窗户的工人也来了，但由谁负责窗户和窗台接口处的密封呢？事前没约定，只能现场协调。好容易协调下来由谁来做，还得继续协调需不需要付钱、需要付多少钱等问题。后来说起这次装修，她用了"不堪回首"这个词。第二次装修有了经验，但还是有很多现场变更。事前明明想得很细，对应什么样的生活场景、生活习惯，要在哪儿安装电源插座、装电源开关，但是等家具摆进来，插座、开关安装的位置又不合适了，还得改。她说："装修房子简直就是一个系统工程，它就是一个系统工程。"最关键的是，她接着说了："当然，如果不在乎花多少钱，这些问题就不是问题了。"

什么是系统工程？栾恩杰在《航天系统工程运行》中认为，系统工程得从工程系统说起。如果一些大的、复杂的事物具备如下特征，它就是一个工程系统。这些特征包括整体性和层次性；统一性和协同性；目标一致性；匹配性。其中的层次性类似于数学中的"分形"、生物学里的"全息性"，也就是说，每一个小部分，都是整体成比例的缩小，都带有整体的所有特性。从空域上工程系统具有统一性，从时域上具有匹配性。简单地说，像玩俄罗斯套娃似的，从系统到分系统、子系统，一直至单机、部件、零器件，一层层分解下来，每一层都具备工程系统的四个特性。

与工程系统如影伴形的，就是系统工程。一个偏重于"物"的角度，一个偏重于"人"管理的角度。系统工程相应的具备如下特征：过程的连续性、目标的量化、指标的流动性、指标的均衡性、方案的集优性、可信度的逐深性、最佳概念的相对性、工程要求的全息性。栾恩杰说："系统工程不是工程系统本身，而是对工程系统所要达到的目标和实现该目标的措施进行整体研究，并对工程系统进行建造和运营的过程。"这个概念，其要津是基于工程系统的、基于过程的、基于整体的。他还说："系统工程源于工程系统建造的约束条件。系统工程的任务就是在约束条件下完成工程目标。"

没有约束条件的工作不是系统工程，甚至也不可能是一项科学工作。《百喻经》里有个故事，讲一个大夫给人治驼背，直接拿两块木板一压，驼背压直了，但是病人也给压死了。现实中很多"单打一"的工作都有点类似这个治驼背的大夫，只是程度稍微好一点罢了。最典型的约束条件一是成本，一是时间。还举装修房子的例子。我朋友的切身体会是，只想装修得好，很简单，建材市场多贵的材料都有；只想装修省钱，也简单，建材市场多便宜的材料也都有；难就难在既要装得好，又要省钱。花一定的钱，要尽可能地装修得好；保证一定的装修质量，要尽可能地少花钱。这就是"在约束条件下完成工程目标"。系统工程也一样。系统工程师的第一个思路是：在限定工程系统成本的前提下，寻求可能达到的最佳性能指标。第二个思路是，在限定工程系统性能指标的前提下，寻求可能实现的最合适的费用。

与约束条件密切相关的概念是"均衡性"。在成本和时间约束下，系统工程所追求的工程目标是在性本比达到最佳的条件下使所有的性能指标达到某种均衡。什么叫"均衡性"？参考微观经济学和博弈论中的定义，所谓的均衡性就是指：相互作用的因素之间，通过相互作用达到一种相对静止状态，这就是"均衡状态"，在这种状态下，要么其变动的总动量为零，要么任何单方面都没有改变现状的动力。在约束条件下追求"目标集"内各指标的均衡，这是系统工程运行的重要法则之一。栾恩杰总结的系统工程的八大特征中，"方案的集优性""最佳概念的相对性"都与此紧密相关。这既是由系统工程的复杂性决定的，也是由工程系统的经济性决定的。所以说，没有任何约束的任务目标是不科学的，也是误人的。

## 寻求最优解

航天系统工程管理，初步形成阶段的标志是将计划管理纳入工程的实施和运行之中，发展阶段的标志是将质量保证体系纳入系统工程的实践与运行之中，成熟阶段的标志是将风险管理等逐步纳入系统工程运行之中。目前我们正在推动的新一轮成本管控，其本质就是将成本作为硬约束，与技术管理、进度管理、质量管理、风险管理一并作为航天系统工程的约束条件，实现航天工程全要素系统优化。

航天有一位经验丰富的老领导，退休后人们向他讨教管理心得，他想了想说："一个字，'度'。"确实是这样，过犹不及。成功是航天领域里的硬道理，唯有成功才能确保发展。在这种情况下推动成本管控变革，如同"带电作业"，必须在确保安全（也就是不能影响型号成功）的基础上推进工作。在航天领域推进成本管控，难就难在如何把握工作中的"度"。比如怎样界定约束条件，谁是谁的约束条件，如何把握好这些"目标集"之间的均衡性。

由于航天工程系统的不可重复性和不可维修性，决定了质量管理在航天系统工程中的重要地位，也决定了航天项目对质量成本的承受能力很强。这是受航天工业的特点决定的。但是质量管理，尤其是精益质量管理，必须要开展质量管理的经济性评价，要考虑质量管理本身消耗的成本以及由此带来的增加成本。我们推动的质量问题归零成本统计提质扩面工作，是在这方面迈出的第一步。我们制定下发了集团公司的统计标准（Q/QJA800-2022），该标准紧密结合归零工作流程梳理明确了六大类归零成本统计项目以及归零成本统计工作流程，要求所有的航天产品质量问题，原则上所涉及的归零归口单位和相关单位都要开展专项统计工作。截至目前，完成归零的质量问题中，已经完成归零成本统计的超过80%，平均用时不到18天，平均每个质量问题的归零成本超过100万元。归零成本的规范统计及广泛使用，促进了成本与质量的协同，进一步增强了全员质量意识、成本意识，为质量管理经济性评价创造了氛围、奠定了基础。我们乘势而上，正在组织修订质量成本的统计标准，进一步明确质量成本管理职责分工、质量成本项目工作流程和质量成本分析应用等要求，目标是为深化成本与质量的协同以及质量经济性工作提供具体指导。

在"成本约束下完成工程目标"实践中又分成两个思路：一个思路是在限定工程系统成本的前提下，寻求可能达到的最佳性能指标，这就是限价设计或限成本设计；第二个思路是，在限定工程系统性能指标的前提下，寻求可能实现的最合适的费用，这就是技术经济一体化和方案择优工作。说是两个思路，事实是确定谁是主要约束条件，或者说，谁是最主要、不能调整的目标。

我们很早就推动了技术经济一体化工作。工作效果不明显，主要难在成本数据的缺失，手头有的成本数据质量也不高。

前些年，我在南京航空航天大学方志耕老师的指导下，针对航天装备研发的小样本、贫信息的特点，运用灰色理论进行数学建模，想探索解决灰信息背景下的航天装备研制费用的估算问题。我的思路是这样的：通过设计航天装备技术方案"灰靶屋"评价模型，结合任务需求对航天装备技术方案进行评价和筛选，进而确定费用估算的关键驱动因子，遴选费用估计参数；建立航天装备基于关键驱动因子和服务改进的研制费用测算极大熵识别模型；研究基于费用参数的航天装备研制经费估算方法，分别构建了三个数学模型。通俗的说，就是针对几个技术方案分别进行成本测算，给不同的技术方案估算出对应的成本数据。

然后，也就是第二步，在"技术-成本-市场"一体化视角下，综合考虑航天装备研制方案优选的技术经济统一性以及具体实施中的技术、经济异步性特点，构建了航天装备研制技术方案"灰靶屋"模型，以及航天装备研制方案"灰色加权关联筛选屋"模型，并结合典型案例展开航天装备研制方案研制费用测算和综合优选。也就是说，我主张把技术经济一体化拆分成技术性评价和经济性评价两步（即"异步性"），第一步进行技术方案评价，确定2~3个满足研制任务书的不同方案，第二步再对入围的技术方案分别进行成本估算，考虑经济性因素，进行第二轮评价。技术评价先确定几个候选人，经济性评价在这几个候选人当中确定人选。本质上，这是对"带电作业"的一种让步，这也是上文所说的第二种思路。

第一种思路就是限成本设计。福特之所以名列企业家"名人堂"，就在于他大幅度降低了汽车的制造成本，从而把汽车推向千家万户，把美国变成了"车轮上的国家"，在一定程度上改变了美国人民的日常生活。埃隆·马斯克提出变革"新组织中的旧学科"，大幅度降低了航天产品的成本，也在推动传统航天的管理变革。以埃隆·马斯克为代表的商业航天的企业家们，已经开始颠覆传统系统工程中的诸多理念。例如，传统的系统工程告诉我们，在前期设计中暴露尽可能多的风险，以降低错误成本，这种理念让我们在前期设计上大量地耗费时间和精力，以至于迟迟不去开展工程实践。再比如，"一次成功"与"迭代设计"如何取得平衡？我们正在推行限成本设计，明确各项目的总设计师负责限成本设计工作，制定成本设计准则，协助项目总指挥分解成本责任目标，将成本指标纳入设计任务书等设计输入文件，组织设计师系统分层分级开展限成本设计，定期考核各分系统及单机限成本设计的落实情况。限成本设计是集团公司正在推行的新一轮成本管控的重点工作。

## 新一轮成本管控

集团公司是我国航天科技工业的主导力量，在现阶段从大向强的跨越式发展中面临转型升级变革要求。首先，要适应建设航天强国的要求，坚持补齐短板、跟踪发展、超前布局同步推进。其次，要适应建设世界一流军队的要求，提供好用、管用、用得起的航天装备。第三，要适应建设世界一流企业的要求，推动航天强国和国防建设。

与此对照，我们的成本管控工作存在三个方面突出差距。一是对成本管控的认识不够全面，没有全面辨识成本发生规律，没有清楚辨识成本与价格的区别，没有深入理解成本与经营、成本与质量之间的关系，对国家推动军品价格、国防经费管理等方面改革内化不够。二是成本管控的责任落实不够精准，没有厘清矩阵式管理架构下组织责任和型号项目责任，没有建立全价值链跨法人间的利益协同，没有形成成本管控专业化团队。三是成本控制的能力不够到位，成本数据的采集、治理、利用的能力不充分，没有建立有效的激励约束机制，成本目标约束与过程控制软化，成本工程与业务管理"两张皮"。

从2004年起，集团公司先后启动了三个阶段的航天成本工程建设，从顶层设计、体系推进、文化建设等方面开展了很多工作，但工作推动中还存在"五多五少"问题，即：注重整体多、注重具体少，面上分析多、重点分析少，原则分析多、量化分析少，一般性措施多、针对性措施少，层层要求多、一抓到底少。这一阶段的航天成本工程建设主要解决了"做不做、做什么"的问题。

新一轮成本管控工作瞄准"谁来做、怎么做"，按照"顶层推动、全员参与、业财结合、问题入手、标本兼治"的工作原则，建立了以一个顶层平台、X项专项工作和一个长效机制为内容的"1+X+1"工作模式。

| 工作原则 | 工作内容 | 工作模式 |
| --- | --- | --- |
| 顶层推动 | 成本管控月度检查机制 | 1个顶层平台 |
| 全员参与 | 成本动因及短板分析、成本监测和评价指标体系 | X项专项工作 |
| 业财结合 | 建立成本模型、实施型号经济性审查、管理会计工具 | X项专项工作 |
| 问题入手 | 全面开展基层成本确认、推动成本可知可视、质量问题成本统计工作提质扩面 | |
| 标本兼治 | 构建航天精益成本管控体系 | 1个长效机制 |

在工作原则的指导下,我们搭建了一个顶层平台,就是每个月由集团公司主要负责人主持、各级单位主要领导、主管领导参加的月度成本管控例会。会上财金部门通报成本管控监测和评价情况,也就是我们所说的"3+10"成本监测指标数据和各单位评价分数。选取4家左右的成员单位作会议发言,有的是最佳管理实践的经验交流,有的是报告短板指标的改进情况。例会也是每月一次的工作研讨会,集团公司主要负责人确定的待办事项构成了新一轮成本管控的主体工作,也就是所谓"X项专项工作"。截至目前,主要是如下工作。

推动提质扩面工作,即推动质量问题成本统计分析提质扩面。制定下发了专项工作标准,形成常态化统计分析机制。同时,各单位对质量问题归零成本信息结果进行有效分析和应用,并在单位内部以适当形式公开,使相关人员了解掌握归零成本信息及影响,并逐步纳入本单位信息管理系统,在班组一线建立积极主动改进的良性机制。

推动可知可视工作,即推动型号团队成本可知可视。航天项目在方案设计环节决定了80%左右的成本,"笔下一条线、成本千千万",方案合理一分、成本降低一截,但项目设计人员不仅缺乏科学、系统的限价设计准则,也没有可视、可用的成本数据。我们围绕型号两总(总设计师和总指挥)、主任设计师、机关处室负责人、研究室车间负责人四类人员需求,编制包括采购价格、目标成本、同类产品历史价格等13类成本清单,坚持公开为常态、不公开为例外,畅通成本数据的传递和保障机制,将相关成本数据信息发布或推送至型号团队相关人员,推动设计人员真正关注、应用成本数据,助力从设计源头做好成本管控工作。

推动基层成本确认工作。成本数据不准确、不能用,就会导致基于其上的决策不科学,甚至会南辕北辙。我们制订基层成本确认专项工作方案,打一场成本数据治理的"歼灭战"。"基层"指成本确认工作的实施主体,包括所属各级各类组织,同时也涵盖了实施对象,包括各类产品、重要流程等;"确认"指对组织、产品、流程一定周期内涉及的成本要素、成本数据和成本归集分配方法的全面性、统一性、准确性的辨认和证实,其核心是成本数据、成本结构和成本形成规则,其目标是为成本管控各项工作的开展提供高品质的数据基础。

推动成本建模工作。量化建模是系统工程的必然要求,既有助于由经验到概念、由概念到量化表达的飞跃,也有助于在不同约束条件下求得最优均衡解,可广泛应用于项目立项及竞争决策、全寿命周期经费估算、目标成本分解与过程控制等工作。我们编辑发布了《航天产品成本建模手册》，已建立涵盖技术与管理领域的成本模型 120 余项。

推动成本改善改观工作。我们要求所有纳入"3+10"成本指标监测范围的法人单位，重点关注成本费用率、毛利率、净资产收益率三项主要成本指标，同时梳理查找近三年存在的短板弱项、持续下滑以及未达到集团公司同类单位平均水平的成本指标。对于查找出来的三类改善改观指标进行系统梳理分析、把握变动特点、找准问题差距、明确改进方向，然后对标对表，制定本单位改进措施和工作计划表，推动各单位建立健全成本管控长效机制，持续推动成本指标自我完善和持续改进。目标是 2023 年实现集团公司主要成本指标"小有改善"，2025 年实现成本管控工作"大有改观"。

推动成本费用"双降"工作。"双降"工作是在"改善改观"专项行动的基础上，在确保营业收入目标不降低、成本结构持续优化、职工收入合理增长的前提下，部署压控集团公司全年成本费用的专项工作。我们要求紧抓材料费、外协费两项关键直接成本，通过优化设计选材、过程用材、采购模式，以及强化外协审查和竞争择优，严格控制材料费、外协费占营业收入的比例，要求较上年度降低一个百分点。同时严把支出关口，严控办公费、会议费、招待费、差旅费四项重点管理费用，要求四项管理费用占营业收入的比例较上年度降低 10 个百分点。根据上年度财务决算数据，分解下达了各单位的控制目标，按月实施监测并纳入年度经营业绩考核。

建立一个长效机制。我们推动航天成本基础能力提升专项行动，总体目标是夯实一个能力、形成两个模式、构建一个体系，即夯实基础成本数据治理能力，形成闭环完备合理的成本管理模式和业财一体化工作模式，构建与高质量发展模式相适应的航天精益成本管理体系。专项行动主要包括 4 个方面、15 项重点工作、52 项具体措施。在夯实基础成本数据治理能力方面，要推动实现基础成本数据从"黑箱"向"白箱"转变，主要以迭代升级基础成本确认规程、成本建模手册、成本可知可视工作指南、建立健全成本模型库、成本可知可视系统和成本指标改善改观制度机制等为主要任务；在持续完善闭环完备合理的成本管理模式方面，要推动实现成本管理方法从经验式向科学化转变，主要以强化目标成本管理、经济性分析和审查、过程成本管控、成本责任落实和量化考核等为主要工作任务；在持续推进业财一体化工作模式方面，要推动实现成本要素从"软指标"向"硬约束"转变，主要以制定限成本设计准则、优化试验成本管理、强化全级次供应商成本管理、制定质量成本管理实施指南和建设质量成本信息管理系统等为主要工作任务；在系统构建新时期航天成本管理体系方面，要推动实现成本管理体系从精细向精益转变，主要以构建航天精益成本管理体系、健全成本管理责任体系、实施成本管理科学评价和培育新时期航天成本文化等为主要工作任务。

## 第三节　寻找工作的意义

### 意义与幸福：积极心理学

有人问获得了诺贝尔文学奖之后的莫言："你幸福吗？"莫言回答说："我不知道。"很多人都不知道自己幸福与否；什么是幸福也莫衷一是。2012年，中央电视台推出了一个特别调查节目，采访了众多不同身份、不同背景的人，从城市白领、大学教师到企业工人、乡村农民，从老人到青少年，记者拿着话筒问采访对象："你幸福吗？"答案千奇百怪、众说纷纭。一时间，"幸福"一词成为年度热词，也引发了我们对幸福的思考。

十几年前，哈佛大学沙哈尔教授的"幸福公开课：积极心理学"在互联网上曾经热播一时，掀起了一股"公开课"的热潮。丹尼尔·吉尔伯特的《撞上快乐》也被出版商改名为《哈佛幸福课》再版，成为心理学类年度畅销书。我也是借此了解了刚刚创立的积极心理学。

1998年元旦，被誉为积极心理学之父的塞利格曼打电话给米哈里·希斯赞特米哈伊、雷·福勒等人，他们几个人花了一周的时间，确定了一个新学科领域所应包含的各种基本要素，并给这个新学科取名为"积极心理学"。与临床心理学所关注的相反，积极心理学将研究领域锁定在实现美好生活上：身体健康和心智健全，以及在没有遭受痛苦或压迫时人类自愿追求的事物。

积极心理学的研究渊源，最早可追溯至20世纪30年代特曼关于天才和婚姻幸福感的研究，以及荣格关于生活意义的研究。随着全球科技、经济的迅速发展，在物质财富极大提高的同时，人们的精神生活却相对落后，负面心理层出不穷。传统心理学许多理论似乎只把人当作动物或机器，而忽略了人内在的潜力和主动性。心理学从诞生那天开始，思考的是"人类有什么毛病？"塞利格曼经过多年的心理学研究，认为"心理学不应该只研究人类的弱点和问题，而应该同时关注人类的美德和优势""当一个国家或民族被饥饿和战争所困扰的时候，社会科学和心理学的任务主要是抵御和治疗创伤，但在没有社会混乱的和平时期，致力使人们生活变得更美好则成为他们的主要使命。"

美国积极心理学家克里斯托夫·皮特森是塞利格曼的知己和最亲密的同事，他身高两米，体重超过 100 公斤。他曾做过一个研究，在全世界 38 个工业化国家（包括中国），询问老百姓一个简单的问题：在你心中，什么是美好生活？他发现，不同国家的人回答各不相同，且各具民族特色。比如，中国人认为"四世同堂，儿孙绕膝"是美好生活，但在基督教文化里，孩子就是上帝的，是父母的过客，养育成人之后他就走了，是否回到自己父母身边不重要。不过，克里斯托夫发现，有四个美好生活的要素是普适的，也就是人类的积极心理需要，包括爱的需要、快乐的需要、自我效能感的需要、意义感的需要。

在此基础上，塞利格曼后来进一步提出了 PERMA 模型：P（Postive emotion）指的是积极的情绪；E（Engagement）指的是投入；R（Relationship）指的是人际关系；M（Meaning）指的是意义；A（Accomplishment）指的是一种成就。塞利格曼认为，全面的幸福一定是人在这五个维度上的充分发挥、蓬勃发展、充分的体验和展示。个体的幸福感不仅仅取决于内在因素，还受到外部环境的影响，社会支持系统和亲密关系可以提高个体的幸福感，而社会排斥和孤独则会降低个体的幸福感。

大部分的心理学家之所以选择研究心理学，其实都是为了解决自身的心理问题。塞利格曼也并不是在传统意义上的幸福家庭长大的孩子。他在自己的自传中写道，他出生在"二战"期间，父母多灾多难，他自己也始终与焦虑相伴。年轻时在贵族高中遭受同学及其家长的排斥，后来又因为民族歧视被哈佛大学拒之门外。他虽然因为习得性无助而声名鹊起，但作为一名"前锋战士"，一直在与行为主义做着不屈不挠的斗争。他在60岁生日时回顾自己的学术生涯，自诩是一名在战场中鏖战的"上尉"，带领心理学冲出黑暗、奔向光明，引导心理学面向未来，而不再纠结于过往。塞利格曼推动心理学完成了四大变革：一是使心理学摒弃了行为主义并认真对待认知；二是使心理学把研究的关注点从痛苦转向幸福；三是使心理学终于开始认真对待进化论和大脑；四是使心理学从对过去的痴迷转向研究思考未来。

塞利格曼自己并不经常使用"幸福"这个词。他说，大部分人在谈论"幸福"时，都是指愉悦的感觉、积极的情绪，它是短暂的、易逝的，获得也相对简单，有许多捷径，比如巧克力、药物。他认为有三种不同的幸福人生：第一种是快乐的生活，在这个过程学会感恩、懂得放松、开始享受，从而拥有更多的积极情绪；第二种是投入的生活，通过找到兴趣点和适当难度使人获得投入感，增加积极反馈实现互动；第三种是有意义的生活，这里所说的意义，是指你要知道自己最大的优势在哪里，并利用它们，你要在比自我更大的事业里找到意义感。塞利格曼认为有意义的生活是人们获得幸福感的重要因素之一。通过对几千人进行的调查发现，对快乐的追求基本上不影响人们对人生的满意度，对意义的追求影响则最大。

塞利格曼回忆自己在30岁时做的一个神秘的梦，当时他正在为自己的职业选择彷徨，是立志当一个桥牌运动员，还是学哲学，或者当一个心理学家？他梦见他自己身处纽约的古根海姆博物馆里，沿着博物馆著名的弯曲楼梯缓慢地向上走着，每隔几步就有一个房间，里面的人都在玩纸牌。塞利格曼很奇怪，于是问道："为什么每个人都在玩牌？"这时博物馆的屋顶打开了，上帝出现了，开口说道："塞利格曼，至少你开始提出正确的问题了。"这一幕令他永生难忘，除了坚定他不打桥牌、投身心理学研究的决心外，也拉开了他在工作中寻找意义感的序幕。

### 意义感、成就感、归属感

财会人员在工作中尤其需要找到意义感、成就感和归属感。一项调查研究结果显示，会计人员和程序员在众多的职业中最缺少成就感。

这是由财会工作的过程性特征决定的。部门工作的特征可以从两个维度理解，一个维度是工作本身的重要程度，即部门工作放到整个组织中的重要程度（和意义感关联较大），还有一个维度是工作成果好坏的反馈快慢程度（和成就感关联较大）。两个维度形成了一个四象限图：

|  | 重要 | 不重要 |
|---|---|---|
| 快 | 硬汉型<br>(市场部) | 享乐型<br>(生产部) |
| 慢 | 赌注型<br>(研发部) | 过程型<br>(财务部) |

（纵轴：反馈速度；横轴：重要程度）

左上象限的工作重要且反馈及时，典型的是市场部门。例如，一个单位正在进军一个新的领域，用户组织招标了，自己单位是否中标，标书一开就知道了，市场部门的即时成就感强，意义感也强。可以将此部门叫做硬汉型或英雄型。

右上象限工作重要程度较低但工作好坏反馈及时，典型的部门是生产部门。计划完成率如何，生产的产品是否达到标准，一目了然，可以叫享乐型。

左下象限工作重要但反馈慢，典型的是研发部门。如果研发方向错了，可能导致整个组织出现生存危机，例如诺基亚错过了智能手机时代，最后被重组，这可以叫赌注型。

右下象限工作重要程度较低而且反馈慢，典型的就是财务部门。有人抱怨会计人员的工作质量好，永远不会被人知道；就是记错了账，也得到三四年后等离任审计时提出整改要求才知道。会计人员的日常工作的重要程度，也很难与研发、市场等部门相比。这可以叫过程型。

财会工作这种过程型特征除了影响财会人员的成就感、意义感外，也影响了他们对团队的归属感。我观察过集团公司内部单位主要职能部门之间的相互交流，彼此差别很大。人事部门之间相互帮助，工作之外的交流最频繁，个人之间的联系最持久；其次是市场部门，他们很快就熟络了，但熟悉得快、疏远得也快；至于财务部门，彼此之间交流得最少。我举个例子，一个单位的财务经理问兄弟单位的财务经理，听说税务所去你们单位了，没提什么问题吧？这个财务经理像小学生提防同桌抄答案似的，赶忙说："没提啥，再说咱俩单位的情况也不一样。"

针对这种情况，我进一步阐述了集团公司"像军队、像学校、像家庭"的既有财务文化，核心内容就是要增强财会人员的意义感、成就感、归属感。"像军队"，除了纪律严明、执行力强之外，我们要打造成像军队一样的战斗队，攻必克、战必胜，用我们财务系统取得的一场场战斗的胜利，去支撑单位更大战役的胜利。我们不管是作为"警备队"还是"后勤保障队"，我们把自己的胜利放到更大的胜利当中去，并从中获得意义感。"像学校"，指打造学习型组织，保持终身学习的心态，努力变成更好的自己，在实现自我、超越自我的过程中获得成就感。"像家庭"，指培育更开放的团队文化，推行轮毂式沟通，打造动车组团队，让团队成员在团队当中获得归属感。

成就感的反面是"挫折感"，而意义感的反面是"空虚感"。成就感强的人意义感未必强。海明威获得诺贝尔文学奖，文学成就很高，他选择了自杀；张国荣艺术上的造诣有目共睹，他也选择了自杀。心理学研究人的动机，认为人最深层的动机就是自我成就、影响他人的能力和对和谐人际关系的追求。这三类动机如同三原色，不同的比重调成了个人不同的深层动机。

有一个例子，集中体现了成就感、归属感、意义感三者的联系与区别。20世纪90年代，钱学森被国务院、中央军委联合授予"国家杰出贡献科学家"荣誉称号和一级英雄模范奖章，在京的大部分党和国家领导人都出席了颁奖仪式，规格之高，史无前例。钱学森在发表获奖感言时，却语出惊人："今天，我不是很激动。"那么，什么时刻让钱学森最为激动呢？钱学森接受记者采访时说，第一次激动是1955年回国前夕，他带着新作《工程控制论》向老师冯·卡门辞行，冯·卡门感慨道："你在学术上已经超过我了。"第二次令钱学森激动的时刻，就是1959年加入光荣的中国共产党时，他激动得整夜睡不着觉。第三次激动是 1991 年，中央组织部把钱学森等 5 人评为新中国成立以来在群众中享有崇高威望的共产党员优秀代表，当他得知这一消息后，激动不已："我现在是劳动人民的一分子，并且与劳动人民中的优秀分子连在一起了。"钱学森说："有了这三次激动，我今天倒不怎么激动了。"钱学森这三次激动难忘的时刻，分别是他成就感、归属感和意义感的巅峰体验。

### 在工作中寻找意义

在成就感、归属感和意义感当中，最难的还是寻找意义感，钱学森三次巅峰体验中最后找到的就是意义感。

还有一个老掉牙的故事，但扎克伯格说"这是我最喜欢的一个故事"。20 世纪 60 年代，约翰·肯尼迪访问美国航空航天局太空中心时，看到了一个拿着扫帚的看门人。于是他走过去问这人在干什么。看门人回答说："总统先生，我正在帮助把一个人送往月球。"扎克伯格解读说，目标使我们意识到我们是比自己更大的东西的一部分，是我们被需要的、我们需要更为之努力的东西，而这能带来真正的意义，创造真正的快乐。

我们要善于寻找工作背后的意义。有一则流传甚广的寓言故事。从前有个和尚跟一个屠夫是邻居。和尚天天早晨起来念经，而屠夫天天要早起杀猪。为了不耽误工作，他们约定互相喊对方起床。多年后两人相继去世,屠夫去了极乐世界,而和尚却下了阿鼻地狱。为什么呢？因为屠夫天天叫和尚早起，和尚起来是拜佛；和尚天天叫屠夫早起，屠夫起来却是杀生。我们如果不深入去思考工作背后的意义，就可能犯下和这个和尚一样的错误。

生命的真正意义是什么？佛法对这个问题的答案是，所有人在生命中寻找的就是快乐。在此，所谓的快乐不只是某一种舒服的感觉，而是一种满足：满足于我们的生活方式完全呼应我们最深的本性。对一个懂得赋予生命意义的人，每一刹那就像一只射向靶子的箭。不懂得赋予生命意义，就会感到挫败，会有无力感。

关于人生的意义，是哲学的根本问题。西方文明的起点是古希腊文明。希腊文明之后，对于生命的意义这个问题有三种主要的答案：第一种是宗教性的答案。这个答案把存在的终点放在生命之外，生命的意义在于完成所有的步骤、遵循所有的戒律，为的是保障个人灵魂不朽的救赎。根据每个人在此生中的功德，经历未来永恒的生命。第二种赋予生命意义的方式，西方以古代的概念称为"哲学的道路"，这就是追寻智慧和内在的平静，这个观点让自己从各种欲望当中解脱出来，把自己所有的能量储存起来，能够用在更高的目标上。第三种赋予生命意义的方式就是重建社会，通过社会的完整转化来让个人获得完全解放，变成自由的人，生命意义的问题也不再仅仅是个人的事情。究竟哪一条道路是正途呢？对不同的人来说，就是你选择的那一条道路。正如佛陀经常说的："是不是道路，就看你走不走。"

世界上最快乐的人是谁？有人认为是马修·理查德，因为研究人员扫描了他的大脑，发现这个僧人的快乐值完全打破了记录。马修·理查德是法国人，曾以优异的成绩拿下生物学博士学位，但有一天，他突然放下一切，用12年光阴朝夕跟在顶果钦哲仁波切的身边，后来更是披上袈裟，剃发为僧。他回答别人的疑问说："我从事科学研究，主要是源自对事物探索的热忱。然后，我突然发现，这种研究根本没有办法解决生命最基础的问题，甚至我发现科学研究的目的也不在解决生命根本的问题。简而言之，科学虽然很有趣，但是不足以让我的生命有意义。"他走通了自己这一条不同寻常的路。

但每一个人都是特别的。甲之良药，乙之砒霜。人生道路还得自己走，自己的问题也得自己解决。如今我也不时思考人生意义这个问题。2015年，培训领导力的老师要求每一个学员分别用一句话讲好三个故事：我的工作职责是什么？组织的任务是什么？如何把你的工作融入组织的工作中去？我当时的回答分别是：我是火箭院的总会计师，致力于提高航天项目综合经营水平，在保证项目成功的同时尽力保证组织的财务成功；火箭院的组织任务是奠定国家战略安全更可靠的基石，为和平利用太空搭建更宽阔的舞台；我要提供更有效的经济管理数据，提供更有效的财经专业洞察力。如果让我今天回答这些问题呢？以下是我当下的回答：我是航天科技集团的总会计师，我要致力于不断提高航天资金的本质安全、使用效率与效益；航天科技集团的组织使命就是建设航天强国、支撑世界一流军队建设、建成世界一流企业；我要培养、训练一支高素质的财会队伍，让他们在各自岗位各尽其才并找到意义。

**资金安全的守望者**

因为一只马掌没钉牢，损失了一匹战马、折损了一位将军，进而输掉了一次战斗，最终导致了拿破仑王朝的覆灭。这条因果链更类似于一种"蝴蝶效应",说服力见仁见智。但 1815 年 6 月 18 日,滑铁卢决定胜利的一瞬掌握在拿破仑十分信任却能力平平的格鲁希元帅手里,由于他不敢违抗拿破仑战前交代的阻击敌人援兵的命令,多次丧失了正确的时机回援拿破仑,从而导致了拿破仑王朝彻底覆灭,却是事实。一位将军一时的畏葸不前,改写了法国历史进程,也改变了欧洲近现代史。茨威格感叹地说:"有时——而这则是世界史上最令人惊讶的瞬间——命运之线掌握在一个微不足道的小人物手里一分钟之久。"我们可能就是这样一个小人物。只有把自己的工作放到整个组织乃至更大的框架内去理解,方能找到深层的意义。

作为集团公司的总会计师,在自己分管职责当中,如果只让保留一项,我会毫不犹豫地选择守护航天资金的安全。集团公司 1000 多亿的货币资金,相当一部分是国家重大科技专项等财政经费,防止在资金保管和收付环节出现损失,尤其要防止财会人员监守自盗,这是我必须守住的底线。我们把守护资金安全的工作与航天每一发弹、每一枚箭、每一颗星连接在一起,与建设航天强国、助推世界一流军队建设和建设世界一流企业的使命联系在一起,工作的重要性和意义感也就随之显现了。

保证航天资金的本质安全,如果只靠人防人控,难度非常之大,效果也不会好。因为集团公司是多级法人,有 600 个左右独立经营的法人单位,管理层级长达 5 级,一共开设有 4500 个左右的银行账户,一年流水接近 300 万笔,流水金额超过 1 万多亿,我们用什么底气来守护资金安全?只有建设好一个先进的体系,从人防人控变成技防技控,用体系来保证资金安全。

安全对航空公司来说,更是绝对的生命线。能不能借鉴学习航空业的安检做法呢？每一位乘坐飞机的乘客必须通过安检通道，逐个检查确认是否带了违禁危险品。我们能不能也建一条资金的"安检通道"，然后驱动集团公司所有成员单位的所有资金收支都通过这个通道？我组织团队反复研讨，大家受第三方支付的启发，认为从技术上、理论上都是可行的。支付宝等第三方支付就是一个通道，相当于一座桥梁，一方面对接外部银行，一方面对接客户。客户使用支付宝时，收付业务的办理及其数据都汇聚在支付宝平台。同样的道理，我们可以通过司库中心开发一套系统，一边与集团公司所有成员单位联通（即财企直连），一边与外部银行联通（即财银直连），成员单位发起资金支付业务，经由这套系统就能自动完成银行付款。

开发建成司库中心的"安检通道"系统，才解决了问题的一半。如同海关通道建设得再先进，走私犯划着小舢板绕开直接上岸一样，如果成员单位的资金收支不使用这套系统，还是保证不了资金安全。如何驱动所有的业务都通过"安检通道"呢？我们的做法是从源头开始抓，构建"业务报账 - 共享核算 - 司库结算"的一体化流程。我们同时抓会计核算系统的集中部署，推动成立财务共享中心，推动财务审核工作的全受控。从业务人员使用报账系统发起报销开始，任务单据在线流转审批，在集中会计核算系统形成记账凭证后，直接推送到集团公司的司库系统，形成了资金"待付池"。"待付池"含纳资金业务全部结算单据，资金管理岗根据结算方式进行分流，通过"安检通道"直连支付的结算单据形成"支付池"。我们把"待付池"定义为司库系统集中结算率的分母，"支付池"定义为司库系统集中结算率的分子，分子分母一起抓，集中结算率达到100%，就实现了资金支付全部受控。

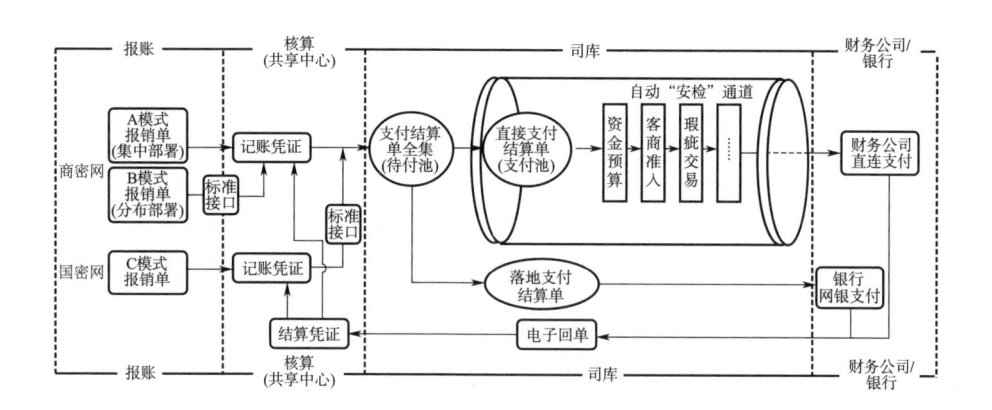

全口径的司库系统集中结算率从 2021 年刚建成时的 1.26%，2022 年达到 23%，2023 年年底要达到 70%。我们开发了集团司库大数据平台，对资金交易流水、账户全寿命管理、资金余额和结算行为进行实时监测。此刻（2023 年 10 月 24 日 17：40 分），我坐在电脑前，司库系统集中结算率显示为 65.44%。我感觉自己就是一个守望者，坐在这个大屏前，如同站在森林里瞭望塔上的护林员一样，警惕地观察着，一有风吹草动就马上预警、处置。

塞林格《麦田里的守望者》是我很喜欢的一篇小说，小说描述了 16 岁的中学生考尔菲德旷课到纽约游荡的三天。最后他对妹妹说，他将来要当一名麦田里的守望者："有那么一群小孩子在一大块麦田里做游戏。几千几万个小孩子，附近没有一个人——没有一个大人，我是说——除了我。我呢，就在那悬崖边。我的职务是在那儿守望，要是有哪个孩子往悬崖边奔来，我就把他捉住——我是说孩子们都在狂奔，也不知道自己是在往哪儿跑。我得从什么地方出来，把他们捉住。我整天就干这样的事。我只想当个麦田里的守望者。"美国历史上的保罗·里维尔，他可能是最著名的守望者，在英军偷袭时，他在午夜骑马叫醒了波士顿沿途的居民，拯救了许多居民的生命。还有金门大桥的巡警凯文·布里格斯，他站在大桥上，警惕地看着每一名在桥上踌躇滞留的行人，如果确定他们有自杀倾向，立刻上前制止。他先后挽救了200多名准备自杀的人，在他的职业生涯中，只错过了两个人。

举这些例子，我想说的是，"守望者"对我来说，既充满诗意又充满意义。我愿意做一个资金安全的守望者，我能从中感受到工作的意义。

## 第四节　建设司库大厦

### "司库大厦"

2019年年初，我们对当时正要建设的资金管理信息系统叫了"暂停"，纳入财务信息化三年跃升工程进行系统深入的论证；同时修订了集团公司银行账户管理办法，着手清理规范账户管理和结算纪律，在信息系统和业务规范两方面为建设司库系统奠定基础。2021年，国务院国资委先后制定下发了中央企业加快建设世界一流财务管理体系的指导意见和推动中央企业加快司库体系建设的意见，对中央企业司库建设进行了系统谋划和具体指导。上级部门的正式工作要求，让我们的司库建设从预期性变革变成了反应式变革，也大大加快了司库的建设进程。

司库的"司"，是主持、操作、经营的意思，司库最初被认为是用于安全贮藏财物或贵重物品的地方。企业司库管理是在金融监管逐步放开、通信与信息技术更为成熟、金融体系更加健全的背景下实施的一种成熟的资金集中管理模式，它使资金管理运作满足了集团公司统一配置金融资源、集中风险管理、最大化资金利用、为战略管理提供决策信息等一系列的管理需求。

从国内外的发展来看，欧美发达国家的现代企业司库管理体系已经形成，司库逐渐成为集团企业扁平化、一体化管理的重要部分，逐渐承担起更为复杂的现金流预测、财务成本管理、营运资金管理、汇率等风险管理、长短期投资及金融衍生工具的使用与管理等职能。中国企业司库的发展比较缓慢，业内普遍认为，1995年中石油推广资金结算中心、撤并银行账户是我国企业司库建设的开端。

审视自身，集团公司已实施多年资金集中管理，集中管理制度体系相对完备、积累了较丰富的管理经验，取得了较好的成绩，2018年末全口径资金集中度90%，远高于同行业水平。更重要的是，通过多年推行资金集中管理，已在集团内基本建立起资金集中管理、资源统筹运作的管理理念，为进一步开展司库体系建设打下了较为坚实的制度基础和思想基础。但在企业发展过程中，资金管理还存在"三多三散"的问题：一是资金账户数量多、分布散。由于保证金账户、部分专用账户和上市公司账户等归集受限账户以及冗余结算账户的"长尾"账户存在，资金无法做到百分之百集中，最后几个百分点的资金集中度提升难；对"僵尸"账户、"长尾"账户监管不到位，容易存在监管盲区。二是资金结算渠道多、管理散，不能对资金流量实时监测。三是资金管理层级多、配置散。由于科研经费等到款的脉动性，以及内部统一结算管理工具的缺失，导致上游内部单位资金形成"堰塞湖"

与下游内部单位存在"资金荒"并存；资金预算和计划管理刚刚起步，缺失供需配置线上平台，导致金融资源无法精准直达刚需单位。

  由于已有20%的央企初步建成司库体系，我们的司库体系建设不用闭门造车。我们赴中石油、中石化、航天科工、中国电科、东航集团、国家电投等司库体系建设较早的先进企业调研取经，向工商银行、中国银行、建设银行、交通银行、招商银行等金融机构咨询了解司库产品，获取了在司库管理机构、运营机制、账户体系、数据应用、外币集中、信息展示等方面的宝贵经验。同时，充分考虑自身的安全保密要求和行业特点，在司库体系建设中跨网（国密网、商密网、互联网）、跨系统（司库信息系统、财务共享中心、核算系统等）、跨模式（集中式、分布式），提出了具有集团公司特色的"司库大厦"建设方案。

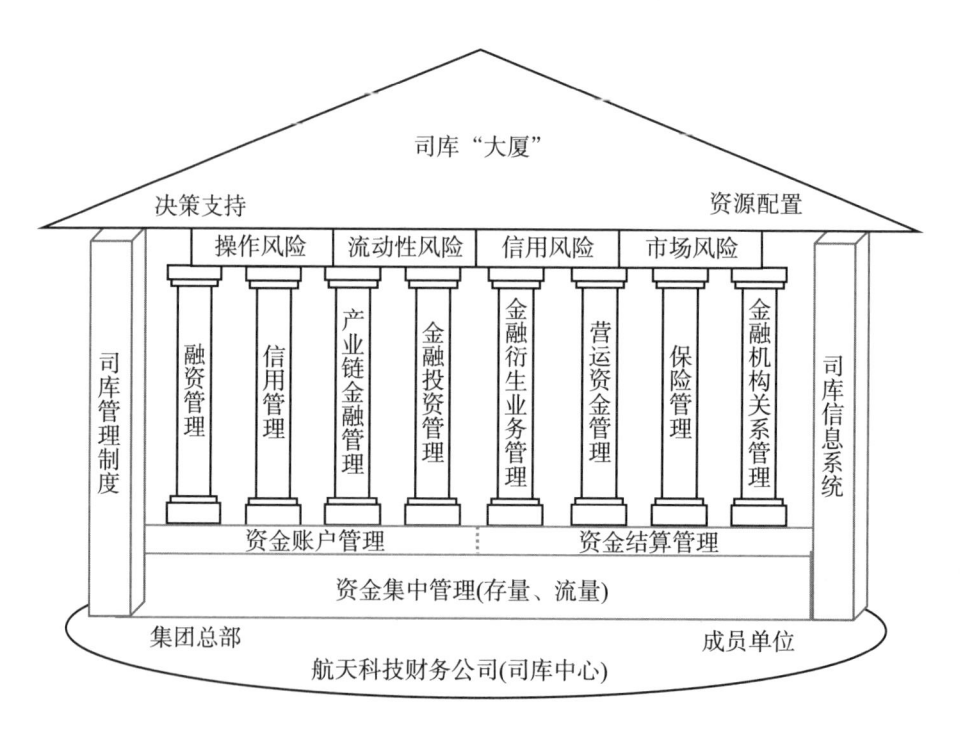

司库大厦是以集团公司总部、成员单位、财务公司（司库中心）为三类主体，搭建总部顶层统筹、成员单位执行、司库中心实施的司库管理的组织架构。以资金集中管理（现阶段突出以资金账户和资金结算管理为基础的资金流量集中）为"基石"，把保障资金安全作为司库体系建设基线目标，从原有的资金存量管理为主向存量、流量并重管理转型。以制度体系和信息系统为"墙体"，其中制度体系是司库体系建设和信息系统建设的基础和保障，信息系统是司库管理体系建设的主要内容、重要载体及实现高效技术工具。以防范操作风险、流动性风险、信用风险、市场风险为"四梁"，以融资管理、信用管理、产业链金融管理、金融投资管理、金融衍生业务管理、营运资金管理、保险管理、金融机构关系管理为"八柱"，面向决策支持和资源配置的整体性架构。

## 建设与应用

我们采用系统工程理念，一体推进与司库体系适配的制度建设、信息系统、流程变革和应用布局，通过三个"一体推进"形成整体协同的建设格局。

司库制度与信息系统一体推进。司库是资金管理与信息技术变革相结合的成果，我们要通过司库体系建设实现对传统资金集中管理的转型升级，一方面以制度建设固化资金管理转型升级成果，另一方面以信息化手段促进资金管理转型升级，两者交互迭代、持续优化。按照"整体规划、分步实施、自上而下、急用先行"的原则，对司库制度体系进行了顶层设计，形成了司库顶层制度＋管理办法＋工作指引的制度体系架构，推动现有制度升级优化，按照成熟一个、发布一个的原则，实现司库体系建设的制度化、规范化。比如在夯实资金账户管理方面，重新修订了资金账户管理办法，充分考虑司库体系中资金账户的重要作用，同时考虑针对财政资金拨付、财政监管以及专款专用等多方面管理要求，梳理建立了每个法人单位1个银行基本户、1套财务公司账户和N个专用账户的"1+1+N"账户体系，明确要求成员单位必须100%开立财务公司账户，外币银行账户必须配套开立财务公司外币账户，所有新开立账户必须同步提交"查询、授权支付和资金集中"三套授权资料，并建立账户定期核查工作机制，及时清理低效、无效等冗余账户。在推动资金结算渠道收敛方面，发布资金结算工作指引，推动成员单位间内部资金结算必须通过财务公司账户办理，对集团外资金收付优先使用财务公司账户结算，通过制度建设促进资金账户纪律、结算纪律等建立和执行。与此类似，我们在金融性投资、授信管理、贷款担保、委托贷款管理等方面都形成了相应的规章制度或工作指引，形成了可复制、可推广、不变形的管理提升成果。

通过信息化靠前发力促进管理提升，提出了全面的财务信息化解决方案，明确了功能实现途径和技术实现途径，推动司库管理模式和技术充分融合、相互推动，充分运用创新性思维挖掘司库关键性业务创新场景，激发信息系统应用的生命力，比如银行账户开立实现了移动端在线实时审批，从线下逐级审批改为线上按授权一级审批，审批时限由原来的30天压缩至5天以内。账户线上管理率、司库系统集中结算率等作为对各级单位信息系统的验收标准，促进司库信息系统应用尽用。

司库中心与财务共享中心一体推进。如上节所述，我们建设司库的基线目标是保障资金安全，要打造一条覆盖全部资金支付业务的自动"安检通道"。为此，我们一体推进了司库中心与财务共享中心建设。从底层流程连通司库和共享中心，把司库和共享业务范围内的所有流程逐一细化，明确各流程的节点、责任人、动作、输入输出等，以确保两者执行标准、统一的流程操作模式；司库账户和财务共享中心账户相互绑定，共享中心对外的电子化集中支付中心自动推送为司库支付中心的待付池、支付池。不断升级"安检通道"，完善资金预算、客商准入、瑕疵交易等"安检闸口"，合规后通过财务公司完成对银行直连支付。

系统建设与系统应用一体推进。我们建设司库体系的高线目标是打造面向决策支持和资源配置的数智化司库管理平台。当然，系统建设不会一蹴而就，不能等系统建设完成后再开展数据应用工作，必须同步布局应用，并根据应用的深化不断完善系统建设。在实现数据"向上集中"的同时注重数据"向下回流"，成立了专门的数据应用主体，推动司库数据资产化，构建资金数据动态分析指标库，实现了"一键出表"，并开始针对成员单位提供制式服务。两年多来，我们大力提高银企直连结算效率，实现集团内部结算、直连合作银行结算实时到账。统一管控口径，设计7类司库管控指标，用于账户及结算纪律管控。搭建集团司库大屏，实现对全集团所有法人单位资金全过程在线监控和全级次穿透查询，监测账户状况、资金结算等刷新时效缩短至10秒以内。关闭财务公司网银，督促成员单位通过司库集中结算，从而大幅提高了司库系统集中结算率。搭建付款单数据、资金流水数据等6张数据库模型，形成"一键出表"智能报告，结算数据分析提升到 T+1，与成员单位实现电子共享。组建司库数据应用专班，基于大数据模型的资金交易风险监测，构建 193 个常用司库分析指标库，利用 PRA、知识图谱和关联算法等，持续对包括虚假贸易在内的 23 类风险场景进行训练和完善。运用模型定期对全级次成员单位自动扫描，对成员单位发布风险提示信息，探索建立跨部门、跨层级的司库中心问询函闭环工作机制。

# 第三章

# 锚定更高的目标

香山公园位于北京西北郊，不仅是秋天赏红叶的好去处，还是众多户外爱好者周末遛腿的地方。香山主峰香炉峰海拔不到600米，有的"强驴"一早晨可以上下三个来回。2014年年中，我开始跟几个朋友一起爬香山，第一次走防火道上后山，20公里花了六个半小时。香山这组没有路标、没有终点的防火道确实有意思，有时看似近却渐行渐远，有时看似远却又殊途同归；不管怎样，都可以定下心来，任性地一路走去，一来可以随时下撤，二来无论选择哪一条路，都能遇上众多的人。走了一年，渐渐觉得香山不够爬了，于是根据朋友建议，给自己确定了一个跃升为"老驴"的标志性事件："大五朝台"，即一次环穿五台山的五个台顶。又走了一年，2016年端午节期间，顺利达成了这个目标——不过，我的户外运动也欣然而止了。我有时会后悔，当时如果确定一个更难的目标，比如爬玉珠峰，现在我会不会还在坚持户外锻炼？

2018年年底，我从卫星院到集团总部任会计机构负责人，单位主要负责人找我任前谈话，要求尽快推动财务信息化工作，以财务信息化工作促进集团公司财务管理能力大幅提升。过了一段时间，主要负责人进一步明确，要把集团公司财务信息系统建成"全国有名、央企前列"；在我们召开总会计师例会专题研究讨论之前，他又给我发信息，做了进一步更正，目标是"全国有名、央企前茅"。在《现代汉语词典》里，"前茅"和"前列"是一组同义词，我很谨慎，进一步确认"标准是提高了吗"，他回复说："你们自己理解。"这个目标可不低，事实上算"志存高远"。集团公司是创建世界一流示范企业，人才培养、质量管理、企业文化、科技创新等工作屡获国家嘉奖，很多领域已经居于央企前茅，但正如把一个人周身夸了一遍，唯独没夸某一点一样，集团公司的财务管理整体上属于管理短板。我们成立的专门论证组，走出去一看，集团公司的财务信息化水平距离国家电网、中石油、中国铁塔等央企差距太大了；这是在央企领域，如果不分所有制、不分规模大小、不分行业领域，放眼全国去参加"全运会"，我们如何才能与华为公司、台塑集团等同场竞技呢？

"法乎其上，得乎其中；法乎其中，仅得其下。"我们确定的目标不能低，不能让人不太费劲就能达成。对绝大部分的人来说，香山不够爬；对集团公司来说，锚定"全国有名、央企前茅"来补管理短板，更是创建世界一流企业的题中之义。

# 第一节　法乎其上

## 憧憬目标

　　1910年，17岁的毛泽东考入湘乡县立东山高等小学堂读书，在离家前抄写一首诗留给父亲，"孩儿立志出乡关，学不成名誓不还，埋骨何须桑梓地，人生无处不青山"，表达了志在四方的决心。第二年，13岁的周恩来在一次修身课上，回答老师"读书为了什么？"的提问时，回答说："为了中华之崛起。"这两则流传甚广的轶事，说明了志存高远、立长志的重要意义。

　　社会心理学家丹尼尔·吉尔伯特认为，人之所以区别于其他动物，在于他可以想象未来。塞利格曼也说："我们憧憬未来的能力是独一无二的，这种能力可能最终会使渴望变成现实。"马克思认为，人类最大的特点就是具有主观能动性。他说："蜘蛛的活动与织工类似，蜜蜂建造蜂房的能力也使建筑师震惊，但是，最蹩脚的建筑师从一开始就比最灵巧的蜜蜂高明的地方，是他在用蜂蜡建筑蜂房以前，已经在头脑中把它完成了。"

　　什么是目标？通俗地说，就是我们运用想象力憧憬的未来。目标的本意指射击、攻击或寻求的对象，进一步引申为想要达到的境地或标准。古时一般将目标雅称为"志"，像"燕雀安知鸿鹄之志""有志者事竟成",意指心之所向,是对某项活动预期结果的主观设想。同时,目标还会有一些相近的词,比如憧憬、理想、抱负……

目标的制定不宜过低。目标的制定具有主观性,但不能被主观所局限,不能完全被过去影响和驱使。德鲁克认为,制定目标要高,要有新意,不能只求安全和容易;要选择自己的方向,不盲从。例如我,很遗憾没有制定一个比爬"大五朝台"更宏远的目标,又没有及时修正,从而导致户外运动过早结束了。我们在树下摘果子,是摘近在咫尺的,还是选择需要踮起脚尖摘更大的,或者搬过来一架梯子,爬上去摘树顶端最大最红的?这种选择非常重要,因为那个潜在的目标会引导我们现在的行为。还例如,美国的开国元勋们,他们承诺要实现自由、民主、平等,保障人民不被剥夺的天赋人权,并愿意为此长期奋斗。如果他们定下的目标仅仅是"赢得独立",那美国独立战争一结束,他们就可以围坐在一起举杯畅饮,然后再重复一次历史——拥立国王,论功行赏,分配战利品。正因为他们确立了一个宏远的目标,后来才有了制宪会议、两党制、废除奴隶制、平权运动、妇女获得选举权、废除种族隔离政策等等。这都是二百多年来,美国为推进人生而平等所做出的一系列努力。崇高事业的前进轨迹都是如此,无论取得了多少成就,我们总觉得还有很长的路要走。当这个愿景一点点地、越来越接近现实,怀疑者就会变成相信者,这种愿景完全实现的可能性就会激励越来越多的人。

目标的制定不宜过多。根据实现的时间周期和困难程度,目标可划分为长期目标、中期目标和短期目标,也可以理解为将长期目标逐层分解细化为阶段性目标,从而更有助于其实现。在制定目标时,无论长期目标,还是中期和短期目标,都不宜制定得过多。惠普公司最早提出的 OKR 工作法，后来由英特尔公司把它发展成为 OKR 目标管理法，对如何制定和分解工作目标提出了一套解决方案。所谓 OKR，O 是指目标，英文是 objective；KR 是指关键结果，英文是 key results。目标用来明确方向，关键结果则用来量化目标，使团队和个人聚焦在一个有挑战性的目标上。先确定"1 个"有挑战性的、方向明确的目标，然后针对这个目标，制定 3~4 个可量化的、具体的关键结果，并确保这些关键结果能让目标顺利达成。关键结果就是用来判定到期时目标是否达成的，关键结果要使用那些振奋人心的语言并且需要量化。OKR 目标管理法主要遵循五个原则：一是目标 1 次只设定 1 个，一次说太多，就和什么都没说一样；二是目标要有挑战，只有一半把握能达到的目标，才更能激发团队、带领团队尽最大努力实现它，过高或者过低的目标都会影响团队士气和热情；三是目标要明确而且鼓舞人心；四是目标要有时间限制；五是要有独立的团队来执行目标，目标要独立到团队或个人，避免将最终实施的结果归咎到其他团队或个人身上。

　　目标的制定要面向未来。心理学家黑兹尔·马库斯关于职业的研究显示，人们对自己的身份意识不仅仅基于过去和现在的自己，还同样基于对未来自己的展望。德鲁克在《卓有成效的管理者》中提出，在决定哪些事项优先、哪些可以延缓这个问题上，最重要的并不是分析，而是拿出应有的勇气。他认为确定优先次序的重要原则是重将来而不是重过去，重视机会，不能只看到困难。例如，贝索斯任命了一名副手史蒂夫·凯塞尔来负责 kindle，要求他放下所负责的亚马逊传统图书销售业务，"继续前进，就当你的目标是让美国销售纸质书的人失业"。贝索斯告诉他们："我绝对知道这很难，但是我们可以学会。"

杜邦公司从不将宝贵的资源用来"保卫昨天",他们在某一产品或流程尚未开始走下坡路之前,就会毅然放弃或退出。

### 从目标到蓝图

什么是蓝图?蓝图这个词来源于设计领域。最初设计师都是通过手绘的方式绘制图纸,然后把绘制在硫酸纸上的设计图进行复制,晒图时使用的氨水等碱性物质在显影后会呈现蓝底白线的效果,这就是"蓝图"。因为褪色慢,能够长期保存,蓝图一直被沿用至今,所以蓝图既指图纸,同时也是拓印图纸的一种工艺。渐渐地,蓝图被用来描述对未来的设计,引申为规划、计划的意思。目标一旦和蓝图进行匹配,就意味着要转阶段,从方案论证阶段要转为方案实施阶段了。蓝图和目标既紧密联系,又要做区分。

蓝图是目标的实现路径和方案。盖一栋大楼,有目标有蓝图。漫画家斯科特·亚当斯从事物反面说明了这一点,他说:"目标是为失败者准备的。"实际上他要说的是,你得有一整套做法来实现改变,否则设定目标就是浪费时间。

长远目标要逐步绘就蓝图。红军长征开始时,并没有明确的目的地,只是被迫做出战略性撤退的决定,蓝图是逐步绘就的。亨利·明茨伯格说:"在一片未知的水域给船只设定事先规划好的路线,这将使得船只触上冰山的可能性达到最大。"在长远目标下,可以不急于明确蓝图,因为"人类的能动性及其特有的支点,是一种使过去和现在得以新陈代谢从而创造未来,并在可能的未来中作出选择的思维"。

目标和蓝图要分开进行。像瑞·达利欧在《原则》中强调的：设定目标的时候就设定目标，不要想如何实现目标或者出错了怎么办。正如诊断问题一样，诊断问题不要想将来如何解决问题，只是诊断，混淆这两个步骤会导致不理想的结果，因为这会妨碍发现真正的问题。

绘就蓝图也要面向未来。崇高事业不仅仅是问"为什么"。"为什么"面向过去，是关于起源的故事，是关于我们是谁的声明，是价值观与信念的总和。崇高事业更多的是关乎未来，决定我们前进的方向，描述了我们想要生活在其中并愿意投身建设的那个世界。例如，"建设世界一流企业""探索浩瀚宇宙，发展航天事业"就是我们的崇高事业，是指引集团公司投入无限游戏的灯塔。目标是一粒种子，蓝图是种子萌芽、繁殖的景象。我有时候想，在粮食匮乏的饥饿年代，农民在青黄不接时面对嗷嗷待哺的孩子们，是如何守住这些种粮不吃的呢？我的答案是，正是为了孩子们的未来，农民们选择了保留一部分粮食作为种子。20世纪40年代，苏联很多地方发生大饥荒。列宁格勒应用植物学研究所所长瓦维洛夫遭人诬陷，后来这位毕生致力于终结饥饿的植物学家却因营养不良去世。在他的身边，在植物学研究所里，很多种子一直保存良好。后来，幸存的研究者回忆说："想要克制自己不去吃那些储藏的种子一点也不难，因为其中包含的可是你毕生追求的事业，是你的同伴们毕生追求的事业。"目前，全球共有近2000家种子银行，分布在100多个国家和地区，那里的工作人员正在继续瓦维洛夫于一个世纪前开始的工作。

## 目标是"全国有名"

接到把财务信息化建成"全国有名、央企前茅"的军令状半年后，2019年5月，我代表财务信息化论证组向集团公司主要领导汇报论证情况。我刚要开始汇报，领导问："你自己汇报啊？"他可能认为，由直接论证的人汇报得更清楚。事实上，这份论证报告就是由我直接组织论证的。

我在3月份组建了财务信息化三年跃升工程专职论证小组，指定一位同事从日常工作脱开，全职组织论证。专职论证小组由5个人组成，我每个星期参与讨论。在两个月的时间里，论证小组对国内外一流咨询机构、信息化服务厂商、信息化先进企业、内部成员单位组织访谈和交流了20余次，查阅国内外咨询材料100多份，充分调查了解"全国有名"的财务信息化需要达到的水准，并形成了调研对标报告30余份。

调研发现，国外同行业如波音公司、空客公司等均采用了财务共享中心、司库等先进的财务管理体系，用信息化手段促进其主业的发展。中石油、华润、华为、中国铁塔等国内企业的财务信息系统大多采用大集中的部署模式，财务信息充分共享，并开展司库系统建设，由集团对成员单位的财务资源进行统筹管理。我们得出结论，先进财务管理信息化建设的共同的、基本的特征有：一流财务信息化建设都基于互联网；一流财务信息系统大多采用大集中、云架构的应用模式；一流企业大多建立了财务共享中心；一流企业大多建立了司库系统。

"全国有名"是我们的目标。明确目标后，我们还得回到现实。我们接着对集团600户左右单位开展了财务信息化现状调查。结果与料想的差不多，虽然整体来看，财务核算、报账系统有比较好的应用与集中部署基础（应用核算系统95%、网报系统53%），但系统的厂商不统一（75%的单位统一使用浪潮账务核算系统，其他包括用友、金蝶、SAP、QAD等供应商），集中部署的层级不高（62%仅由上一级单位集中部署），财务系统与其他系统互联程度低（15%单位完成了与合同管理等系统集成），财务数据应用程度低（4.5%的单位完成了财务决策支持系统建设），预算管理、成本管理等系统应用处于起步阶段。

实际上，军工企业的财务信息化建设都面临许多不利因素，主要是受到了安全保密和网络基础的约束，集团管理信息化整体基础薄弱，信息化难度远大于其他行业。

我代表论证组向集团主要领导报告论证情况时，讲到中石油全集团"一本账"，中国铁塔"一塔核算、一点支付、一点关账"，华为公司"存货可视""自助报销"等情况，参会人员说："不能这么对标吧？集团公司跟华为公司和中国铁塔差别太大了。"我解释说："'全国有名'就是参加'全运会'，全运会应该是全国所有企业，不分所有制、不分规模、不分行业都要比；如果只和同类型企业对标，那就只是在参加'军工杯'。"

正如瑞·达利欧推行的那样，我把目标论证和实施分为两个阶段去做。接下来是画"蓝图"，也就是论证具体的实施方案。我们从成员单位抽调相关人员，形成26人的细化设计团队，分为共享与核算、预算、司库、业务财务、技术和集成5个小组，分别展开方案的细化设计。细化设计阶段最大的变化来自国家安全保密的新要求，我们从理想型的"一张网"调整为基于内部专网的国密网、加密的商密网的"双网"

部署应用。在此约束条件下，我们提出了三年跃升的总体目标，即利用三年的时间，初步建成"集中共享、高效管理、服务主业的数字型智慧财务管理信息系统"。

按照OKR目标管理法，"集中共享、高效管理、服务主业的数字型智慧财务管理信息系统"就是我们确定的有挑战的、方向明确的目标，"全国有名"是其鼓舞人心的定性提法。我们接着制定了11个具体的、可检查的关键结果，包括核算统一标准、费用报销移动化、全集团资金统一支付等。

我们还从另外一个侧面细化了7条关键结果。在建设思路上，坚持从功能上和技术上齐头并进，目标是做到"4+3"。功能实现思路层面的4方面关键结果包括：通过共享中心，改善数据质量，带动财务转型；建立集团司库中心，统一结算，增强风险防范能力，建立"价值+"司库；打造财务数据中心，提升财务评价、洞察和决策支持能力；通过业财协同，服务主业，提升集团财务资源统筹和保障能力。技术实现思路层面实现3方面关键结果包括：商密网主要处理流转过程，涉密网存档完整数据；商秘网基于云架构，开展集中部署模式建设；加强应用创新，利用新技术推动财务向自动化、智能化转型。

## 第二节　锚紧目标的过程管控

### 长周期要有过程管控

什么是过程？过程（Process）一词较早在质量管理学中被定义，

指利用输入实现预期结果的相互关联或相互影响的一组活动。后来质量管理体系标准（GB/T 19001-2008）将"过程"定义为："将输入转化为输出的相互关联或相互作用的一组活动"。也就是说，过程是一个具体、通用的工作步骤，在工程上经常表示为 IPO——输入、处理、输出，是具有相对完整性和独立性的一道工序。例如财务系统报销的过程，财务人员编制预算的过程等，过程反映的是具体的工作要求，具有通用性，可以被运用在各种不同的场景当中。

从更广泛的管理来说，过程是为实现某一目标结果的系列相关活动，是结果产生的必经环节，也是方法与步骤的集合。从涉及的工作事项来讲，过程可以分为周期性过程和随机性过程，像预算、决算、月报的编制，这些都是一些周期性较强的工作，像贸易风险管控、"两金"压降这些专项多属于一些随机性（或趋势性）工作；从时间跨度来讲，可以分为长过程和短过程，这里面的长短是相对的，更多衡量的是完成这件工作的复杂程度，也可称为简单过程和复杂过程；从具体内容来讲，可以分为通用过程和差异化过程，通用过程就是在不同的工作中，都会进行的相似的工作内容，例如财务数据分析就是很多工作的通用项。

长过程工作需要分阶段。分阶段就是设置里程碑，里程碑是项目阶段性工作的标志。里程碑，原指设于道路旁边，用以指示公路里程的标志，通过标定与目的地之间的距离来定位自身所处的位置，后来引申比喻在历史发展过程中可以作为标志的大事。和公路上的里程碑类似，在长过程的项目管理中，需要设置项目里程碑节点。它是项目中的重大事件或者关键事件，是检查点和决策点，有助于项目管理、规划和控制。在航天重大任务中,里程碑是指系统工程运行的重大阶段,要具备明确的阶段性成果。例如，嫦娥工程中的模样阶段、初样阶段和正样阶段是三大里程碑。里程碑处要进行考核，考核要有确切定义的放行准则，并对这些准则进行逐项认可，也就是说，里程碑是目标实现过程中在关键路口的重新位置标定，一次全面会诊。

各阶段要细分节点。栾恩杰在《系统工程运行》中提出，工程系统的建造过程类似于竹子生长的过程，一节接着一节逐节构成，每一节的完成都建立在前一节的基础上。因此，可以把工程系统的建造过程划分为若干节点，这些节点具有相对的阶段性。所以，节点是对一项工作阶段划分的标准，既不能划分得太细，也不能太粗。前面所说的里程碑，本质上就是关键节点。

过程的公正性至关重要。哥伦比亚大学商学院的乔尔·布罗克纳教授在《过程决定成败》一书中提出过程和结果具有联合效应，过程的公正性和结果满意度均对员工的正向反馈有重要影响。当员工获得了一个不公平的结果时，如果还伴随着过程的不公正，那么参与的员工就会更加愤愤不平；同时，结果也可以为过程弥补，如果员工获得了好的结果，过程是否公正也就不那么重要了；但当结果满意度低的时候，过程的公正性就会尤为重要。同时，作者还提到了过程公正性的要素包括六个方面：一致性（做决策的方式不能因人而异，要创造公平竞争的环境）；准确性（决策者所依赖的信息是准确且有效的）；偏见抑制（决策者将自身利益放在一边）；决策过程要透明；决策者和执行者之间的充分沟通；决策的时机。当然，这并不是说，只要过程公正，执行者就完全不会受到结果的影响，而是会一定程度降低对结果的关注度。

|  | 结果满意度 | | |
|---|---|---|---|
| 过程管控有效性 | 低 | 中 | 高 |
| 低 | 1 | 4 | 7 |
| 高 | 5 | 7 | 8 |

注：数值范围：1～10
数字越大，表示员工的反馈越好(比如工作效率、士气的提升)

过程的公正性是过程有效管控的重要保证，也可以将纵轴的影响因素替换成"过程管控有效性"。林肯总统曾说过"你不可能在所有时间让所有人满意"，这句话也适用于向执行者提供满意的结果，而不仅仅是公正的过程。当一项工作获得比较好的结果时，大家往往不会过多在意过程中的一些困难和问题，但如果结果不尽如人意，就会更多地回溯过程中的一些失误，这也是我们在工作中往往会形成的思维惯性。如果这项工作获得了上级领导的认可，就不会过多关注过程中的瑕疵，上级领导如果不满意，就会回溯和放大过程中的失误。但其实每一次的工作失误都需要了解其背后的逻辑和原因，以避免再发生同样的失误，在关注结果的同时也要注意过程。

《企业长青之道》一书中讲道，一条线是由无数个点构成的，过程就是这条线上每个节点在时间和空间上的变化。老子说："天下大事必作于细，天下难事必作于易。"所以，只要分解得法，大事和难事都可以转化为小事和简单事。越是大事、难事，越需要有效地分解。而有效分解大事和难事的方法，就是要理清楚完成这件事情的流程、节点和里程碑，并且进行持续过程管控，确保方向和路线指向最终的目标。

总之，目标实现需要过程管控；管控也是一个过程。过程管控就是把我们该做的事、能做的事做到极致。

### 过程管控要解决问题

过程管控的关键是什么？就是发现问题、解决问题。确保业务正常运转当然是核心工作，但这只是基础，最核心的任务还在于及时通过过程管控发现问题、解决问题，并推动业务不断向前发展。也就是说，不能推动进步的过程管控毫无亮点。毕竟，再有优势的竞争态势，都可能瞬间被逆转，居安思危才是管理者的基本管理要义。

要解决问题，首先要准确判定问题的属性。德鲁克说过："有效的管理者，不做太多的决策，他们所做的都是重大的决策，他们重视的是分辨什么问题是例行性的，什么问题是战略性的。"所以，解决问题的基础是识别和定位问题。德鲁克将问题分成四类：第 1 类问题是真正经常性的问题，发生的个别问题只是一种表面现象，比如每个月都要维修的车床，经过长时间的分析后才能显现出"经常"的本质，才会去发现是否由于温升过高或者润滑不好；第 2 类问题虽然只是在特殊情况下偶然发生，但本质上仍然是一项经常性的问题，例如一家企业接受了另一家企业合并的建议，说明这家企业的管理机构经常采纳其他企业的建议，这种采纳是有一套必须遵循的原则；第 3 类问题是真正偶发的特殊事件，就像 20 世纪 70 年代初期，儿童因服用四环素而导致四环素沉积于牙齿引起牙釉质发育不全、牙齿着色的案例就是此类；第 4 类问题是"首次"出现的经常事件，就像上面所举的"四环素牙"，直到后来我们才判定为"经常性事件"。

如果问题的属性判断错了，不仅问题得不到高效解决，还会影响后续工作、浪费资源。我们常犯的错误，第一种便是误将经常问题视为一连串的偶发问题。例如，在"一个库"的实现过程中，要将商密网的数据导到国密网集中库，同时要将国密网本地部署的本地库数据导入集中库。最开始手动合库时怎么也合不全，一会儿少账簿，一会儿少科目，只能用打补丁、补漏洞的方式解决，而没有研究成熟的自动合库解决方案。另一种常犯的错误，是误将真正的新问题视为旧病复发，这是典型的只看现象不去分析背后的原因，例如在资金"安检通道"的建设过程中，出现过资金错汇的现象，项目组认为这和过去的会计差错一样，没有从"技防技控"的角度进行认识。第三种常见的错误，是对某些根本性问题的界定似是而非，就像很多信息化的术语一样，不统一语言就很难提高沟通效率。最后一种错误是只看到问题的部分，而没有看清全貌。德鲁克举了 20 世纪 70 年代美国汽车工业的例子。当时，社会各界纷纷指责美国的汽车不安全，美国汽车界从车辆本身的安全，到公路工程和驾驶人员的训练都进行了规范，取得了一定的效果：每千辆汽车或者每行驶 1000 公里计算的交通事故率一直不断下降。不过，汽车安全问题并没有得到解决，车祸总数及车祸损害程度仍在继续上升。最后，深入研究发现，"不正常驾驶"导致的车祸占车祸总数的 3/4 左右，汽车制造业应该做的，是要在不正常驾驶下也能够提高车辆的安全性。这个例子提醒我们，过程管控中如果发现问题，决策者总是倾向于假定该问题为经常性质。他必须先假定该问题只是一种表面现象，另有根本性的问题存在，他要找出真正的问题,不能像"锯箭竿"的外科大夫似的,只满足于解决表面问题。

还有另一种常见错误。社会生活及政治生活中最显著的一项事实是,暂时性的事物往往变成了永久性。这类的例子很多,比如英国的旅馆登记制、法国的房屋租赁管制以及美国政府中的许多"临时建筑",都是在第一次世界大战时草草创设的。当时都以为最多三五个月会取消,但是过去了几十年,这些临时措施依然存在。这样看来,决策者对阶段性解决方案、临时性措施一定要把好关,不能让临时措施变成永久的"违章建筑",不能让阶段性解决方案最后造成路径依赖,以至于影响到核心目标的实现。

最后就是解决问题要彻底,虽然根治问题很难,但问题归零是我们从航天质量管理中汲取的宝贵经验。在过程管控中,要做到发现问题三不放过:没有找到问题原因不放过,没有找到责任人不放过,没有找到解决问题的方法或措施不放过。只有这样,才能从根本上解决问题,而不是得过且过,以免此类问题重复出现。

### 始终锚定"全国有名"

财务信息化三年跃升工程的方案论证完成了,这才是第一步。后来经过了可行性研究报告第三方评估、集团首席信息官到位、组建集团公司信息中心、管理信息化总体方案论证、商密网方案立项等,这个方案直到2020年四季度才由集团总经理办公会审议通过。审议方案时,有人提出"进度太紧张,三年完成不现实"。其实,从那个时点起算,只剩下两年的建设期。我也认为不现实;要达到"全国有名"

的目标，起码要做好两个"三年跃升"的打算。这绝对是个长周期、复杂过程，所以更需要始终锚定"全国有名"的目标进行过程管控，在过程当中把控方向、解决问题。

跃升路上，关关难过关关要过。我们首先要过的就是"带电作业"这一关。由于财务业务不能中断，所以升级财务核心管理系统为"带电作业"。而且会计年度的特点决定了财务信息化建设没有跨年的长周期，只能按照每一年度来倒推里程碑节点安排工作。集团公司探索建设自主可控数字化体系，财务信息化建设在集团内部是先行先试者，往往得"三边"作业，即边软件部署应用、边基础设施建设、边硬件适配。在开展财务核心管理系统建设、部署、应用的同时，要推动商密网、国密网网络基础设施建设，开展自主可控的服务器、数据库中间件等软硬件适配工作，涉及自主可控应用软件、自主可控数据库、自主可控硬件基础设施、网络环境等一系列配套。在软件产品方面，由于本次选型产品为新研云架构产品，专门组建了功能和性能攻坚小组，解决功能丰富完善、系统 BUG 处理、运行性能提升等方面问题。在数据库方面，开展应用软件和数据库的适配验证，开展大并发下的性能调优；在硬件基础设施方面，搭建自主可控服务器等硬件基础环境，开展应用软件、数据库、服务器等适配和性能提升优化；在网络环境方面，推动商密网建设运行，针对国密网带宽不足问题，按照系统工程思维调整优化部署模式。

其次是要过"双网多模式"带来的"四跨"壁垒。所谓"四跨"，是指跨网、跨域、跨层级、跨系统等方面遇到的重重问题。

跨网方面，为解决在商密网、国密网等不同网络实施系统部署，以及数据交互的操作难度和频次不足等问题，我们提出了最小化国密网数据集中导出到商密网的安全保密解决方案，提高导出效率，方便基层单位；创新性采用"单向网闸工具"，无须审批流程，自动实现商密网数据实时导入至国密网"一个库"，实现数据准实时交互。

跨域方面，为进一步提高跨域系统之间的交互效率，克服网络带宽、网络交换机带宽影响运行速度和系统功能切换效率等影响，探索自主可控环境下的分租户、分库分表、微服务、内存计算等技术手段，优化调整系统部署架构和运行模式，由所有功能集中部署调整为报账功能下沉部署，影像数据由实时上传调整为闲时上传，减少带宽占用量，提高系统运行效率和速度。

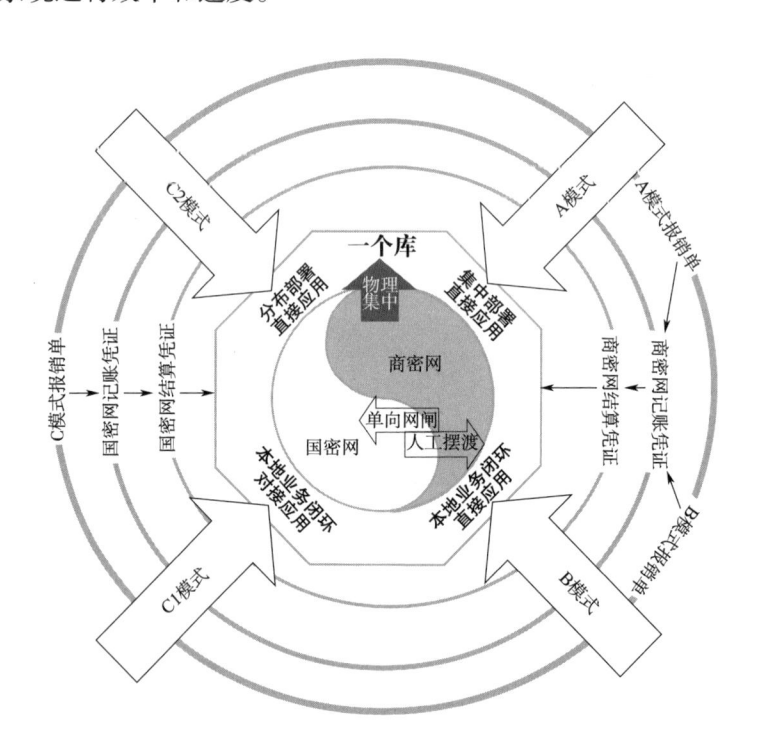

跨层级方面，为直接推动全级次600户左右单位系统的建设、部署、实施和应用，组建集团系统建设推进联合专班，从传统的层级式管理转化为集约高效的扁平化推进，牵引全线协同推进系统建设。

跨系统方面，推动财务核心管理系统与业务系统互联互通，规范接口标准，完成各类接口标准调研、确认、开发、发布，提升接口标准规范性、便捷性、智能化，组织开发"插座式"标准接口116个。

克服"带电作业"和"四跨"壁垒，集中体现了我们整个信息化建设团队在过程中解决问题、管控方向的做法。就我个人来说，也有一些过程管控的例子可以分享。

例如，大力推动数据合库工作。随着系统的深入运用，我推动集团公司重点组建了数据分析应用专班，成立航天财务大数据应用研究中心，要求他们每周编制工作周报，报告数据的治理和应用情况。在应用数据的过程中，暴露出了"一个库"尚未真正形成，存在入库数据不完整、不准确的问题。这起到了"以用促建"的作用，我倒过来压实项目组的责任，要求分三阶段重点解决数据合库的问题。所谓"合库"，是因为落实安全保密新要求，我们的系统数据分别存在商密网数据中心和国密网数据中心，国密网数据由于当时网络基础能力不够，又分域部署在1个数据中心和8个区域数据中心，"合库"就是将这些分散在"1+1+8"的全级次单位、全类型财务数据（包括但不限于报账单、凭证、账表、资金等数据），在国密网形成全集团集中统一的财务数据资源库的过程。截至目前，已完成了前两个阶段的工作，初步建成了"一个库"：实现了商密网数据集中，通过DMP、结合单向网闸，完成从商密网数据中心向国密网数据中心的数据集中，频率为1次/天；通过DMP、上传数据等，实现了 8 个国密网区域数据中心向国密网数据中心的数据集中，频率为 1 次 / 天；实现了商密网业务库数据自动准实时"入湖"（指大数据应用研究中心的分析数据库），完成国密网各区域独立业务库通过 DMP 自动定时将凭证、报账单、结算单的数据自动"入湖"，频率为 1 次 / 天。目前正在梳理整体数据架构，明确合库数据范围及数据来源，联合信息化厂商将其开发为一个正式产品，从而在"双网"架构下彻底实现"一个库"。

  大力推动核算集中应用工作。2021 年集中部署财务核心信息系统时，我们采用了先在商密网部署再在国密网部署的"先易后难"的策略。当时国密网各主要成员单位的应用服务器、内存、带宽以及网络管理模式都不足以支撑在集团中心网"一张网"上集中部署，为了保证年初撒开的"渔网"在年底前"收得拢"，不影响年底结算、决算工作，项目组采用了变通的临时措施，将采用国密网集中部署的 8 家重点成员单位的财务核心系统进行了本地部署，从而形成了国密网的"1+8"架构。这和"一战"期间英国的旅馆登记制一样，都是一种临时措施。为了防止临时措施变成永久的"违章建筑"，我在 2023 年年初大力推动了核算集中应用，要求这 8 家单位直接登录集团中心网办理核算业务，通过核算业务集中应用，彻底统一会计标准、凭证规则和凭证生成，支撑集团"一本账"核心目标的实现。到目前为止，已全部完成了切换上线，由于准备充分，系统切换得总体顺利。在核算集中应用基础上，项目组增加了标准控制台、统一导入导出、全员云票夹、电子回单套打等应用场景，大幅度提升了工作效率（这也是过程管控作用外溢性的一个实例）。

  无论是推动数据合库还是核算业务集中，都是为了保障"一个库""一本账"等关键结果的实现,也是始终瞄准"全国有名"的核心目标校正偏差。除了把控方向,在过程管控中还要解决问题。

例如,解决长流程优化的问题。如前所述,为了提升资金支付的本质安全,我们建成了资金"安检通道",从底层贯通了"业务报账—共享核算—司库支付"的流程。毫无疑问,这个流程是个长流程、复杂流程。主要的流程单据就有报销单、报账单、记账凭证(一段凭证)、支付明细单、支付指令单、银行流水、支付结算单和结算凭证(二段凭证)。长流程最早暴露的是支付时间太长,系统刚上线时,平均支付成功的时间接近 3 天;后来是操作太复杂,尤其是最后的结算凭证(二段凭证)要和记账凭证(一段凭证)进行逐笔配对,就像前些年借的备用金报销时要逐笔配对一样,刚开始信息系统无法自动匹配,二段凭证带回来的信息又不完整,审核员操作的复杂程度及怨言可想而知;最后解决的是支付失败的问题,尤其是通过财务公司内部结算账户对外付款的"退款重汇",是大家反映最集中的问题。这些长流程优化的问题,一直是我重点督促解决的问题。在解决了时间长、操作难的基础上,项目组近期对"退款重汇"进行了重点攻关。先是分析问题。项目组分析后认为,"退款重汇"目前包括三种场景:场景一是单据状态为支付失败,无流水产生;场景二是单据状态为支付成功,产生一付一收的流水;场景三是单据状态为支付失败,同时有一付一收的流水。前两种场景是正常支付失败和正常退汇,但场景三需要处理三张凭证,也是当下解决问题的重中之重。

## 第三节　轨道控制与保持

### 把经验转化为流程

轨道控制与保持是航天器系统设计中的一项重要工作。轨道与卫星的使命密切相关，按照卫星的任务要求，选择最有利的运行轨道是轨道设计的首要任务。卫星对地球的覆盖、轨道寿命、太阳入射规律等与总体设计密切相关的因素，都影响着运行轨道的选取。在实际应用中所说的轨道控制，是对整条轨道的控制。在航天工程的实践中，由于各种误差的影响，实际的轨道控制过程并不是，而且也没有必要基于精确的轨道动力学方程来执行，可以基于简化模型，获得非常有用的分析解。在一般的轨道控制中，人们并不关心航天器在轨道上的相位变化，而只关心其余参数的变化，经常是将它们分为轨道平面内和轨道平面外的两类控制来考虑。在太阳同步回归轨道上运行的航天器，由于受到大气阻力等摄动力的影响，需要进行地面轨迹保持以及降交点地方时保持；对于在静止轨道上运行的航天器，需要进行位置保持。

对于运行在地球静止轨道上的卫星来说，理想静止轨道的倾角和偏心率均为 0，但由于地球非球形、日月引力、太阳光压等摄动因素的影响，实际的静止轨道是一个具有小偏心率、小倾角的轨道，而且周期也不完全与地球同步，这些偏离综合起来使得卫星漂离其定点轨道,且偏离量不断积累。如果任由偏离量达到一定程度,卫星将无法满足任务要求。所以,卫星在轨服务期间,需要定期对静止轨道卫星进行东西位保和南北位保,使卫星星下点的经纬度位置控制在给定的允许范围内,这就是轨道位置保持。

在长周期、复杂过程中,始终锚紧顶层目标不动摇、不偏离,需要做很多细致、有效的工作。从某种意义上说,这和上述所说的卫星入轨后的轨道控制与位置保持十分类似。除了过程管控中的解决问题、调控方向等大的动作,它还需要一套融入日常工作之中的流程、制度和工具。这些方法应用得好,会大大提高目标达成的效率和效果。

首先是建流程,把组织能力转化为流程标准。流程不等同于过程。流程(Workflow)是一系列的、连续的、有规律的活动,这些活动以特定的方式进行,并导致特定结果的产生。迈克尔·哈默认为,流程就是"把一个或多个输入转化为对顾客有价值的输出的活动"。所以说,流程更强调与现实环境的匹配,同一工作任务在不同环境下的工作流程可能就是不同的。以财务报销为例,实现的过程是报账人报账—会计审核原始凭单—出纳结算—司库支付—会计记账,其中报账人报账是这个过程中的一项通用流程。这个流程是,如报销差旅费,需要业务人员先填写出差申请单,领导审批通过后履行出差事项,出差完毕后将所需票据收集齐全填写差旅费报销单,单据填写完毕提交会计进行审核。会计审核原始凭单也有相应的通用流程,比如先审核单据的真实性,再审核单据的完整性,最后审核单据的准确性,等等。因此,在"过程"内部,又存在着更具体的处理流程;一个处理流程又被细分为若干个处理步骤,每个步骤又细分为更具体的活动。对于处理过程的描述，也经常会使用流程图的表示方法。对这二者内涵的解释，不是辨析，只是为了强调在过程管理的过程中也要关注流程。战略财务管理更多关注过程，但在过程的细节把控上，就应该多关注流程。

任正非说，"组织最大的浪费就是经验的浪费"。华为在发展过程中提出"企业发展的最高目标是建设流程化组织"，以流程确定角色，组织承载角色，流程与组织匹配。就像企业成长有其特定的时间周期，流程标准的形成也不是一蹴而就，根据业务的成熟度，经历僵化、优化，进而到固化的过程。僵化就是把别人的经验抄过来直接用，即便是削足适履也要忍着，因为这是取经的过程，僵化的重要前提是选好学习对象。僵化的周期根据组织的学习速度或长或短，但一定要坚持，逐步发现不适用的内容进行改进、优化。优化的过程一般会比较长，但也要秉承快速迭代的原则，直到执行这个流程标准以后，几乎每次都会产出好的结果，就要对这个流程标准进行固化了。因此，就像卫星入轨后，要自身进行轨道维持以确保完成相关的任务，在组织实现既定目标时，也要通过固化来保持。

利用有益经验来提升组织能力的最好方法就是将其转化为流程标准。也许会有人说，不是所有的工作都可以转化为流程标准，尤其是一些依靠主观经验判断的工作。事实上，只要将隐性知识显性化，这些工作都可以转化为流程标准。例如，销售不是标准化的，在大家的通常理解中，销售工作就是八仙过海各显神通，但是像阿里巴巴和美团等很多企业，都将销售流程化、标准化，提供给员工一套可执行的标准流程来规范产出。阿里巴巴是将整个销售过程进行切割，第一步是开拓新客户，第二步是要对客户进行拜访等环节，并且明确定义了一天拜访多少新客户、回访多少老客户、几点收单等等，使新进入岗位的销售人员也能很快着手工作。会计工作也一样，无论是考虑一项费用计入什么科目，或是做一笔凭证，都可以转化为流程标准。

流程标准的作用主要是两个方面：一是明确规范、提升效率，可以让流程使用者清楚地知道发起某流程所需要的所有材料和准备工作，了解工作的顺序和节点，从而避免因准备不充分而出现的反复沟通的现象；二是全面监管、控制风险，明确部门与部门、岗位与岗位之间工作与权责的界限，明确责任。无论是从业务运转的角度还是企业管理的角度来看，对流程的梳理和迭代最终都会沉淀为企业的隐性资产并转换为组织能力。

需要注意的是，流程标准是管理工具，不能为了流程管理而建流程。经过审视发现，如果新流程的诞生无法实现任何改进，那就意味着这个流程本身没有进行固化的意义和价值。针对成熟的业务可以先建流程，因为流程也是相对成熟的；如果是全新的业务，不要急于去梳理流程，可借鉴同行或是行业通用的流程，但一定要考虑适用性，流程是对"已被多次证明可行的业务实施过程的总结和固化"，而不是简单的一个图示、一项制度。同时，一旦证明流程存在的价值，也要善于运用工具和标准来固化一些容易受主观意识影响的工作流程，时刻关注流程的规范性和有效性。

流程的执行要求一定的灵活性。《赋能》一书中讲述了这样一个案例：20世纪六七十年代，美国国家安全委员会对美国联合航空公司的173号航班发生的空难调查发现，这次事故的原因是在飞机发生故障时，机组人员还在执行接受训练时的各种流程，将大量的时间用于试图重获闪光灯信号、穿上救生衣、将书籍封装入袋以及安抚乘客，而不是检查事故发生的原因，最终造成了10死、24伤的重大空难。作为领导者，要监控各种流程，通过监控这些流程来避免深井弊端或者官僚主义损害组织的敏捷性。

要不断提升流程效能。关键是在不降低流程规范性、不增加流程管理风险的前提下，尽量缩短流程处理时长。另一方面，要进行流程的定期评估和改进，要随着内外部环境的变化及时增减流程。特别当越来越多的员工开始反感某一流程的时候，我们就需要重新审视流程的适用性。可以运用ECRS分析法来检查流程，这是一种工业工程学分析程序的方法，现在多被用于寻找工序流程的改进方向。我们要对每一个流程的设置重新审视：一是取消（Eliminate）：完成了什么？是否必要？为什么？二是合并（Combine）：如果工作或动作不能取消，则考虑能否可与其他工作合并。三是重排（Rearrange）：对工作的顺序进行重新排列。四是简化（Simplify）：指工作内容和步骤的简化，亦指动作的简化，能量的节省。

财务流程的首要标准是合法合规，其次是要符合企业的实际管理需要。好的流程一定要明确服务对象，要根据使用者的需求进行策划和设计，而且流程很大程度上是为了让业务合规、控制风险。但如何控制风险，方法选择就很关键。举个例子，财务报销系统中业务人员报销差旅费，需要先填写差旅费报销单，明确出差地点和时间后统一根据交通工具采购车票等。但在差旅过程中，会发生一些突发状况，导致要更改出差时间或者地点。在这种情况下，如果要求出差人重新填写差旅费报销单，差旅行程变化比较频繁的，就会导致流程过于繁琐、降低效率。所以，部分单位根据员工的反馈意见，对差旅申请单进行了可更改的操作,这样既可以避免事后审批的风险,同时也简化了流程。这表明,控制风险最好的手段往往不是增加审批节点,而是把规范要求融合到业务流程的过程中,形成标准的输入、输出,在事前对风险进行防控、事中强化监管。

## 纳入制度轨道

制度是制动器,更是发动机,一方面,制度可以限制和禁止人们的不当行为;另一方面,制度也可以激励和引导人们的良性行为。通过流程或制度等固化下来的东西,一则可以持续,不会因为人的变化而丢失;二则通过这种方式可以让更多的人更习惯去做这件事情。

制度的目的在于改变人的行为,为了保证制度不会随着时间流逝而归于无效,制度必须适应内外部环境的变化。《论语》中有子曰:"礼之用,和为贵。先王之道,斯为美,小大由之。有所不行,知和而和,不以礼节之,亦不可行也。"这段话中的"礼之用,和为贵"是核心,意思是要通过制度追求组织内人与人、流程与流程、人与流程之间的匹配才是根本。周围有很多严格考勤的例子,有人在一家大型广告公司工作,一年后换了 CEO,新任领导决定实施考勤表制度。但在他们公司根本没人知道考勤表有什么用,不像有的服务行业对上下班时间有严苛的要求,他们只是纯粹的奉命行事而已,如同通过一项服从性测试似的。

要及时把成熟流程纳入制度轨道。制度是固化流程的重要保障;

同时，制度作为输入，流程也是制度的落地手段，但制度与流程之间有着本质的差异，并不完全取决于制定的先后顺序。制度相当于企业大厦承重的柱子、承重墙，流程相当于装修；制度不能随意改动，流程要根据需要而改动。流程和制度也有着天然的联系：流程像"河道"，侧重于做事的顺序，规定企业的运行规范，同时也要注意上下游的衔接；制度是"堤坝"，倾向于规定奖惩等规则以及超出标准流程之外的惩罚界定。制度是静态的，强调控制，重在限制，更多关注人，主要内容是组织分工、权责分配、标准规则、惩罚措施，是对管理对象和管理要素的描述，主要表现形式是条文，一般在相当长的时间里不会更改。流程是动态的，强调协同，重在增值，更多关注事，主要内容是谁来做、做什么、怎么做、做到什么程度、需要什么资源，是对业务过程的描述，主要表现形式是流程图，会根据客户需求做对应的优化调整。总而言之，流程是制度的内核，制度是流程得以执行的保证，一旦流程被制度固化下来，也就具备了一定时间内的稳定性和约束性。

要及时把战略财务工作纳入制度轨道。火箭院2003年全面预算草案审批通过后，我第一时间组织制定了《全面预算管理办法》和火箭院本级的预算管理实施细则。这两项规章制度确定了预算管理的职责分工，固化了预算报表体系，明确了预算管理从编制、审批、到调整、执行的全流程。记得当时火箭院财务负责人给予了很高的评价，他带着我向因病住院的院长汇报，院长斜靠在病床上也给予了表扬，要求尽快下发执行。后来我在火箭院推动的ACS工作，也是一旦工作相对成熟，就制定下发了《院ACS标准认证工作管理办法》，探索建立ACS体系认证工作持之以恒、持续改进的长效机制。

## 财务工作质量保证体系

2017年我从火箭院交流到卫星院任职后，用了大半年的时间走访了院属20多个单位，与200余名财务一线人员面对面座谈，鼓励他们总结成绩，寻找亮点，通过"表扬与自我表扬"，共找出了200多个工作亮点。找亮点，不仅仅是为了提高财务人员普遍缺失的成就感，还是为了将"隐性知识显性化、显性知识制度化"。我认为，只有将个人的好做法提炼上升为单位的制度、标准、流程，才不会因为人事变动而出现某项工作质量的"断崖式"下跌。系列座谈后，我组织对这些"亮点"进行多维度深入分析，发现成员单位之间差别大，长板很长，短板很短。为了实现全院80余家成员单位的"雁行式"发展，我们组织从中梳理出院级最佳管理实践，形成全院的标准体系，推动"短板"向"长板"看齐。计划用3年时间，面向基层、面向基础，借鉴航天型号产品保证方法，推动建设卫星院财务工作质量保证体系。到集团总部工作后，以卫星院的成功经验为基础，我们又全面启动了集团公司财务工作质量保证体系建设工作。

财务工作质量保证体系的主体要素包括一支保证队伍、一套保证标准和一组保证工具。一支保证队伍的主要职责是从相关法规制度研究、工作最佳实践提炼、各类监督检查问题整改等角度参与保证标准编写、过程监督和评价工作；一套保证标准一方面是将国家、上级单位有关法规制度在执行层面分解、细化和补充，另一方面将单位的工作最佳实践提炼总结，也就是将优秀个人层面的隐性知识转化为显性知识；一组保证工具是将特定的财务标准进一步工具化，在提高财务产品和服务质量的同时，也提高了可复制性、可扩展性。

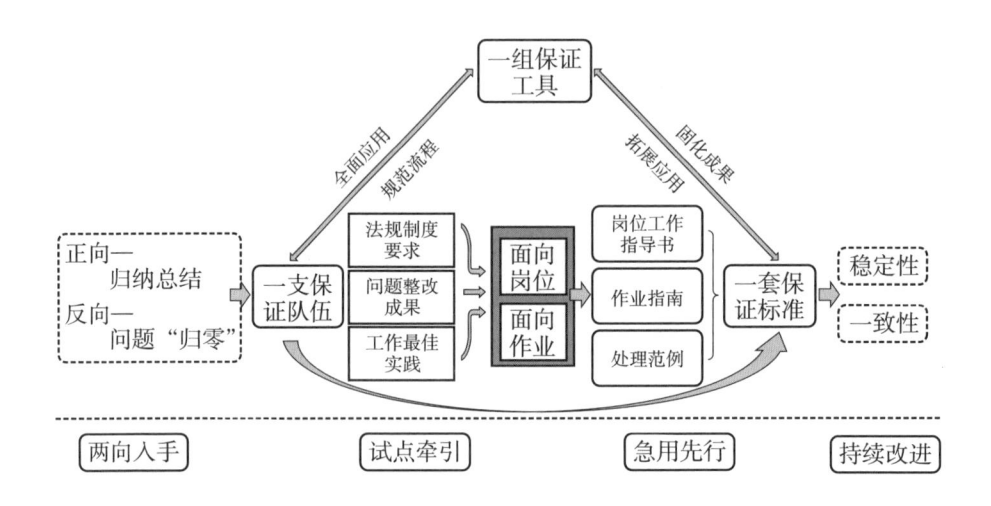

```
                        ┌──────┐
                        │一组保证│
                        │ 工具 │
                        └──────┘
              全面应用            固化成果
               规范流程            拓展应用

┌─────────┐      ┌─────┐  ┌────┐ ┌────┐ ┌────┐      ┌─────┐
│ 正向—   │      │     │  │法规 │ │面向│ │岗位 │      │稳定性│
│  归纳总结│ ───> │一支保│→ │制度 │→│岗位│ │工作 │ ───> └─────┘
│ 反向—   │      │证队伍│  │要求 │ │    │ │指导书│      ┌─────┐
│  问题"归零"│    │     │  │问题 │ │面向│ │作业 │      │一致性│
└─────────┘      └─────┘  │整改 │ │作业│ │指南 │      └─────┘
                          │成果 │ │    │ │处理 │
                          │工作 │ │    │ │范例 │
                          │最佳 │ │    │ │    │
                          │实践 │ │    │ │    │
                          └─────┘ └────┘ └────┘
                                              → 一套保证标准

┌──────┐    ┌──────┐    ┌──────┐    ┌──────┐
│两向入手│    │试点牵引│    │急用先行│    │持续改进│
└──────┘    └──────┘    └──────┘    └──────┘
```

  财务工作质量保证体系建设，遵循两向入手、试点牵引、急用先行、持续改进的原则。财务工作质量保证体系是一个新事物，开始时难以明确边界，两向入手就是指从正向的"找亮点"和反向的"问题清单"入手确定体系建设的任务项，是财务工作质量保证体系建设的方法论，具体的实现路径可以是自上而下和自下而上相结合；试点牵引是选取重点单位进行建设探索，条件成熟后在全集团范围推广应用；急用先行是由于财务工作覆盖面广、作业多，如果想把每个岗位、每项作业的质量保证工作一步抓到位难度很大，只能从解决火烧眉毛的问题入手，针对问题多发、风险高的业务优先推动，及时满足实际工作需要；持续改进是根据工作进展、实施反馈和体系评价情况，持续改进体系，促进质量保证水平始终处于接续上升状态。财务工作质量保证体系的本质是回归基础、提升能力，从基础业务、基础事项出发，逐一明确岗位规范、作业规范，从而把个人、具体单位的业务能力提升为集团公司的整体能力，通过推动隐性知识显性化、显性知识规范化、规范知识工具化，实现财务工作知识螺旋式转化，以保证财务工作质量的稳定性和一致性。

财务工作质量保证体系建设并不改变各单位财务管理体系，而是嵌入现有财务管理体系建设的整体框架中实现质量保证与业务管理相结合。集团公司主要负责制定财务工作质量保证体系建设的总体策划，各级财务部门同时也是本单位的财务质保部门，负责将体系建设纳入财务管理日常工作。同时突出理念引领，把质量意识、产品意识、用户意识纳入集团公司财金文化建设，把每一项财务工作的使用对象具体化，实现财务工作质量过程管控，对内营造浓厚的财务工作质量文化氛围，对外树立卓越的财务产品和服务质量形象。

保证标准借鉴质量管理第三层文件和内控标准的编写体例，将法规制度要求、问题整改成果、工作最佳实践融入具体操作之中，指出关键风险点，列出实践亮点，编写示范案例，是经验传承的媒介，是财务知识转化的载体，是集团公司财务工作质量保证体系的核心。保证标准突出涵盖事前预防、事中控制等关键环节，主要包括面向岗位的岗位工作指导书和面向作业的操作指南与处理范例等。比如，针对事业单位养老保险、退休人员社会化管理和"三供一业"移交等改革事项，集团公司制定了《事业单位养老保险和职业年金账务处理范例》《退休人员社会化管理相关业务账务处理范例》《"三供一业"分离移交相关账务处理范例》等，统一了全集团的业务处理，保证了新业务齐步走；针对中央纪委国家监委通报的出纳人员违纪违法案件，组织制定了《出纳岗位工作说明书》；针对成员单位涉税问题的上升态势，制定了《企业所得税汇算清缴工作指南》《增值税发票管理工作指南》和《增值税申报与缴纳工作指南》。保证标准包括工作原则、工作程序等概括要求，也包含工作要点、操作步骤、风险点及具体防控措施等具体安排，内容鲜活，操作性强。

## 第四节　一张蓝图绘到底

### 像节拍器一样规律

贝索斯成立了蓝色起源公司，希望公司每隔 6 个月发布一次新版本的火箭，"就像节拍器一样规律"。他将其中心思想浓缩为公司的拉丁格言"步步为营"。他还设计了一件精美的纹章，上面是两只站在地球上把手伸向星空的乌龟，纹章上戴着翅膀的沙漏，象征着时间的流逝。"我们身处的是一座没有现成地图的大山，四周的能见度也很低。"贝索斯描述道，"一旦开始，你就不能停下来。你要以稳定的速度持续攀登，做乌龟而不是兔子。将支出保持在可持续的水平，先是持平，然后逐步增加。"

贝索斯提到的节拍器，是一种在各种速度中发出稳定节拍的小仪器。节拍器最基本的功用就是确定速度。这时的速度强调的是稳定，不是背离事物发展规律的忽快忽慢，也不是持续的冲刺或者挪步，主要对应的是节点控制和里程碑考核的周期。同时，节拍器可以使注意力集中，提高人们的效率：它的"嗒嗒"声提醒人们一刻也不能掉队，就像是节点的一次次巡检，提示我们及时完成阶段性的任务。

斯坦福的计算机科学家阿马拉说过这样一句话：人们常常高估了短期可以完成的工作，另一方面又常常低估了长期可以完成的工作。

这句话后来被命名为阿马拉定律，用于分析不同时间尺度下个人心理预期与实际工作之间的差距。它提醒我们，不要总期待一夜成名、一夜暴富，要理解生活中渐变才是常态，小步迭代才能真正实现大跨越。这展现了计划和实践之间的张力。计划越宏大，耗费时日，就越难迈出改变的步伐。相反，小步迭代，积小胜为大胜，反而是大多数成功者的经验。就如戴明循环（PDCA）中强调的计划与实践紧密相连——不要过度计划，强调尽快实践，反思与再行动环环相扣，体现了干中学、学中干的总思路，也是解决复杂问题的抓手。实践与学习结合很重要，创新实践需要把整个工作分解，从提出想法，到验证概念、再到试点、最终推广，每一阶段的侧重点都不同。

及时反思很重要。1965年7月26日，毛泽东在中南海接见刚从海外归来的原国民党政府代总统李宗仁夫妇时，突然问李宗仁的机要秘书程思远："你知道我靠什么吃饭吗？"程一时茫然。毛泽东接着意味深长地说："我是靠总结经验吃饭的。以前我们人民解放军打仗，在每个战役后，总来一次总结经验，发扬优点，克服缺点，然后轻装上阵，乘胜前进，从胜利走向胜利，终于建立了中华人民共和国。"毛泽东提到的军事方法，就是PDCA的经典应用。

复盘也是有效工作方法。联想最早把复盘引入企业管理中，并发展成企业的核心方法论。"复盘"原是专业围棋手总结经验、提高棋艺的方法，指二人下完围棋后重复刚才下棋的过程，边回顾边述说自己当时是怎么想的，为什么会下这一步，以检查对局中招法的优劣得失。联想将复盘方法总结为四大步骤，即"GRAI"：回顾目标（Goal）、评估结果（Result）、分析原因（Analysis）、总结经验（Insight）。其实，和航天产品质量问题归零"双五条"标准内涵一致，都是通过问题的复盘实现从事后的问题管理转化为事前的预防管理的过程，实现问题的闭环管理，防微杜渐、促进能力的逐步提升。

我们在推进财务信息化三年跃升工程等长周期工作中，也特别注重应用上述方法。我们会不定期组织对重要活动进行复盘，对出现的几次宕机类的较大故障也会组织问题归零，主要目的是根据实际情况梳理出一些下次可优化、需关注和提醒的事项。我们还坚持每周召开项目组例会，周例会由财金部门、信息化主管部门、信息中心、运维中心、信息化厂商和监理单位参加，首先是通报上周计划完成情况及存在的问题，报告本周的初步计划，然后进行协调讨论，形成会议纪要。截至 2023 年 11 月，周例会已累计召开了 125 次，恰如贝索斯说的，"像节拍器一样规律"。

## IT 化和组织变革

如果说流程是企业优秀实践的总结，以规则的确定性来实现可复制性，那么 IT 就是在此基础上对可复制性的进一步加固，以技术手段消除人为的不确定性。任正非强调利用 IT 技术固化模板化的重要性，他讲："模板化是所有员工快速管理进步的法宝，各流程管理部门、合理化管理部门，要善于引导各类已经优化的、已经证实行之有效的工作模板化。清晰且重复运行的流程，工作一定要模板化。一项工作达到同样绩效，少用工，又少用时间，这才说明管理进步了。我们认为，抓住主要的模板建设，又使相关的模板的流程联结起来，才会使 IT 成为现实。"华为的变革一般分为三步：第一步是小范围试点，总结经验教训，优化方案；第二步是扩大推行范围，继续总结优化；第三步是在全球推行，IT 固化。

那么 IT 究竟是什么？IT 承载的是业务流以及数据，支撑每一个作业以及作业输出的数据，通过实现数据之间的集成、流程的自动化，而不是依靠人来输入、转换数据，从而提高稳定性和效率。因此，流程化的组织建设的最高境界就是端到端、整个业务流全由 IT 支撑，是用技术手段来固化流程，提升流程的运作效率。IT 平台化并非流程标准管理的必选项，只有用的人多，有效率或者标准问题才用 IT。因此，有必要以技术手段将流程固化下来，在 IT 中跑的是固化的流程，本质上跑的是业务。同时，IT 化的另一个作用是承载数据，通过信息化实现大量业务和管理数据的产生、汇总、治理及应用。

IT 化在不同的领域会催生不同的组织变革。设置财务部门的理论基础是工作专门化和部门化。一旦通过工作专门化完成任务细分之后，就需要按照类别对它们进行分组，以便使共同的工作可以进行协调。部门化的方法，除了根据活动的职能划分，还可以根据地域、生产过程、顾客的类型或者生产的产品类型来划分。部分财会工作 IT 化后，使得集团公司的财会组织有了发生变革的可能性和可行性。财务共享中心就是典型代表。财务共享中心既是财会工作流程化、IT 化的产物；反过来，它又为财会工作流程化、IT 化提供了有效的组织保证。

现阶段，国内企业财务共享服务建设呈快速发展趋势，国资委央企名录中近 60% 已完成或正在建设财务共享中心。我们 2021 年召开总会计师季度例会，专题讨论集团公司财务共享中心总体发展规划；2023 年 11 月，集团公司财务共享中心成立揭牌，至此，集团公司"1+N" 财务共享中心初步建成，探索了适应自身特点的财务共享中心建设模式。

我们建设的"1+N"模式财务共享中心,"1"是集团公司财务共享中心,"N"是若干个主要成员单位成立的财务共享业务处理分中心,两者的具体职责和相互关系如下。

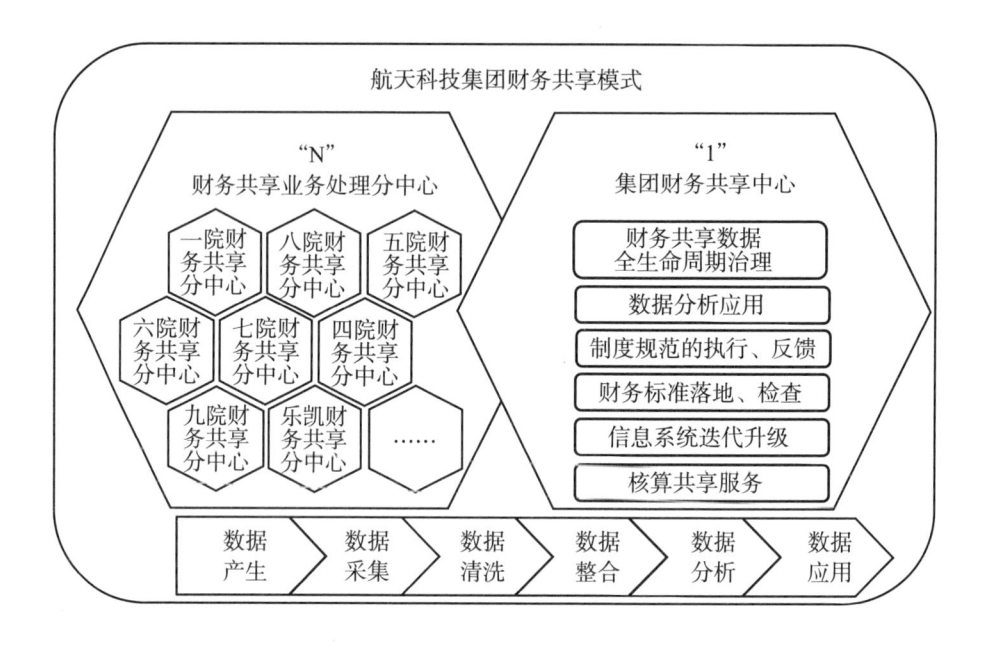

航天科技集团财务共享模式

"N" 财务共享业务处理分中心
- 一院财务共享分中心
- 八院财务共享分中心
- 五院财务共享分中心
- 六院财务共享分中心
- 七院财务共享分中心
- 四院财务共享分中心
- 九院财务共享分中心
- 乐凯财务共享分中心
- ……

"1" 集团财务共享中心
- 财务共享数据全生命周期治理
- 数据分析应用
- 制度规范的执行、反馈
- 财务标准落地、检查
- 信息系统迭代升级
- 核算共享服务

数据产生 → 数据采集 → 数据清洗 → 数据整合 → 数据分析 → 数据应用

"1"为集团公司财务共享中心,负责共享数据从产生、采集、清洗、整合到分析和应用的全生命周期管理;负责组织落实集团战略财务统一规范的标准、流程、系统及财务共享中心总体运营规划,负责组织制订各类共享业务的规范标准、业务操作手册,负责组织财务共享信息系统的运维、推广;负责组织推广各财务共享业务处理分中心(以下简称分中心)的特色应用,授权各分中心开展满足个性化管理需求的数据清洗、整合、分析和应用;作为集团财务共享的核心单元,支持保障指导各分中心的建设,也可直接为集团总部、直属单位等提供核算业务集中处理服务。

"N"为财务共享业务处理分中心,作为共享数据的产生和采集中心,负责全面落实集团公司财务共享中心的数据管理要求,提供标准统一、完整准确的共享数据;为纳入分中心的各单位提供核算业务集中处理服务;负责分中心在集团整体部署下的差异化运营管理,负责制度规范的落地执行、中心内的系统集成与人员培训,开展个性化功能模块的开发应用,根据授权实施数据清洗、整合、分析和应用,满足所服务单位的个性化管理需求。

我们创新性采用了"整体谋划、轮动引领、一体演进"的推进策略,从财务共享应用的广度和深度,循序渐进逐步实现共享目标。整体谋划是指我们制定了财务共享中心的总体发展规划,统一建设要求和标准规范,明确各中心建设方案评审标准与考核评价机制,所属重点二级单位在总体规划下结合各自特点开展分中心建设。轮动引领是指各分中心在整体部署下根据各自的共享特色在不同领域发挥示范带动作用,滚动推进各分中心发展持续优化。我们及时将符合集团财务共享中心建设总体目标、适用范围广、可行性高的特色应用转换为集团级标准,在全集团范围内推广应用。一体演进是指随着数据管理精细化程度的不断提高,财务共享中心的功能定位将逐渐从单一的核算业务集中处理向业务集中处理与数据共享应用一体建设演进,拓展共享边界,实现价值创造。

# 第四章

# 成为更好的自己

《礼记·大学》中说:"自天子以至于庶人,壹是皆以修身为本。"因为"身修而后家齐,家齐而后国治,国治而后天下平。"英国著名的威斯敏斯特教堂碑文讲的也是同一个道理。这位无名氏的墓碑上刻着:"当我年轻的时候,我的想象力从没有受到过限制,我梦想改变这个世界。当我长大以后,我发现我不能改变这个世界,我将目光缩短了些,决定只改变我的国家。当我进入老年后,我发现我不能改变我的国家,我的最后愿望仅仅是改变一下我的家庭。但是,这也不可能。当我躺在床上,即将死亡时,我突然意识到:如果一开始我仅仅去改变我自己,然后作为一个榜样,我可能改变我的家庭;在家人的帮助和鼓励下,我可能为国家做一些事情。然后谁知道呢?我甚至可能改变这个世界。"这段话启发了年轻的纳尔逊·曼德拉,他后来不断提升自己,不断成为更好的自己，最终改变了南非这个国家，深深影响了整个世界。

我看的第一场电影是《穆桂英挂帅》，大人背着我走了很长的山路，到得晚了，没有座位，是站在荧幕的背面看的，还记得穆桂英扎着靠旗、甩着翎子，几个人围着她打来打去。后来放映员会经常来村子里放电影，放得最多的是战争片，国民党的军官总是举着"花口撸子"说："给我上"，但应者寥寥，而我军嘹亮的冲锋号角一响起，指战员挥着"盒子炮"，喊着："同志们，跟我冲啊！"然后一跃而起，身先士卒，后面成群结队的战士们跟着冲锋。我知道胜利了，电影也要散场了。现在想起来，用身影指挥人确实是领导者最有效的方法，毕竟领导者唯一的特点就是有人追随。

所有的管理问题归根结底都是自我管理的问题。德鲁克说："关于管理方面的著作，通常都是谈如何管理别人的。"而他的《卓有成效的管理者》的主题却是"关于如何自我管理才能成为卓有成效的管理者的"。

## 第一节　卓有成效的管理

### 会计是知识工作者

"知识工作者"是德鲁克提出的一个术语，最早出现在他1959年出版的《明天的里程碑》一书中，指应用自己具备的专门知识为社会创造价值的人，既包括企业家、管理者，也包括会计师、律师等。知识工作者生产的是知识、创意和信息。这样的产品，本身并无用途，只有通过另一位知识工作者，把他的产品当作输入，并转化为另一种产出，它们才具有实际的意义。德鲁克说："在知识工作中，没有人指派任务，需要由工作者自己确定。'这项工作的预期成果是什么'是一个有助于提高知识工作者工作效率的关键性问题，这个问题可能会导致一些极具风险性的决定。通常，没有正确的答案，只有不同的选择。想要获取高收益，一定要确认预期结果。"

知识工作者不是按职业划分的，而是以一个人的投入划分的。体力工作者投入的是体力，知识工作者投入的是脑力。在建筑工地砌砖，如果是一位用心、用脑的师傅，他就是一位知识工作者。反之，如果一位编程人员只是把代码抄来抄去，这算不算是一个从事体力工作的"码农"呢？在工作中，用心、用脑做事，就是知识工作者；反之，只愿意动动手，脑袋不动，不用心，这样的人只能算是体力工作者。与体力工作者最大的差异是，知识工作者不只是被动地接受、机械地操作，一定会有思考。所以，"体力工作"重视"效率"，也就是"把事情做对"的能力，"知识工作"重视"效果"，最重要的是"做对的事情"的能力。

2015年，全国共拥有会计职称人员548.3万人，2020年这一人数达到932.8万人，5年内增加了70%。根据"十四五"会计改革与发展规划，到2025年，全国会计职称人员总数预期1225万人，其中初级会计职称900万人，中级会计职称300万人，高级会计职称25万人。另外，根据中国注册会计师协会公布的数据，2022年年底，我国注册会计师有33.5万人，其中执业会员9.8万人，非执业会员人数23.7万人。有些人不清楚注册会计师和会计师的区别。前几年还有会计从业资格证书（简称会计证）时，我多次向其他领域的同事们介绍三者之间的关系：会计证和驾驶证一样，都是专门机构核发的许可证明，如果没有会计证，就不得从事会计工作，否则就是"无证驾驶"；会计师和工程师一样，都是专业技术职称的一个系列，从初级会计师、中级会计师到高级会计师、正高级会计师，分别对应的是初级、中级、副高级和正高级的专业技术职称；注册会计师和注册律师一样，是一种从事特定职业的执业资格，取得了职业资格，就能以注册会计师的名义在审计报告上签字并承担相应的法律责任。

具有注册会计师执业资格和高级会计职称的人员是财会领域的领军人才。比如，集团公司规定，担任集团各级单位总会计师的，一般应具有注册会计师职业资格或者高级会计师等高级职称。我们在选拔干部时发现，这条规定导致了具备资格的人数锐减，从而导致总会计师只能从很小的范围内选拔，和其他"百里挑一"的单位副职比较起来，反而拉低了总会计师队伍的综合素质。注册会计师和高级会计职称的人员出现稀缺，一定程度上是由于两者都必须通过国家统一组织的考试。按财政部规定，除会计师以外的其他中级职称不能报考会计高级职称，中级考试取得合格成绩后，博士工作 2 年、硕士工作 5 年、本科工作 10 年方可报考高级会计师；中级会计资格考试的科目包括《中级会计实务》《财务管理》和《经济法》。注册会计师考试的难度更大，分为专业阶段和综合阶段，目前专业阶段的考试有六科，即《审计》《财务成本管理》《经济法》《会计》《公司战略与风险管理》和《税法》，综合阶段的考试有一科，即《职业能力综合测试》。

　　会计是知识工作者，还可以从除了工作投入外的四方面进行解析：一是工作动力和激励方式上，体力工作者就是物质报酬，最喜欢计件的方式，知识工作者也需要必备的物质保障，但更需要在专业上获得肯定；二是从工作产出看，体力工作者的产出偏向有形物品，知识工作者更多是无形的创意、方案，所以只要通过思考，无论是凭证收纳的技巧，还是税务分摊的方式，都是知识工作的成果；三是工作的评价方面，体力工作者大多可以用量化的工具，而知识工作者更多的是定性定量相结合的综合效果评价；四是工作方式和管理方式，由于投入和产出的差异，体力工作者需要严格的标准和监督，但知识工作者更强调自我管理。当然，这种区分的价值并不是为了给员工打标签，而是提供了一种判别方式，对于每个员工和每项工作来讲，体力的成分应该越来越少，知识的成分越来越多，或者通过知识工作者的努力将一些工作变成"白箱"，成为财务机器人可以干的"体力活"，也就是我们常说的要把隐性知识显性化、显性知识标准化、标准知识工具化。所以这种判别方式最终想实现的是转化，以及反思我们的工作。

## 专业洞察力

集团公司财会队伍有 4000 人左右，研究生以上学历占 24.7%，高级以上职称（包括所有职称系列）占比 14.4%，称得上一个知识比较密集的团队。2007 年，我在火箭院组织制定 ACS 第一个会计控制标准《会计基础工作》时确定了财会系统的 22 个岗位，分别是：会计机构负责人、预算管理岗、国有资产产权管理岗、财务分析与评价岗、价格管理岗、税务管理岗、财务信息化管理岗、总账报表岗、稽核岗、核算审核岗、出纳岗和会计档案管理岗等，其中核算审核岗细分成了往来款项管理与核算等 11 个岗位。集团公司制定的招聘财会人员的专业范围，主要包括会计学和工商管理学下的其他相关二级学科，金融学、统计学和经济学下的其他相关二级学科等，还有经济法学、计算机技术等相关专业，核心的对口专业是会计学、金融学。有些人不清楚金融学、会计学和狭义上的经济学三个专业间的差别，我曾听一位法国教授做过既形象又精辟的区分：会计学是黑色的，面向过去，核心的概念是"解释"（Account）；经济学是红色的，面向现在，核心的概念是"价格"（Price）；金融学是蓝色的，面向未来，核心的概念是"价值"（Value）。

一方面，经济越发展，对会计人才的专业水平提出的要求就更高；另一方面，作为人类自有文字记载以来就一直存在的最古老的职业，会计也受到了这一轮人工智能技术的冲击。随着 Alpha Go 彻底打败了人类围棋冠军，Chat GPT4 差不多通过了图灵测试，人们对人工智能技术的信心越来越足，虽然对最后的边界还有争议，但知识工作者的"独门秘籍"与"不传之秘"，越来越多地被机器学习所替代、所超越，已经成为时代趋势。剑桥大学研究机构把推销员、打字员和会计列为21世纪可能"被淘汰行业"的头三名，被淘汰的概率都高于97%。在组织推动成立财务共享中心时，每一家单位审议财务共享中心成立方案时都要问道："财务共享中心成立后，能减少多少会计人员？"我们确实要有被机器取代、被开除出知识工作者的紧迫感和危机感。

我们在推进财务信息化三年跃升工程中，利用了一组工具，比如OCR、智能票据箱和单向网闸等，已经取代了以前一部分简单劳动。我们正在开发"会计凭证引擎"，把梳理出来的1万多条会计凭证规则变成一个APP，应用于财务共享中心的凭证审核，既能提高工作的规范性，又能提升工作效率，财务共享中心在度过变革的第三阶段后，减少20%人员的目标应该能较快实现。事实上，2022年集团公司的财会人员已经比2018年减少了230多人，超过了5%。

目前，会计人才呈两极分化状态。少数人，将"内卷""躺平"终日挂在嘴上，在财会行业"红海"中痛苦挣扎，这些人已经蜕变为会计队伍中的"体力劳动者"。另一类人，保持不断学习状态，提升实战技能，驶入财税行业的"蓝海"，我认为这才是真正的"知识工作者"。知识是进步的阶梯，财会人员应该努力从低阶向高阶提升，远离"红海"，不断提高与人工智能相比较的核心竞争力。人类的核心能力就是想象力和创造力，或者说，就是提出创见的能力。有人请冯·卡门做一个自我评价，他回答道："如果说科学家就是具有伟大创见的人，那么，您首先得算上爱因斯坦，因为他有四大科学创见。科学史上，恐怕只有艾萨克·牛顿爵士比他领先，因为牛顿提出了五六个伟大科学创见。而当代其他大科学家仅仅提出过一个，充其量不过两个而已。至于我本人，我提出了三个，或许还多些，其实可以算三个半。"

财会人员不是科学家，不能提出"伟大科学创见"，但我们应该提供自己的专业洞察力。在我看到的所有资料里，在专业人员从事数据分析、提供专业洞察力的工作中，"二战"期间哥伦比亚大学的统计研究小组的权限最大，影响力也最大。他们一方面像一个学术部门一样，从事高强度的开放式智力活动，另一方面，他们都清楚自己从事的工作具有极高的风险性。统计研究小组组长艾伦·沃利斯回忆说："我们提出建议后，其他部门通常就会采取某些行动。战斗机飞行员会根据我们的分析建议为机枪混装弹药，然后投入战斗。他们有可能胜利返回，也有可能再也回不来。海军按照我们的抽样分析意见，为飞机携带的导弹填装燃料。这些导弹爆炸后有可能会摧毁我们的飞机，把我们的飞行员杀死，也有可能命中敌机，干掉敌人。"

集团公司财会人员在知识阶梯上的提升空间巨大。一方面，我们目前在支持决策、创造价值等方面的核心功能发挥不充分。我在卫星院任总会计师时，和几位在航天外的单位有过从业经历的一线同事聊天，有一位曾在房地产公司负责保障房项目，他说，"房地产公司财务地位很核心"，因为一个项目的前半个阶段以融资工作为中心，后半个阶段以税务管理为中心。另一位同事先后在居然之家、京东商城干过财务，她告诉我，"京东的财务分析看实效"，她负责华北区运营分析组，带着一个七八个人的团队，做数据审计、专题分析等工作。我对那次谈话印象很深，因为她还告诉我，原来不知道单位里还有工会活动与工会经费，也"不知道什么叫'两金'，因为原来待的两家企业基本都没有应收账款。"这些细节，使我生动地感受到了不同行业对财会管理的要求有多么大的不同。另一方面，是专业洞察力的提升空间巨大。有人把洞察力比喻成一棵参天大树，地面上枝繁叶茂，地底下根系发达，洞察力就是通过观察地上的情形去分析地下的状况。其实它更像一座冰山，露出水面的部分只占庞大冰山总体积的 1/10。

## 管理知识工作者

德鲁克认为，20 世纪，制造行业的体力劳动者的生产率增长了 50 倍，这是管理做出的最重要的贡献。21 世纪，管理需要做出的最重要的贡献是提高知识工作和知识工作者的生产率。20 世纪，企业最有价值的资产是生产设备；21 世纪，组织最有价值的资产将是知识工作者及其生产率。在未来，知识工作者的生产率将日益成为发达国家生死存亡和繁荣昌盛的关键。决定知识工作者的生产率有 6 个主要因素：一是要提高知识工作者的生产率，我们需要问这样的问题"任务是什么？"二是要提高知识工作者的生产率，我们要求知识工作者人人有责。知识工作者必须自我管理，必须有自主权。三是在知识工作者的工作、任务和责任中必须包括不断创新。四是对于知识工作，知识工作者需要不断受教育，也需要不断指导别人学习。五是我们不能或至少不能只用产出的数量来衡量知识工作者的生产率。质量与数量同样重要。六是要提高知识工作者的生产率，组织应把知识工作者看作"资产"，而不是成本，并给予相应的待遇。

因此，虽然不知道如何测试知识工作者的生产率及其满意度，但我们知道如何提高他们的生产率和满意度。实际上，社会和经济对高效知识工作者的需求与知识工作者对个人成就的需求虽然明显不同，但却同样可以通过对知识工作者的管理来满足。结合影响知识工作者生产率的6个主要因素，在管理上要尽量实现"三个引导"：一是了解强化知识工作者的责任心是提高其生产率和成就的关键，在知识工作者的管理中，首要工作是引导其共同承担责任，而不是独自努力；二是引导知识工作者必须能够评价自己的贡献，如果不要求知识工作者认真思考这些问题，并对自身的贡献进行回顾、评价和判断，他们就不会把着眼点放在做贡献上，甚至还会不满、没有成就感；三是引导知识工作者做他们的本职工作，尽量确保知识工作者被安置在能够发挥他们优势的位置上，如果不能发挥所长，再强烈的热情和积极性都会被扼杀。

知识可能是最昂贵的一种资源，知识工作者的实际价值也远远高于他们的工资。他们每个人都代表着一笔非常可观的资本投资——在学校学习期间以及学徒期间，因为这时他们主要是在学习而不是在做贡献（就像每一个项目负责人所知道的，刚毕业的大学生往往需要5年的时间才能胜任工作）。德鲁克在《变动世界的经营者》一书中提到，20世纪80年代，美国一位年轻的工程师、会计师或市场调查员在开始通过他们的贡献回报社会和雇主之前，都需要一笔10万~15万美元的"社会资本投资"。其他任何资源都不能同时具备"资本密集型"和"劳动密集型"的特性，只有管理才能将知识工作者转变为一种生产性资源。

我们在将制造行业体力劳动者的生产率提高50倍时，普通人的生活水平有了飞速提升，我们从一个没有电力和管道的世界，进入到如今拥有汽车、飞机、移动互联网的现代世界。如果我们能够将知识劳动者的生产力也提高 50 倍，会给这个世界带来什么呢？

## 第二节　用身影指挥人

### 情境领导理论

西方管理学家和管理心理学家在对领导问题进行的研究中，主要形成了三种研究理论：领导特性理论，主要是聚焦在领导者个人的性格特征对领导关系的影响上；行为理论，研究领导通过对员工和组织建设的关注程度体现领导方式；权变理论，核心观点认为领导特性和行为都是影响领导力的重要因素，但更关键的是要与实际的员工特点和工作需要来组合发挥，其中比较具有代表性——也是我一直在努力实践的——就是情境领导理论，深入地研究了情境这一重要变量对领导有效性的影响。

1969 年，保罗·赫塞与肯尼思·布兰查德共同提出了情境领导理论。情境领导理论认为，领导者在管理公司和团队时，不能用一成不变的方法，而要随着情况和环境的改变及员工的不同，而改变领导和管理的方式。"情境领导模型"提供了一种框架，可以据此诊断不同的情境，并开出药方，决定哪些领导行为最有可能获得成功。情境领导模型包含三个维度：领导者能给予被领导者多少指导；领导者能给予被领导者多少支持；被领导者的准备度。

指导行为是指：领导者能够讲清楚个体或者团队的职责与责任。包括告诉人们要做什么、怎么做、什么时候做、在哪做和谁去做。

支持行为是指：当被领导者多于一个人时，领导者能够进行双向或多向沟通。包括倾听、鼓励、推动、提供说明、给出社会情感的支持。

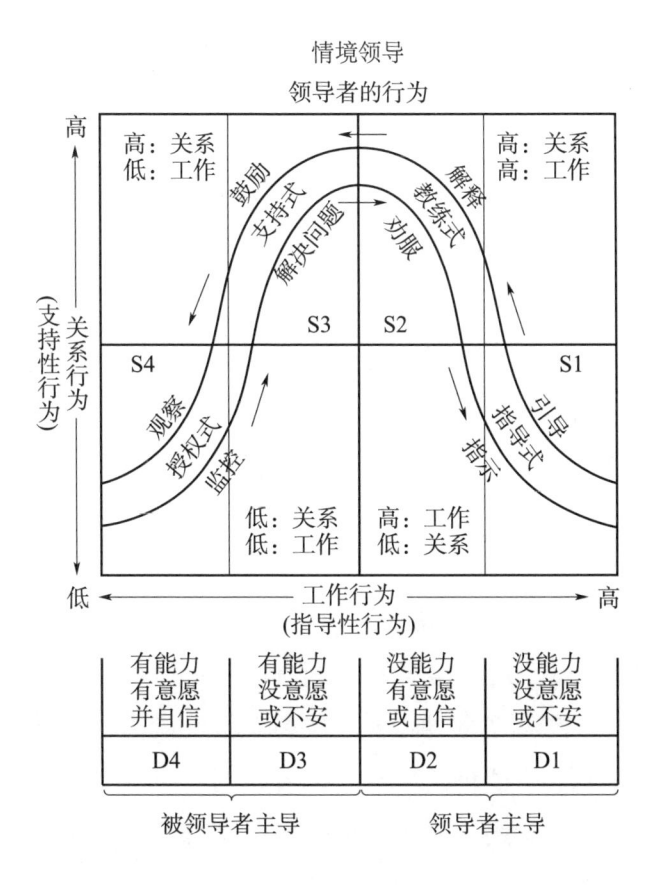

情境领导
领导者的行为

| | 高：关系 低：工作 | | 高：关系 高：工作 |
|---|---|---|---|
| | 鼓励 支持式 解决问题 | 解释 教练式 劝服 | |
| S4 | S3 | S2 | S1 |
| 观察 授权式 监控 | | 引导 指导式 指示 | |
| | 低：关系 低：工作 | 高：工作 低：关系 | |

关系行为（支持性行为）

工作行为（指导性行为）低 ← → 高

| 有能力 有意愿 并自信 | 有能力 没意愿 或不安 | 没能力 有意愿 或自信 | 没能力 没意愿 或不安 |
|---|---|---|---|
| D4 | D3 | D2 | D1 |

被领导者主导　　　　领导者主导

被领导者的准备度是指：被领导者完成特定任务的能力和意愿。其中，能力是个体或组织能为某一特定任务贡献的知识、经验和技能。

意愿是完成任务的信心、主动程度及动力。按能力和意愿的高低程度，同一人常常表现出四种不同的准备度水平：

准备度水平1（D1）：没能力，没意愿，可以理解为工作中相对消极的人；

准备度水平2（D2）：没能力，有意愿，可以理解为有工作热情的学习者；

准备度水平3（D3）：有能力，没意愿，可以理解为偏被动的谨慎执行者；

准备度水平4（D4）：有能力，有意愿，可以理解为高效的完成者。

情境领导里，将领导的风格依据指导性和支持性行为分成四个类别，分别是：

第一种风格（S1）是高指导-低支持，被称为典型的"指导"风格。在这种方式下，领导者将沟通的重点放在如何实现目标，很少的时间去表现支持性行为。使用这种方式，领导者为下属提供指导，明确要完成什么样的目标以及如何去完成，然后进行严格监督，简单概括就是什么都是"领导决定"。

第二种风格（S2）是高指导-高支持，被称为"教练"风格。这种风格的领导，其沟通的重点既是目标的获得又是员工需要的满足。这种风格要求领导者通过给予员工支持和接受员工，从而将自己融入员工中去。但这种方式仍然是风格S1的延续，领导者最终决定完成什么样的任务以及如何去完成，因为会有员工的意见的加入而转变为"领导决定+员工参与"。

第三种风格（S3）是高支持-低指导，被称为"支持"风格。通过这种方式，领导者并不仅仅关心目标的完成，而是使用支持性的行为来开发员工完成任务所需要的技能。领导者使用这种领导的方式可以使下属对日常的事务有控制权，促进问题的解决，可以概括为"领导参与+员工决定"。

第四种风格（S4）是低支持-低指导，被称为"授权"风格。领导通过这种方式，使员工有很高的自信和动机来完成任务。授权型领导者会较少参与计划制定、细节控制以及任务说明。一旦就所需要完成的任务达成了共识，这类领导会放手让员工独立去完成任务，同时也减轻了自己的负担，可概括为领导极少参与下的"员工决定"。

上述四种领导形态没有优劣之分，一切依情境而定，只有领导者的类型与员工的特点及发展阶段相配合之时，才能实现有效领导。

德鲁克在《卓有成效的领导者》中说："有效性是达成目标和绩效的必要手段，应该受到高度优先的重视。"情境领导力就是一种关注领导有效性的理论。领导者若要实施有效的管理，就必须善于区分和把握员工当下的状态，不能用一成不变的方法，而是要根据员工、情境的差异采用不同的领导方式。有效的领导强调帮助员工发展，从而达到最佳工作成效。

**管理者与领导者**

2019年年初，一位快退休的前辈指点我，到了总部机关，"要学会不说话""做好执行就好了"。另一位同事，从基层单位一把手调到总部部门任副职，花了很长时间才适应岗位的变化。他感慨地说："以前总听说官僚、官吏的，原来官是官、僚是僚、吏是吏。"他说的是主要负责人、单位领导和中层管理者的区别，主要是领导者和管理者的区别。所谓的"官"，单位的主要负责人，主要抓战略和用人，他要明确单位的发展目标、方向，要组建团队，这些是别人无法代替的工作。单位主要负责人，是"无限责任、无限空间"，如马云早期创业的时候，戴着毛皮帽和"十八罗汉"靠在长城城墙边照相，谁也想不到阿里集团后来能如此成功。"僚"，作为单位的领导班子成员，一方面，单位的规模再大，副职也只能是"有限空间、有限责任"，对单位的长期发展起不到决定性作用；但另一方面，作为领导者，也要做好分管领域的战略管理，要明确目标和方向，要带团队。副职和主要负责人同属于一个核心团队，记得我从部门负责人提任火箭院的总会计师后，单位的主要领导对我说："从此，我们就是同事关系了。"总部部门负责人，是单位的中层管理者，那位同事称呼为"吏"，主要工作职责就是落实、执行，提高工作效率。管理者和领导者，不仅职责不一样，日常行为规范都可能不一样。2019年元旦前后，我刚到总部参加部门述职，一位从卫星院同时调到总部的同事惊讶地问我："您讲话的风格怎么变了？"——这也是管理者和领导者的差别。

  1908年，亨利·福特推出了T型车，作为世界上第一种以通用零部件和大规模流水线装配的汽车，在名扬全美的同时也让亨利·福特遭到了同行的嫉妒。在一起诬告福特的案子中，主审官充满偏见地质询道："尊敬的福特先生，我们知道您的公司取得了很大的成功，但我有个问题问您，您知道福特T型车一共用了多少个车锭吗？"福特沉思片刻，不急不慢地回敬说："哦，法官先生，这个问题我确实搞不清楚，但我可以告诉你，我非常清楚在我的公司应该是谁知道这个问题的答案。"福特的回答引出了一个不言自明却总是被混淆的概念关系：领导与管理有着泾渭分明的权力边界。领导者的负责对象不是结果，而是那些对结果负责的人。

早在19世纪40年代，美国GE公司前总裁斯隆就曾经说过："投资与经营要分开，决策与执行要分开，领导与管理要分开。"领导和管理是不同的概念。在现实生活中，很多人都会认为，领导=管理，似乎管理者就是领导者，领导过程就是管理过程，然而实际上这两者之间的差别很大。管理者和领导者是两个不同的概念，二者既有联系，又有区别。

管理者注重效率，领导者注重效果。管理者把事情做正确，领导者做正确的事。就如古代战场上的"将才"和"帅才"，帝王选帅，帅统将，将带兵。"帅才"是运筹帷幄之中，决胜千里之外；"将才"是战必胜，攻必克，使命必达。管理者发挥作用的基础是职位权力（强制、惩罚、奖赏），领导者发挥作用的基础是个人权力（对下级的关照关爱、个人专长、智慧、人格魅力）。

领导和管理的具体应用也不同。管理循环：计划—实施—检查—改善；领导循环：愿景—动员—展开—学习。管理行为：关注计划与预算，组织及配置人员，控制过程并解决问题；领导行为：确定方向，整合利益相关者，激励和鼓舞下级。管理行为，往往产生对立关系。管理行为组织化，是指在处理问题时，要依照企业标准而非个人好恶来做决策，避免下级把矛头对准上级，认为是上级个人有意难为他。领导行为，往往产生追随关系。领导行为个性化，是指对下级的关心、爱护可以有自己的风格。管理行为都是相似的，而领导行为各有千秋。哈佛商学院教授约翰·科特说："管理者试图控制事物，甚至控制人，但领导人却努力解放人与能量。"

其实任何组织、团体乃至国家，都必须既有领导又有管理。只有领导而无管理，则领导的意图和目的往往比较难以实现；同样，如果只有管理而无领导，管理的愿望和目的同样也难以达到。领导者是决策者，管理者是执行者。就如约翰·科特在《变革的力量》中阐释的，只有强管理和强领导相结合，才能避免产生令人极其不满的结果：当两者都弱或不存在时，企业就如一艘无舵之船，并且船体还有破洞；但是二者取其一，并不一定能在较大程度上改善状况，没有与强领导结合的强管理会发展出官僚主义，是为了有序而有序；没有与强管理相结合的强领导会使领导者以救世主自居，形成狂热崇拜之风，为了变革而变革，甚至变革是朝着极端疯狂的方向发展。

说了很多领导和管理的差异，但事实上二者存在一些相似之处，比如都有决策职能，都会构建能完成特定项目的人际网络，并努力保证这些人能做好工作。从这种意义上说，两者都具有完整的行为体系，而不会互相成为彼此行为体系中的一个简单部分。就如《赋能》中所说的"作为领导者，我发现自己最能起到作用的时候，并不是去一个一个地作出行动决策，而是监控各种流程，从情报行动流程到资源分配流程，我通过监控这些流程来避免深井弊端或者官僚主义损害我们的敏捷性"。如果认为管理只是领导执行过程，就忽略了领导有自己的一套执行流程；同样，认为领导只是管理执行过程的人，就忽略了领导的定向职能。柯维曾经指出，绝大多数企业频于管理，而乏于领导。了解了管理和领导的差异，就要更加明晰身为领导者更需要关注什么。

领导与别人的成长有关。用韦尔奇的话说就是"在你成为领导以前，成功只同自己的成长有关。当你成为领导以后，成功都同别人的成长有关"。拥有最好球员的球队并不总是赢得最终的胜利，但同等条件下，获胜的概率要高。

领导的信用至关重要。人无信而不立，对于领导者更是如此。信任对领导者来说是重中之重，它是领导力的根基，是凝聚整个组织的黏合剂。百事可乐瓶装集团的创始人克雷格·韦瑟拉普曾说："人们会宽容由于诚实犯下的错误。但是如果失去了他们的信任，那么你会发现很难再取得信任。"他进一步解释说："你不是靠耍嘴皮子而是靠做出成绩来赢得信任，要永远诚实、正直，向与你共事的人表示出你对他们的真正关心。"

## 从运动员到教练

独龙族干部高德荣经常挂在嘴头的一句话是"用声音指挥人，不如用身影指挥人"。这句话生动诠释了一种行之有效的领导方式：榜样的力量是无穷的，领导人是天生的榜样。乐府诗《城中谣》"城中好高髻，四方高一尺。城中好广眉，四方且半额。城中好大袖，四方全匹帛。"诗中描述的也是这类社会心理效应。美国史学家卡维特·罗伯特说："95%的人都爱模仿别人，只有5%的人能首先发起行动，所以，要想把人说服，我们提供任何证据的效果都比不上别人的行动。"按照罗伯特·西奥迪尼对影响力的研究成果，社会认同、权威性、互惠关系、承诺与保持一致、喜好和稀缺程度是决定影响力的六大因素。对于团队成员而言，领导者一般都容易集互惠关系、权威性、承诺与一致、稀缺程度等诸要素于一身，如果又被团队成员所喜好，那么领导者的身体力行、率先垂范，绝对是说服效果最好的"别人的行动"。

比如权威性（教化下的敬重），斯坦利·米尔格拉姆通过一系列非常重要的实验表明："在权威的命令下，成年人几乎愿意干任何事情。"原来斯坦利只是想搞明白纳粹德国时德国人的表现，却发现无条件顺从，或者说盲从的人太多了。迈克尔·科恩和内尔·戴维斯的《用药失误：成因和预防》中有一个例子：一位大夫把右耳的"right ear"简写为 R ear（英文里，rear 有"后部"的意思），结果护士把药水滴剂点入了右耳感染发炎的患者的肛门。法国的古斯塔夫·勒庞想搞清楚"为什么原本最谦虚的公民，到了法国国民公会中，会成为最蛮横的人？"他分别研究法国大革命时期国民公会的各个委员，他们一个个都是明理、温和的公民，当他们组成一个群体的时候，却提出了最暴力的提议，而且没有任何人发表保留意见，导致成千上万无辜的人被杀死。勒庞开创了群体心理学，也揭示了社会认同作为影响力主要要素的心理基础。勒庞指出："到处都有心理学家，我们可以非常肯定地说，所有宗教的建立者，伟大帝国的建立者，优秀的政治家，让人敬佩的信徒，甚至一个小团体的头目，他们都是心理学家。"当然，我们学习和应用心理学，只能是为了解决自身的问题，用来认识自我、改进自我，而不能以此去操纵别人。

我自 2008 年任火箭院会计机构负责人以来，十五年里换了四次岗位：2011 年年中任火箭院的总会计师、2016 年年初任卫星院的总会计师、2018 年年末任集团公司财务金融部部长、2021 年年中任集团公司总会计师——在会计机构负责人与财务负责人两级岗位，以及二级单位与集团公司两级之间经历了四次岗位调整。2011 年加入火箭院的领导班子后，我就想这个问题：二楼和一楼有什么不一样呢？总会计师的办公室在二楼，刚好在原来财务部长的办公室楼上，这个问题是问自己，财务负责人和会计机构负责人的职责有什么不一样？2018年我又问自己：集团公司的会计机构负责人和研究院的有什么不一样？现在我在思考的问题是：集团公司的总会计师和会计机构负责人有什么不一样呢？集团公司的总会计师和研究院的总会计师有什么不一样呢？

财务负责人和会计机构负责人，最主要的区别就是上一节说的，是领导者和管理者的区别——会计机构负责人主要对自己职责范围内的工作负责，"少说话""做好执行就好了"；财务负责人作为领导班子成员，在自己分工范围内还要对组织整个发展战略负责，要当好"翻译"、做好"桥梁"，在自己的领域里开好"头车"，因为前面没有尾灯可供跟随。那么，集团公司的财务负责人或者会计机构负责人，和二级单位的有什么不一样呢？我想了很长时间，有一天突然意识到，二者最主要的区别在于被领导的员工状况不一样。

任何一种理论都不能一劳永逸地帮助领导者确定恰当的领导方式，因为被领导的员工的状态是在一直变化的，会随着工作内容、工作环境、家庭关系等方方面面的改变而改变，就像不同年龄段的员工对物质、精神等不同激励方式的需求存在差异，领导者也应该随着员工准备度的改变而改变领导风格。同样道理，如果自己的岗位变了，领导的员工变了，更应该随之改变自己领导风格。按照情境领导理论，在这个过程中要做好三个方面，即诊断、弹性与适配。诊断是评估好员工的准备度，弹性是可以轻松切换领导类型，适配是与员工建立伙伴关系，协调好所需的领导形态。这是教学相长、互相成就的过程，也是价值共生的实践。

赫塞和布兰查德在后续研究中对情境领导理论进行了一定的修正。他们提出，领导人应通过对工作行为和关系行为的微调，来推动员工准备度的提升。对处于 D1、D2 准备度水平的员工，领导者要通过两个步骤来促使他们成长和发展。第一步是随着员工技能的提高，适量减少对他们的指示或监督；然后观察员工的情况，如果他们的表现达到了领导人的预期，第二步就要增加关系行为的数量。这两个步骤不能颠倒，必须确定领导人的工作行为减少后，员工对此反应良好，才能进一步增加关系行为。对处于 D3、D4 准备度水平的员工，领导行为微调的方向不同。第一步是适量减少领导人的工作行为。第二步则是根据员工表现来减少领导人的关系行为。在这里，高准备度员工同低准备度员工的需求恰恰相反，关系行为的减少可视为一种奖励。

如果把领导比作老师的话，那么集团公司的财务负责人和会计机构负责人就是带博士生的老师，研究院的就是带硕士生的老师。带博士生时，老师不再是传授知识，而主要是分享经验；学生在他自己研究的领域可能比老师更专业，老师是通过分享自身的经验来帮助学生达到目标。我想透彻这点的一天，重新体验到了当学生时解出一道难题后的成就感。紧接着，所期许的未来自我是什么样子，一下子清晰地展现在自己面前，就是在本书前言里讲的，"我要像奥兹的魔术师一样，给人们带去他们所需要的东西"。

塞利格曼 34 岁时，一位同事夸他是一个"孔武有力的扣球手"，但另一个同事立刻回应说："当然了。但塞利格曼能否组个队呀？！"这句话戳中了他的心窝，当时尽管他自己相信在科研上会为学生和同事带来帮助，但很显然，其他人认为他一切都是为了他自己。2002年，塞利格曼60岁时，他的工作越来越好，作为美国心理学家协会的主席，他感觉到自己的工作应该是把同事最美好的一面展现出来。他发现，这一定是到达了"繁殖"阶段。他在自传中说："对此我如释重负。"我似乎能理解塞利格曼那一刻的心情。

2004年，我31岁时被派到火箭院一家新合并成立的公司任总会计师，计划挂职锻炼一年，要求帮助新公司打牢财会基础、建立内控制度。我给自己明确了挂职目标，对单位要做到"不辱使命"，对自己要做到"不虚此行"。一上任，我马上针对公司的经营实体多、财务各自独立、资金过于分散等薄弱环节，组织制定了财务集中管理方案。得到公司负责人批准后，我带着财务部门几位同事夜以继日地干了起来。当时正巧赶上了国家废除系列行业会计制度，要求统一适用新《企业会计制度》的时点，加上十几户经营实体的资金账户上收，年中开账带来的期初数调整和凭证补录，50多天的"大会战"下来，我天天盯着、每日调度，财务集中管理方案终于成功落地了。我获得了公司负责人和火箭院主管业务领导的表扬，不过一位业务骨干却累倒了送到医院，我看到了她哭到抽搐的样子。事后她多次表达从"大会战"中收获很大，但我心里仍然很不是滋味：我的本意是帮助她成长吗？如果不是，我是不是过于把同事工具化了呢？

塞利格曼当年也问自己："难道我只是个扣球手吗？我真的会到陷害别人的地步吗？"如果能把职业生涯分成上、下两个半场，上半场我是一个运动员，我努力发挥自己的优势，争取多得分；下半场我愿意成为一个教练员，去帮助自己的运动员们多得分。

## 第三节　认识自我

### 认识自我与脑科学

　　自我管理的基础是认识自我。从现代的脑科学到王阳明的"心学",从量化自我运动到各种自我测试工具,都为我们认识自我提供了帮助。

　　所谓的自我到底是什么意思呢?自我是在大脑中的哪一部分产生的?这也许是神经科学最大的谜团。

　　据说阿波罗神庙入口的石楣上刻着"认识你自己"的格言。笛卡尔二元论,或心身问题,在西方传统文化中成了哲学家和心理学家的研究焦点。有人将心灵和肉体的深度分离称为"笛卡尔的错误"。笛卡尔认为,心灵包括人类一切有意识的想法,除此以外,别无其他。但到了弗洛伊德,他最了不起的深刻认识就是揭示了潜意识的普遍存在。

　　弗吉尼亚大学心理学教授、《最熟悉的陌生人》的作者提摩西·威尔逊认为,认识自我很难的原因在于存在两个自我——由于适应性潜意识和意识分别运作,只有一部分信息、感觉才能进入意识,人很难通过内省来准确地了解适应性潜意识所决定的这部分自我。人们常常认为,内省是照亮思想和感觉的手电筒,人的心理就好比一个洞穴,意识则是那些在手电筒光亮照射下的物体。但他认为,内省并不能打开通向潜意识的奇幻之门,因为不论我们多么努力尝试,都不能直接进入适应性潜意识。

大脑确实太神奇了，它有1000多亿个相互连接的神经元，每个神经元平均有一万个连接或突触，可能的放电模式（即各种潜在的激活状态），被认为可能多达10的100万次方以上，这个数字可能比宇宙中已知的原子数还要大。正如一位神经科学家所说："大脑如此复杂，连它自己都无法想象。"人们有一个最固执的错误想法，即大脑中有一个特殊中心：在每个人的脑中都有一个小人，坐镇于人脑的控制中心，指挥着人的行为，用一个大的脑子里套着一个小的脑子，像俄罗斯套娃似的，没法穷尽……

威廉·斯坦利·米利根是美国历史上第一位犯下重罪、但因罹患多重人格分裂症而被判无罪的犯罪嫌疑人。在四名精神病医生和一名心理学家的共同见证之下，他住院接受彻底检查，被诊断为多重人格障碍患者。他讲述自己有24个人格，"谁站在光圈里，这个人格就出现在世界上"。还有这样的一个病人，他的一个自我是法律意义上的盲人，另一个自我却只要戴一副近视镜就可以独自出门。我女儿还告诉我氰化物的气味，有的人闻得到，有人就闻不到；还有麦格克效应，如果你一边听一段"bababa"的录音，一边看某人用口型做出"gagaga"，你就会听到"dadada"。总之，脑科学虽然揭示了很多让我们惊奇的现象，但目前看来，距离最终揭示自我的秘密仍然任重道远。

## 认识自我与心学

《道德经》说："知人者智，自知者明。"探索内心、认识自我也是东方传统文化的共同课题。2014年，我在朋友圈里读到钱穆在香港的一篇讲演稿，钱穆说读书的主要目的是"培养情趣，提高境界"。他说："假如我们诚心想做一人，'培养情趣，提高境界'，只此八个字，便可一生受用不尽；只要我们肯读书，能遵循此八个字来读，便可获得一种新情趣，进入一个新境界。各位如能在各自业余每天不断读书，持之以恒，那么长则十年、二十年，短或三年、五年，便能培养出人生情趣，提高人生境界。那即是人生之最大幸福与最高享受了。"我对这段话非常信服，于是开始重读钱穆提及的那些书，从《论语》《孟子》读到了《近思录》《传习录》。这些书如同一级级的石梯，让我对传统文化里通过"省身""克己"来认识自我有了一些了解。

科举时代，儒生必须先学《大学》，以明白做学问的方法、方向，然后再学习《孟子》，以激起自己的道义精神，接下来再学习《论语》，以约束自己的日常行为，最后要学习《中庸》，以了解儒学思想的终极境界。唐宋时期随着禅学流行，儒学也开始探究深层的哲学奥妙，代表人物有朱熹和陆九渊。他俩都认为"性"与"心"是一体，但朱熹追求的是严正的"性"，其学说也以性为根本，所以其学说被认为是"性宗之学"；而陆九渊追求的是生命的跃动，其学说以心为根本，所以他的学说被认为是"心宗之学"。

到了明代，王阳明作为集大成者，提出了知行合一、"致良知"的"心学"。修习圣贤之学就是依照人伦道德去真实地生活，这是王阳明一生的坚守和选择。被贬到贵州龙场时，王阳明觉悟到：原来圣人之道蕴藏在每一个人的心中，一直以来所沿用的向心外求理的方法，本身就是一个错误，这就是后来所谓的"龙场悟道"。龙场悟道，是王阳明第一次体会到心与理的融合，以此为基础，王阳明后来又进一步阐发了"知行合一说"和"良知学"。知行的本体就是良知，"致良知"就是直指本体，令学者言下有悟。王阳明说："我此良知二字，实千古圣圣相传一点骨血也。"1528年11月，王阳明临终前对弟子说："此心光明，亦复何言。"国外有学者认为，中国真正的文艺复兴始于王阳明，他强调自我的主张正是文艺复兴开始的标志。

"破山中贼易，破心中贼难。"王阳明主张的省察克治之功、在事上磨砺，和佛法也有异曲同工之处。佛法中所谓的智慧就是让现象世界的本质清晰，也就是让心的本质清晰。我们是什么？这个世界是什么？到最后，最重要的就是要去直接体验绝对真理，超越所有的概念，这就是智慧最根本的面貌。前文提到的马修·理查德用了12年光阴朝夕跟在藏传佛法老师的身边修行，他说："最基本的法则就是让自己的心和老师的心合而为一，也可以称之为把你的心跟老师的心融合在一起。老师的心是智慧，我们的心思混乱，通过这种心灵融合，你的心从混乱转为智慧。""这种纯粹禅定的过程，其实就是藏传佛法修持的重点之一。心灵研究能够使研究者在每一刹那中得到满足和喜悦，你感到自己像是一支箭，直直地飞向靶心，每一刹那都那么珍贵，每一刹那都使用到最佳的状况。"

## "量化自我"运动

2007年，凯文·凯利和加里·沃尔夫提出了"量化自我"的概念，他们把对自我跟踪感兴趣的使用者和工具制造者组织起来，召开量化自我大会,推动在全球各国建立量化自我的兴趣组织,发起了一场探索自我的社会运动。狭义的量化自我主要围绕着运动健身、日常生理和疾病治疗这三类数据进行监测和分析,目的在于改善身体健康状况,因此也可称作"健康量化",但广义的量化自我绝不仅限于健康领域,还应包括个体的日常生活习惯、行为、认知等。

随着智能手机、智能手表的普及,量化自我运动蓬勃发展。我佩戴的华为智能手表,记录了我的锻炼情况、睡眠情况,还可以监测我的心率、血氧饱和度和压力等身心指标。如今在APP"华为运动健康"中监测、记录的"我的数据"已经有长长的一大串了。2015年,当时智能手环主要功能还是记录运动数据,我佩戴了179天的第一个智能手环的腕带断了,它记录的我的步数累计是2386786步。我粗略地折算一下,相当于从北京走回了我的故乡安庆。

提摩西·威尔逊指出了内省在认识自我方面的局限性,他认为同时要从外部来审视自我,他推荐了三种方法:学习心理学来了解自我、借助他人来了解自我、观察行为来了解自我。心理学等各类测试几乎是这三种方法的交集。最近十年,我阅读了几十本关于积极心理学、行为心理学、认知心理学方面的书籍,做了书里提及的每一份自测。有判断左右脑优势的,我做过的测试是通过让人们分辨鞋子和鞋带的颜色,判断他们的左右脑优势:我是左脑优势,只能看到灰色和绿色,而我好几个同事,他们看到的就是粉红色和白色。还比如,哈佛大学实验心理学教授马扎林·贝纳基与华盛顿大学的社会心理学家安东尼·格林沃尔德从20世纪80年代就开始关注内隐态度,最终设计出一种在线测试方法来揭示人们的潜在偏见,也就是从1995年开始的内隐联系测验。我和女儿同时做了《认知力:如何超越认知盲点》里面附带的简单测试，包括扑克牌分组测试、"花卉—昆虫"内隐联系测试和种族测试。洞察到自己之前丝毫未意识到的偏见，我也说不清自己究竟是失落，还是因为有所发现而高兴。我很难把昆虫和令人感到愉悦的词归为一类，与女儿相比，她的分差是2，我的分差是18——分差越小，偏见越小。

我是一个幸福的人吗？可能很多人都问过自己这个问题。我在阅读塞利格曼《真实的幸福》时也做了几个书中的测试。

"自我幸福感评估量表"，由Michael W. Fordyce发展出来，我选出的得分是7.6。根据对美国人的抽样统计，一般人幸福指数是6.92。量表还要求评估自己的时间，我觉得幸福的时间为35%，不幸福的时间为5%，中间状态为60%；而同一项抽样统计表明，美国人一般人觉得幸福的时间是54%，不幸福的时间是20%，持平的时间是25%。看来我较一般人更中庸一些。

"幸福的持久度量表"，由加州大学河滨分校心理系副教授Sonja Lyubomirsky编制，我自评为5.5分，而美国人的平均值为4.8分，三分之二的人介于3.8~5.8之间。我是高于平均数，但仍处于钟形曲线的中间部位。

"积极情绪和消极情绪量表"，由David Watson，Lee Anna Clark和Auke Tellegen共同开发编制，我的积极情绪分数为30分，消极情绪分数为24分。积极情绪略高于消极情绪，且都处于中间数（10~50分之间）。

## 性格测试（MBTI）

心理类型是瑞士心理学家卡尔·荣格所开创的性格理论，该理论认为人们按照各自的倾向行事，逐渐形成了不同的行为模式。MBTI是由嘉芙莲·碧瑞斯和她的女儿伊莎贝·麦尔共同创建、发展的，母女俩都喜欢严谨地观察不同的人在性格上的表现，她们钻研并阐释卡尔·荣格的理论，并将它用来了解身边的人。第二次世界大战以后，麦尔开始致力于发展性格类型评估，她认为，认识心理类型和了解人与人之间的不一样，能带来许多实在的好处。这份自我评估问卷，经过了50多年的研究和发展，已经成为世界上应用最广泛的性格类型评估工具。在美国，每年有超过200万份问卷投入使用，在国际上已经翻译成了30多种不同的语言。

MBTI在4个维度上用二分法评估性格倾向。什么是倾向呢？就像我们分别用两只手写字，对我来说，用右手时（或者说用自己惯用的手时）感觉自然、毫不费劲，写的字整齐、美观，而用左手时就感觉不自然，需要集中精力，写出来的字也笨拙、稚气。根据MBTI理论，每个人在这4个维度上都有自己天生的倾向，我们在不同的时间会分别运用两种对立的倾向，但不会同时运用，当我们运用自己天生的倾向时，自己的状态最佳、感到最自然。这4个维度分别是：

人们把注意力集中在何处，从哪里获得动力？（外向E或内向I）

人们获取信息的方法是什么？（实感S或直觉N）

人们做决定的方法是什么？（思考T或情感F）

人们如何应对外在世界？（判断J或认知P）

MBTI的四对术语，跟平常的意思有所区别。外向不是爱说话、爱出风头的意思,而是指喜欢专注外在世界的人和活动,"外向"倾向的人把精力和注意力集中对外,从跟别人的互动中获得动力。内向也不是害羞的意思,倾向于"内向"的人则专注于内在世界的意念和经验,他们把精力和注意力集中对内,从反省之中取得动力。

倾向于"实感"的人,喜欢吸收实在和具体的信息,对于身边发生的事情和细节,他们能够观察入微。倾向于"直觉"的人,则喜欢通过观察大局和事情之间的关系去获取信息,他们渴望抓到事情的脉络,特别希望看到新的可能性。

倾向于"思考"的人,在做决定时注重逻辑,能够置身事外,客观地分析事情的正反两面,通过批判和分析找到问题,在解决问题之中得到动力。而倾向于"情感"的人会换位思考,在做决定时会考虑什么东西对自己和相关的人最重要,他们从欣赏和支持别人的过程中得到动力。

以"判断"对待外在世界的人,喜欢有计划、有条理的生活,他们会从完成事情之中取得动力。而以"认知"对待外在世界的人,能保持开放,喜欢灵活、即兴的生活方式,他们试图体验和了解生命,而不会去操纵它。

根据 4 个维度上选择的不同倾向,MBTI 可以区分 16 种不同的性格类型,也就是 ISTJ、ISFJ、INFJ、INTJ、ISTP、ISFP、INFP、INTP 和 ESTP、ESFP、ENFP、ENTP、ESTJ、ESFJ、ENFJ、ENTJ。需要强调的是,性格类型没有好坏,即使是在工作或人际关系上,也不存在或好或坏的组合,每一种性格类型和每一个人都能带来独特的优势。如果你不相信,下面有我找到的一个很好的例子。

米歇尔·奥巴马在回忆和贝拉克·奥巴马刚结婚时的两人的差别:

"一天晚上,我醒来时发现他正盯着天花板,他的轮廓被外面的街灯照亮了。他看起来有点苦恼,好像在思考某件非常私密的事情,是我们之间的关系吗?还是他父亲的去世?'嘿,你在那儿想什么呢?'我轻声问道,他转头看看我,笑容有点腼腆。'哦,我刚才想收入不平等的问题。'他说。我了解到那是贝拉克思维活动的方式。他的注意力集中在重大的抽象问题上,总感觉自己能够为之做些什么。"看起来,贝拉克·奥巴马是个"N",倾向于用"直觉"获取信息;而米歇尔则是"S",倾向于用"实感"获取信息。这对夫妇在如何应对外部世界的倾向上也明显不同。米歇尔·奥巴马在她的自传《成为》里描述道:"混乱让我不安,但是似乎让贝拉克精神焕发,他就像杂技团的表演者一样,喜欢看着一堆盘子转起来,如果事情太平静了,他就会觉得还需要做更多的事情。""我慢慢发现,'在路上了'不过是贝拉克一贯的乐观主义表达,只是表示他着急回家,但并不能表示他真正到家的时间;'快到家了'不是一个地理定位,而是一种心态。"这样看来,贝拉克·奥巴马是个大大的"P",而米歇尔·奥巴马则是个大大的"J"——这些差别,既没妨碍他俩在各自的领域取得非凡的成就,也没妨碍他俩的幸福婚姻。

我自己先后做过几次免费的性格类型测试,测试比较简单,问卷的问题个数不多,但评估结果都是 INTJ。测试会给出你的性格类型,一般还会给出这种性格类型通常的特征。比如 INTJ 的通常特征是:有具有创意的头脑、很大的冲劲去实现他们的理念、达成目标;能迅速掌握事情发展的规律,从而想到长远的发展方向;一旦作出承诺,会有条理地开展工作,直到完成为止;有怀疑精神,独立自主;无论为自己或是为他人,都有高水准的工作能力和表现。

2015年秋天，我在参加中国大连高级经理学院培训时，曾经做过一次付费测试，要求回答的问题很全面、很详细，最后得到了一份针对性很强的分析报告，并提出了在沟通、管理冲突等方面的使用建议。我对自己有了更系统、更客观的认识。我认真阅读、反复揣摩这份分析报告，发现了很多自我认知上的盲点。下面就是我当时记录的、原汁原味的"收获清单"：

1）觉得打电话是干扰别人的行为，喜欢一个人时给人打社交电话。

2）不喜欢谈小事，不愿意在社交中抬举别人和被人抬举。

3）对自己的感受和兴趣保密，把很多事藏在内心，认为别人对自己的想法不感兴趣。

4）谈论让自己沮丧的事情非常困难，尤其是自己情绪低落的时候。

5）社会交往和公众时的表现，取决于不同的情形，复杂多变。选择性非常强！

6）偏向于读和写，而不是听与说。

7）有时很热情，有时很沉着，取决于当天的状况。对非常熟悉的人或话题，愿意展示热情。

8）对概念和理论过于偏好。

9）高度重视独特性和原创性，会改变事物，无论他们是否起作用。

10）避免太遥不可及和需要太长时间研究的事情，有些急于求成。

11）喜欢寻求发现新观念、新方法，哪怕是开发基于太少事实的理论。

12）难以放开已经吸引自己注意力的任何东西！

13）过于偏向逻辑，关注因果，喜欢划清不同问题间的界限，在哪些是相关数据方面可能不赞同他人。

14）不愿被人看作反对派，容易调和，可能会违心地支持重要人物的观点。

15）在没兴趣的话题方面，即使不赞同他人，也是倾向于保持沉默，避免争论。

16）批判精神太强！！只有在心情最好时才不批判，而采用评论分析。

17）几乎什么都不轻易相信，喜欢指出错误，爱争辩又多疑。

18）喜欢批评！当别人觉得自己批评不公正和没用时，觉得惊讶。

19）不太注意他人的情感，喜欢用智力和人际压力取得进展。

20）不喜欢惊讶，不喜欢任何会分散注意力的事情。

21）喜欢制定计划，喜欢制定长线计划。但不愿在期限前太早开始任务，觉得期限临近产生的压力有驱动力。

22）对惯例感到自在，别人更熟悉自己的惯例而不是自己的为人。

23）喜欢已经建立的方法和程序，喜欢控制自己。

24）表现得容易捉摸并且喜欢这样。

25）显著的优点：能够轻易识别一个问题的利弊！能够在当前现实和大局之间切换关注！在任何情况下都能从常识角度看问题！从公正的观察者角度处理各种情况！

26）利用测试结果进行沟通。要关注引荐他人的社交期待！有时候人们彼此认识，就容易办事。同一个人看到自己的不同方面，会很迷糊。要明确告诉别人你需要什么，询问别人需要什么！在其他类型主导的场合时不要急躁，别人运用自己的风格进行沟通，并不是想激怒我。

27）利用测试结果进行决策和管理变革。我的类型是逻辑兼以事为本。决策时要考虑人的因素！一定要选最合适的人交谈，而不是谁有空就找谁。要认识到自己的理论也许无法解释别人的经验。

28）利用测试结果管理冲突。不置身事外，有时候别人需要自己的投入。也许自己让步的次数太多。批判的风格可能让别人感到不快，后退一步，更包容一些。并非所有情况都有胜负之分，避免争强好胜！

29）我是具体、随和的INTJ！我用直觉处理内心世界，用理性处理外部世界。我首先关注自己关于世界的理论，然后把视线转移到次要和极端的细节上！

我写作本章时刚刚发现，我在这29条笔记里用了15个感叹号，包括一个双叹号，按说INTJ性格类型的人会较少使用感叹号。这些感叹号表现了我当时的心情：惊讶，兴奋，直面缺点时的勇气以及准备切实改正的决心。整整八年过去了，如果有人觉得某些条目已经不适合我，那就是这次测试对我的影响效果。

## 第四节　管理自我

### 时间管理

卓越的领导者都对效率有着极高的要求。贝索斯明确要求在亚马逊禁止使用只是罗列要点和无法完整呈现想法的PPT，所有会议都是从思维缜密、数据丰富的6页文件开始，这些文件被称为"叙事报告"。2008年10月，贝索斯看完一份描述FBA海外经营情况的6页报告，指着附表中的一项数据大声质问撰写报告的财务总监："这是什么？"贝索斯接着说："如果这个数字是错误的，我也没办法相信其他数字是对的。你浪费了我一个小时。"他把文件撕成两半，扔到财务总监面前的桌子上，在众人目瞪口呆的沉默中走出了会议室。

每一秒的时间都有机会成本。在经济学中，机会成本是指放弃某个机会时产生的潜在成本。无论你如何利用时间，你都会为了最终的选择，放弃了另一项活动，也许是无数机会，这就是最终选择的机会成本。德鲁克说过，所有的管理核心都是"自我管理"，而"自我管理"的核心，则是"时间管理"。每个人都是"时间自显于其上的钟表"。

柯维"要事第一"的时间管理很经典，时间管理矩阵更是经典中的经典。时间被分配在四个领域的事务中去：第一象限是重要紧急的事情；第二象限是重要不紧急的事情；第三象限是不重要但紧急的事情；第四象限是既不重要也不紧急的事情。"要事第一"需要避免把时间花费在第三和第四个领域的事情上，把精力最好的黄金时间花在重要不紧急的事务中。

每个人可以画出自己的四个象限进行管理。

第一象限代表既"重要"又"紧急"的事情，比如说处理审计组现场提出的重要问题，股东大会上少数股东关于定价、利润分配的异议，等等。我们需要在第一象限投入时间。在这个象限，我们进行管理、创造，需要拿出自己的经验和判断力来应对诸多需要和挑战。如果我们忽视它，就会被活埋。但是我们也需要认识到，很多重要事情之所以变得迫在眉睫，是因为被延误或因为没有进行足够的预防和筹划。财务信息化三年跃升工程就是重要又紧急的事情。

第二象限包括"重要但不紧急"的事情。这是质量象限。在这个象限，我们进行长期规划，预测和预防问题，被赋予能力，通过阅读和不断的专业培养来增长见识，提高技能，设想如何帮助正在奋斗的儿女，为重要的会议和发言做准备，或通过深入坦诚的聆听来进行感情投资。在这个象限多投入时间将提高我们的办事能力。一方面，忽视这个象限就会导致第一象限扩大，从而造成压力、筋疲力尽和更深层次的危机。另一方面，对这一象限进行投入将使第一象限缩小。计划、准备和预防可以避免很多事情变成当务之急。第二象限不会逼迫我们；我们必须去做。这是个人领导象限。集团公司的成本管控是重要但不紧急的事情。

第三象限几乎就是第一象限的幻象，包括"紧急却不重要的"事情。这是一个蒙蔽象限。紧急的噪声造成了重要的假象。而实际情况是，这些事情即使重要，也是对别人重要。很多电话、会议和不速之客都属于这一类。我们在第三象限花费很多时间，满足他人优先考虑的事情和期望，却认为自己在干第一象限的事情。

第四象限是留给那些"既不紧急也不重要的"事情。这是浪费象限。当然，我们根本不应该在这个象限白费时间。但是我们被第一和第三象限折腾得伤痕累累，因此为了生存经常"躲"到第四象限。比如，沉湎于看轻松的小说、看"没有思想"的电视节目、一遍又一遍地刷手机，等等。当我又一次坐在沙发上刷手机里的短视频时，我女儿不耐烦听那些有些夸张的笑声，讽刺我"提前进入了退休生活"。这种时间是竞技场上的垃圾时间。它可能开始像吃棉花糖一样给人一种满足感，但我们很快会发现空无一物。

|  | 紧急 | 不紧急 |
|---|---|---|
| 重要 | I 重要紧急 | II 重要不紧急 |
| 不重要 | III 不重要紧急 | IV 不重要不紧急 |

"要事第一"是时间管理,更是个人管理。德鲁克也说,卓有成效的管理者总是把重要的事情放在前面先做,而且一次只做好一件事。对个人而言,时间很大程度上是可以管理的,时间管理更大程度上是自我的管理和自控;但是,一旦你作为管理者,你会发现你的时间往往只属于别人,不属于自己;组织规模越大,管理者职位越高,管理者实际可掌握的时间越少,可自行支配的时间也越少。管理者越是想做出重大的贡献,越是需要有更长的"整块时间"。

管理者首先要学会"挤"时间。时间就像海绵里的水,只要愿挤,总还是有的。挤时间的方法很多,比如常规的事情固定流程化,每年的总会计师例会,每月的月例会,每周的安排等,固定模式,固定时间,提前告知团队,形成统一的工作节奏。此外,学会取舍。参加的会议多了,发现很多会议是低效的,可以通过看会议纪要、内网信息或通过会议摘要卡等了解情况,必要时可以再找参会人员做进一步的了解。

管理者要用好挤出的"整块时间"。把一天里的规律的整块时间,用来做最重要的事情。所谓规律的整块时间就是：无论你从事的工作有多特殊，你每天一定有一块或几块可以不被打扰的整块时间，这就是规律的整块时间，有的人可能全天都可以不被打扰，而有的人可能只有下班以后才能有一块属于自己的时间。因为它的效率最高，你要做的就是把它们从时间盘上扒出来，然后把最需要注意力的、最需要专注的事情安排在这一段时间。

管理者要有"留白"时间。中国书法和中国画都讲究"留白"，管理者也不能把自己的时间表安排得太满。每周的时间表至少要有一天半到一天的留白时间，心理学家称之为"与自己相聚的时间"，用来处理计划外的事务，或者留下来专注于思考。美国有一家医院，病房资源十分有限，由于手术室全部排满，所以每当有急诊时，医院只能调整手术计划。计划的频繁调整导致医务人员深夜做手术，其他工作人员常常加班，病房资源更加紧张，医院陷入了恶性循环。为解决问题，医院高价聘请了外部顾问，顾问提出了一个令人惊讶的解决方式：空出一间手术室来专门应对急诊。医院管理者们纷纷抱怨，但随着一段时间的应用，医务人员慢慢地能更有效地处理一些紧急的病例，不用一直重新调整计划。他们的加班时间减少了，手术效率也提高了——越是在忙碌的时候，越需要空出一些时间来应对一些意想不到的事情。组织是这样，组织的管理者也是这样。

管理者越是想将繁忙纷杂的工作转化为成就，越是需要持续不断的努力，越是需要较长的连续性的时间。要想集中精力，全神贯注于一项工作，首先要有足够的勇气，要敢于决定真正该做和真正先做的工作。这是管理者唯一的希望，只有这样，管理者才能成为时间和任务的"主宰"，而不会成为它们的奴隶。

## 管控注意力

管理者要管理好时间，领导者要管控好自己的注意力。"老大难，老大难，老大重视就不难。"这句俗话形象地说明了一个道理：领导的注意力是组织的资源，最高领导的注意力就是组织内最稀缺的资源。美国行为经济学家塞德希尔·穆来纳森和心理学家埃尔德·沙菲尔合作，对"稀缺"进行了研究。他俩把稀缺界定为一个心理问题，真正可怕的不是资源的稀缺，而是俘获我们大脑的稀缺心态。举例说，一位在单位刚刚提职正在辅导青春期孩子参加中考的母亲，与一位刚给孩子交完学费自己又因病住院的农民有何共同之处，答案就是稀缺。稀缺就是"拥有"少于"需要"的感觉。

稀缺会俘获我们的大脑。当我们经历任何一种形式的稀缺时，都会对稀缺的事物全神贯注，我们的思想会自动而强有力地转向未得到满足的需要。对于饥饿的人来说，他们需要食物，对于忙碌的人来说，他们需要时间。在稀缺所引发的后果中，有一项尤为重要，稀缺会进一步延续并加剧稀缺。稀缺会创造出更大的稀缺陷阱。

对注意力的俘获，会改变人的认知。在经历车祸或抢劫等事件时，人们会感到这类事件的持续时间更长，因为在短时间内人们需要处理更大量的信息，即所谓的"主观时间延展"现象。同样，稀缺对注意力的俘获，会降低我们的大脑"带宽"，影响我们的决策和行为方式。大脑"带宽"，即心智的容量，包括两种能力，分别为认知能力和执行控制力。稀缺会降低所有这些带宽的容量，这使人们缺乏洞察力和前瞻性，还会减弱人们的执行控制力。

控制力就是意志力。由于人的大脑进化是累进的过程，人的大脑不同部分，或者说不同自我之间在某些情况下可能存在冲突。所谓的意志力，就是想做更好的自我的努力。一般情况下，意志力在集中注意力，不断提高学习和工作绩效时，发挥的效能最好；其次是控制情绪，更好地与人交往；意志力在抵制诱惑时效果最差，尤其是在节食、减肥等方面。

研究证实，意志力有"耐力"和"力度"两个不同侧面；驱动意志力的能源来源是葡萄糖；意志力的极限可以通过类似运动员科学训练的方式进行提高。研究者在问卷中列出了20多个性格优点，在世界各地调查了几千人，发现选择"自制力强"作为自身优点的人最少。不过，当研究者问到失败原因时，回答"缺乏自制力"的人最多。这表明，大部分人，包括领导者在内，每个人的意志力是有限的，我们要练习把意志力用到最重要的事情上。不要把意志力用于救急，而是主要用于在学习和工作中培养有效的日常习惯，也就是说，领导者不要把意志力用来度过危机，而是用来避免危机。

领导者要避免意志力耗尽时做重大决策。主持决策会议时，要把复杂的、风险大的任务安排在前面几个议题，否则就容易"蒙混过关"，降低决策质量。开了一天的会，参会人员的意志力都可能被耗尽，"最后，不管人们建议什么，我都会同意。"我在火箭院工作时，曾经经历过这样的感觉。

领导要抓主要矛盾，解决现阶段的主要矛盾就是领导需要分配注意力、耗费意志力的中心工作。1943年，毛泽东为中共中央写了一份决定，取名叫《关于领导方法的若干问题》，分9个方面作了阐述。毛泽东强调，在任何一个地区内，不能同时有许多中心工作，在一定时间内只能有一个中心工作，辅以别的第二位、第三位的工作。最近几年，集团公司单位主要负责人每月召开质量例会和成本管控例会，就是在抓集团公司现阶段面临的主要矛盾，这就是集团公司现阶段的中心工作。

分配时间也是在分配领导者的注意力。领导在管控注意力时可能会遇到两个非常不一样的问题：一是花时间去做你认为真的重要的事，而不是那些非常紧急的事；第二个问题更难，那就是如何改变你对所谓的重要的事的看法。处理第二个问题，唯一的办法就是利用自己的"留白"时间，多参加一些之前没有参加过的活动，学会从不同的角度去思考。还有，就是只做最关键的事，也就是必须由领导者亲力亲为、不能授权别人去做的事情。比如，乔布斯在开发 iPod 和 iPad 等产品时，一贯都是领导一个小的精英团队秘密开发核心功能，把细节留给大团队去慢慢补充。乔布斯不追求大而全，而是先把最有核心竞争力的东西做出来。现在新闻上总会报道一些"鸡娃"家长给孩子排的作息时间表，评论中很多都持批判意见，说学习时间太长，没有玩和休息的时间，我想本质其实和我们感觉自己"很忙，没时间"一样，什么都想要。塔勒布在《反脆弱》中提出了"杠铃原则"，做事要注重两端不管中间——我要么做最难的事，要么玩或者什么都不做。

**情绪管理**

2018 年，我和一位刚退休不久的同事聊天。他说人的一辈子可以大致划分为三个 25 年：第一个 25 年是学习阶段，比拼的主要是智商；第二个 25 年是工作阶段，比拼的主要是情商；第三个 25 年是退休阶段，比拼的主要是魂商。我请教"魂商"是什么，他解释了一番，有点类似于世界观和人生观，偏重于向内寻求人生的意义。记得当时我建议把"魂商"改为"灵商"，他很认真地表示回去考虑。

不管"魂商""灵商"的概念是否严谨，情商已经成了很正式的学科术语。情商就是识别情绪、理解情绪、利用情绪和管理情绪的能力，既包括自己的情绪，也包括他人的情绪。识别情绪方面，要能说出某种情绪的名字并进行描述，要能分辨它的强弱程度，识别恰当或不恰当的表达情绪的能力。理解情绪方面，要弄清楚情绪出现的理由和意义，还要意识到不同情绪之间的区别、过渡与转换。利用情绪方面，一方面指利用自己的直觉做出选择，另一方面是包括运用情绪对他人产生同理心，构建与他人的友善关系。管理情绪方面，指用一定的技巧和灵活性处理自己的情绪，对自己的感觉保持开放的心态，知道何时和如何表达情绪，何时控制情绪，何时融入、如何摆脱情绪。

识别情绪是管理情绪的基础。情绪究竟是什么呢？伯特兰·罗素说过："似乎每个人都懂得情绪为何物，但要是给情绪下个定义，似乎又没人能说清。"情绪的定义很多，我比较喜欢约翰·玛雅的这个定义："情绪是由多种感觉、思想和行为综合产生的生理和心理状态。情绪会影响个体的很多方面，也受个体很多方面的影响。"不管是否意识到，体验任何一种情绪，都要包括三部分，即生理因素、行为因素和认知因素。在生理方面，人们会对同样的情绪产生类似的生理反应，事实上，一些不同的情绪都可以触发同样的生理反应。在行为方面，一个人在某种情绪下行为反应取决于很多因素，包括他管理情绪的能力以及这一特定情况与他个人以往经验的关联性。在认知方面，这是情绪的核心，也就是我们所谓的"感觉"，是情绪的个人意识和主观内省部分。

情绪究竟有多少种？也有很多答案。人有六种基本情绪，即恐惧、愤怒、惊讶、快乐、悲伤以及厌恶，这基本成了共识。有人认为，基本情绪上面还有二级情绪、三级情绪，有 25 种二级情绪和 134 种三级情绪，总共有 165 种情绪之多。日常生活中，我们最先注意到的是表面情绪，即三级情绪，而基本情绪往往更强烈，也隐藏得更深。

下面是英国著名培训师吉尔·海森在《别让冲动毁了你》一书中列出的包含 55 种情绪的情绪表：

| 喜爱 | 欢快 | 悲惨 | 愤怒 | 兴奋 |
| --- | --- | --- | --- | --- |
| 恐慌 | 痛苦 | 恐惧 | 激情 | 烦恼 |
| 沮丧 | 满意 | 焦虑 | 感激 | 骄傲 |
| 冷漠 | 悲痛 | 狂暴 | 敬畏 | 内疚 |
| 后悔 | 无聊 | 幸福 | 懊悔 | 轻视 |
| 憎恨 | 悲哀 | 好奇 | 希望 | 满意 |
| 渴望 | 惊骇 | 羞愧 | 绝望 | 敌视 |
| 震惊 | 失望 | 痛心 | 羞怯 | 厌恶 |
| 歇斯底里 | 悲伤 | 惧怕 | 冷淡 | 苦难 |
| 狂喜 | 欢乐 | 惊喜 | 尴尬 | 嫌恶 |
| 恐怖 | 嫉妒 | 热爱 | 担忧 | 惊愕 |

吉尔·海森建议我们玩一种情绪字谜游戏，就是将上述 55 种情绪写成字条，放在碗里，然后表演，让别人去猜。或者翻一翻字典，看一看自己用什么词来表达自己的感受，看看能不能准确地传达自己的感受。

在重庆红岩革命纪念馆陈列着一张发黄的信纸，那是 1943 年周恩来在 45 岁生日当天写的《我的修养要则》，其中有一条是"适当地发扬自己的长处，具体地纠正自己的短处"。2013 年，我的直接领导对我说："你的智商没问题，情商嘛"，他停顿了很长时间，接着说："嗯，还行吧。"他的批评虽然委婉，但直指要害，作为我的直接领导，他一年内看见过我三次闹情绪、耍小脾气。我决心"具体地改正自己的短处"，于是找了一堆有关情绪管理方面的书，一本一本地读了下去。我做了情商的自我测试：识别和理解自己的情绪是 54，管理自己的情绪是 34，识别和理解他人的情绪是 29，管理他人的情绪是 15。总体说来，都落在平均值附近，更多的是比平均值稍低一些。

2020 年新冠疫情期间，我受莫提默·艾德勒和查尔斯·范多伦《如何阅读一本书》的启发，决定将这些年自己读过的、与情绪管理这个主题相关的书回顾总结一次。我想象自己是一个主持人，在主持一次关于情绪管理和情商提升的座谈会，这些书的作者是参会专家，围绕"认识自我、管理情绪、追求幸福"这些主题，按照我设定的讨论顺序进行讨论。我写了一份三万多字的文章，整理了情绪管理方面的理论，切实分析了自己的情绪事件。

每个人都有自己的情绪世界。美国有一部电影《盗梦空间》，影片里的人通过传感器连接在一起后就可以共享梦境。于是，人们开始在梦中改变别人的观点，窃取商业秘密。男主人公柯布是此道的一流高手，但他有一个"命门"，在他构造的梦境里，关键时刻总会有一个"幽灵"出现，把本来有条不紊的世界拖离轨道，变成一团糟。这个幽灵是他死去的妻子。因为爱与愧疚，妻子的死，一直深埋在他的内心。其实，每个人都有自己独特的情绪"幽灵"。上一秒，世界还秩序井然，下一秒，幽灵出现，一切都出人意料，最后是一团糟。

我按照学习获得的理论知识，开始寻找自己的情绪"幽灵"，或者说，在追踪自己的"情绪脚印"。概括地说，这些年我体会到了以下几点。

初步摸清楚了自己闹情绪的规律。按照《世界会抛弃你吗》一书所建议的，我把它取名叫"受了挫折的大男孩"，并初步整理了"大男孩"出场的四种典型场景。

了解某些情绪非常重要。比如，我认真思考了自己的傲慢与妒忌，详细了解了"焦虑"的表现形式，这对减少情绪失控非常有效。

每当我对做或者不做某件事情犹豫不决时，就决定去做。事后看来，没去做，一般都会后悔；反之做了，往往能带来一种"战胜自己"的成就感。相类似的，是维持老习惯还是尝试新事物，事实表明，尝试新事物会带来更多的乐趣。

对自己不欣赏的人或事物，越贴近去了解，越有可能改变最初的印象。心态更开放一些，避免过分防御，对与自己不一样的观点持好奇的态度，会有许多意想不到的收获。

## 第五节　在舒适区外成长

### 成长的心态

人们都喜欢成功，不喜欢失败；对于时刻想要证明自己能力的人来说尤其是这样。其实，如果关注成长，失败就没那么可怕。乔丹在一则广告中说："我有超过 9000 次投篮没有命中；曾经输掉约 300 场比赛；有 26 次，人们相信我会投出决胜的一球，但是我没有。"他是有史以来最伟大的篮球运动员之一，没人会因一次投篮失误或者一场比赛失败来评价乔丹，更准确地说，没人因为 9000 次投篮失误或者 300 次比赛失败就低估乔丹。

乔丹是个一直在学习、一直在成长的人。我们对比鲁迅、梵高等大师不同时期的作品，也能找到他们不断成长的轨迹。但生活周围也不乏反例。有人调侃高考是自己的知识巅峰。很多人在停止长高时差不多就停止成长了。有人年老了，还跟年少时一样轻狂，老年的孔子看着同样步入老年的故人叉开双腿坐着，责备说"老而不死是为贼"。不关注长周期里的"成长"，就会关注短时间里的"成功"，就会关注每一场比赛、每一次投篮，就会关注每一句话、每一次人际互动，就可能把每一场考试都当成了高考，把每一次社会交往都当成了面试。

卡罗尔·德韦克在《终身成长：重新定义成功的思维模式》中对"终身成长"做了专题研究。我和一位朋友多次讨论这个问题。我们设想有一个小灵魂寓居在我们的身体里，这个小灵魂在玩一种积分的通关游戏。生死轮回、循环往复，自己的一生只是这个小灵魂玩的游戏中的一关而已。我们要争取在当下这一关中为小灵魂得到尽可能多的积分。我们还设想，我们当下生活的每一个瞬间，也就是小灵魂在游戏中遭遇到的每一个场景，我们都要珍惜、学习、成长，不怕失败、勇敢尝试，然后得分。

力争在游戏的每一个场景中得分，与把每一场考试都当成高考，这两者的差别在哪里呢？这是"学习"与"证明"的差别。前者着眼于提升能力，后者着眼于利用能力。日常生活中"学习"和"证明"之间的差别，很多场合都能一目了然。比如，一个人参加宴会，吃饭前他一直在认真倾听,像福尔摩斯一样,对每一个陌生人都感到好奇,想了解他人值得学习的优点,想从他人的经历中获得经验;吃饭时酒喝多了,他开始不停地展露或者谈论自己的才艺,力图向他人证明自己的能力和优秀。这个人饭前饭后的差别,就是"学习的心态"和"证明的心态"之间的分别。

扎克伯格有很强的学习心态。有一条消息说,扎克伯格每年都给自己定一个挑战目标,在当年内竭尽全力去完成它。比如,每天戴领带上班(2009年)、学习汉语(2010年)、只吃自己杀死的动物的肉(2011年)、每天写代码(2012年)、每天跟除脸书员工之外的不同的人见面(2013年)、每天写一封感谢信(2014年)、每两周读一本新书(2015年)、跑步587公里(2016年)、走遍美国50个州,了解更多普通人的生活(2017年)。

2012年年初,在河北南戴河参加专题研讨会后的返京途中,我和一位同事一路聊天。当时我还在适应岗位的变化,没有完全理解领导者和管理者的核心差别。我向同事抱怨,接待参观太浪费时间了,费时耗神,还不"打粮食"。他告诉我:"做自己没有做过的事,是成长;做自己不愿意做的事,是成熟。"这句话点醒了我,我向扎克伯格学习,制定了2012年的改进计划,要求自己"不拒绝新鲜事物""不过分想象未来的细节",并分解成了很多有针对性的场景。当年年底盘点,我总结了自己很多的"第一次":第一次陪女儿观看演唱会;第一次上微博;第一次用微信;第一次健步走;第一次完整地陪完一天的会,不找借口早退;第一次按要求全程接待来单位参观的客人。甚至生活中的一些小事,我也记录下来,作为对自己的激励,比如"第一次将VCD上的黄梅戏导入iPad,虽然折腾了一天,但母亲开心的笑脸让我受用了一个星期;在山东泰安第一次吃油炸蚱蜢,在广西大新第一次吃炸竹虫,吃之前有些恶心,吃完味道也不错"。2013年,我再接再厉,制定了"不忽视每一份邀请""拥抱新鲜事物"的改进计划。

正如威斯敏斯特教堂那位无名氏的碑文所说,"作为一个榜样,我可能改变我的家庭"。我偶然发现了女儿刚上高中时没写完的一篇作文,我作为对自己的激励,收藏至今。这段话原文是这样的:

春节时奶奶夸我:"半年不见,我孙女又长大喽。"从小到大,"你变了"是我听得最多的一句话。我愿意不断地改变,我愿意像红杉树一样,永远生长。第一次课堂提问,第一次主动跟老师交流,第一次给同学讲题,第一次上台表演,第一次组织party,第一次给家人做饭……我记录了自己很多的第一次。每一次新的开始,都意味着我的一次成长。其中让我印象最深的就是"第一次课堂提问"。九年级之前,我都不愿意在课堂上向老师提问。顾虑很多:有时候怕自己问了一个傻问题,有时候又想不出问题,有时候又担心占用了其他同学的时间。直到有一次,我认可了"提问的力量",从而打消了那些顾虑,我逼迫自己……我想,我确实是一个有着"成长心态"的人。

## 走出舒适区

我在阿里巴巴西湖园区看到一座雕像,一个人拿着锤子和凿刀,正在雕刻自己的小腿和脚部,他从一大块石料中把自己雕刻出来了。这座雕塑不是艺术品,甚至有点粗劣,可能是某一点击中了当时的我,才给我留下了如此深刻的印象。"修身"与"终身成长",以及"切实改正自己的短处",都不会让人感觉舒适。人们只有走出自己的舒适区,才能不断成长。在舒适区外成长如同一场自我革命,就得摒除成见、改变习惯、拥抱变革,在否定自我中雕刻自我。

摒除成见要求不断地变革理念。要破除僵化的理念。1941年,英国珊顿·托马斯爵士认为日本不可能穿越北部丛林,坚信新加坡的威胁只能来源于海上,说:"新加坡永远都不会陷落!"从新加坡海军基地的火炮未能调转方向,击退从北部入侵的日军那一天起,整个北半球就脱离了英国人的控制。另外,耗资30亿法郎的马奇诺防线,后来也成了思虑不周、目光短浅的代名词。巴顿将军说:"固定的防御工事是人类愚蠢的纪念碑。"过去正确的事情现在未必正确,思想僵化迟早会导致失败。柯达集团错过了数码相机的时代,诺基亚丧失了智能手机的市场,一定程度上都应归咎于当时两个公司决策层的思想僵化。

要破除自满的思想。自满是一种满意和自我满足的感觉,尤其与未曾意识到的危险或麻烦并存。自满是人们对自己的行为,即自己必须和无须去做的事情的一种感觉。辨别自满的人的最好方法不是看他们怎么说,而是看他们怎么做。自满的人,不太在乎组织面临的新机遇和新危险,他们更关注的是组织内部,而非外部所发生的一切。他们往往在显然需要以80公里时速的行动才能成功时,只用20公里的时速爬行。他们很少创新,或真正地领先于人,最突出的是,他们只凭以往的成功经验做事。福特说:"每一次我听到别人说我成功时,都像听到一次悼词。"在任何一场竞赛中,如果换了赛道,原先赛道上的冠军会有更多的相对劣势。历史学家汤因比说过:"你可以用一句简单的话概括知识机构和社会的历史:没有任何事比成功更没有希望。"

财会人员也需要破除一些僵化思想和自满情绪。在推动审计提出问题的整改过程中，我发现集团公司财会人员不同程度地存在"见怪不怪"和"自以为是"的思想。有人认为，审计提出的一些问题，是业务管理不规范，由于与审计组沟通好，才"降格"为财务核算不规范的问题；有人认为，单位大了，时间长了，会计差错在所难免，不可能让审计找不出任何问题；有人认为，既然有职业判断和自由裁量权，就允许我们有一定的操纵空间；有人认为，财会人员尤其是国有企业的财会人员，没有财务造假的主观故意；也有人认为，集团公司连续考核第一，各方面荣誉很多，我们的财会核算工作自然也很好，等等。这些思想都需要变革。按照集团公司主要负责人的要求，要根治一些"常见病""多发病"，如前所述，我组织划定了财务会计规范性的"十条红线"，以后再有违反，必须严肃追责。

  我们组织了多次专题会来统一思想。我首先讲了一个故事给大家鼓气。前几年我开车上下班时喜欢收听北京交通台的点歌节目，有一天，一位小女孩拨通了电话，奶声奶气地要求给妈妈点一首歌。主持人问她："小朋友，你要给你妈妈点什么歌呀？"小女孩回答说："《女人何苦为难女人》。"我说，我们不是财会人员为难财会人员，严明纪律是真正的"严管厚爱"。我又讲，福尔摩斯在一次探案中，根据院子里的狗没叫推断出嫌疑人是受害人的熟人，我们要深刻反思集团公司的财会工作为什么没有像质量管理、人才工作、科技创新、企业文化建设等其他工作那样获得上级部门的表彰，我们要从"没表彰"当中推出什么样的结论？

  其实，推动团队观念变革最有效的方法是把大家带到现场去，像韩国三星电子的 CEO 三十多年前曾经做过的那样。三星产品刚走向国际市场的时候，在国内外用户心目中，品牌定位相差悬殊。为了让大家看清楚这一点，他组织了50位高管去参观美国销售三星产品的现场。在韩国，三星的产品都是由售货员戴着手套，恭敬地呈现给顾客们的，但在美国却随便被扔在处理车架上，摆着一块清仓出售的牌子。我们虽然没有大规模组织去别的企业参观现场，最后也达成了共识。

我们要克服真实感的障碍。有人认为，在成长的过程中，人总在变化，就不再是"他自己"了；也有人认为，人在变化的过程中，不能表里如一，就是虚伪、不真实了。"真实性"的定义究竟是什么？最经典的解释是"忠于你自己"。那么，提出一个非常重要的问题，是忠实于哪一个自己：昨天的你，现在的你，还是明天的你？每个人都有多面性，要忠实于哪一个自我？斯坦福心理学教授黑兹尔·马库斯关于职业的研究显示，人们对自己的身份意识不仅仅基于过去和现在的自己，还同样基于对未来自己的展望。《资治通鉴》记载说："人皆作之。作之不止，乃成君子；作之不变，习与体成，则自然也。"我们不能让虚假的真实性成为我们成长道路上的阻碍，前进的道路需要我们在舒适空间之外发展自己。

我们要改变与人一较输赢的习惯。西蒙·斯涅克提出了"无限的游戏"这个概念。无限游戏没有时限，也没有终点。既然没有明确的游戏终结点，自然就不存在所谓的"赢"或"输"。在无限游戏中，玩家的首要目标就是一直玩下去，也就是让游戏一直进行下去。比如，在婚姻中就没有所谓的赢家；也从来没有人能够得到"职业生涯第一"的桂冠；在我们死后，没有一个人能被冠以"人生赢家"的美誉。所有这些都是过程，而非事件。

西蒙·斯涅克多年前分别在微软和苹果举办的教育峰会上做演讲，前后仅仅相隔几个月。在微软的峰会上，大多数演讲者都花了大量时间谈论如何打败苹果。而在苹果的峰会上，几乎所有演讲者都在谈论苹果公司该如何帮助教师教学以及学生学习。似乎一方只沉迷于打败竞争对手，另一方则一心想推进教育事业。两家公司都给斯涅克赠送了自家的产品作为纪念品。斯涅克承认，他将微软公司的 Zune 转送给了朋友，因为他的 iPod 可以兼容微软的 Windows 系统，而 Zune 却无法进入苹果的 iTunes。

我们要改变过度比较的习惯。人们总是下意识地要跟别人比较。阔别已久的中学同学聚会，或者应邀参加某个学术论坛，人们总要把对方分成三等：比自己强的、比自己差的，与自己差不多的。不过，就算每个人都想客观地去比较，比较也是不客观的。"莫欺少年穷"，"三十年河东，三十年河西"，是从时间维度说的这个道理。换一个场合，比较的结果也会不一样。比如，上班时是上、下级，下班后一起到学校接孩子，就都变成了学生家长，如果两人都爱打羽毛球，年轻的下级可能又成了教练兼领队。还有，换一个标准，比较的结果也不一样。象棋冠军和网球冠军谁更厉害？有个人自夸自己最厉害，因为他打网球赢了象棋冠军，下象棋又赢了网球冠军。

这里还存在一种系统偏差，就是几乎每个人都会高估自己。有实验表明，90%的人认为自己的驾驶水平超过了平均水平。对于一只鸡来说，如果对方也是一只鸡，它肯定觉得对方比自己小；如果对方是一只火鸡，它才会勉强承认对方跟自己一般大。这其实是傲慢心理在作祟。佛学里有"三慢""七慢""九慢"的区分，现代词语中的怠慢、轻慢、过慢，起因都是在比较中胜出。从某种意义上，"傲"也是慢的一种，近似于"七慢"中的"我慢"，也就是自视甚高、眼高于顶、鼻孔朝天的样子。无论如何，傲慢的人很难从自己轻视的人那里学到东西，很难不断成长。

我们在工作中也要避免"零和"思想，要寻求共赢。明代时，湖南长沙农村有两户农民的耕牛顶斗，一死一伤，两户农民为此发生纠纷，告到衙门，当地的县令也没找到合适的调解方法。后来，时任应天府通判的祝枝山察访民情路经此地，在问明情况后当即判道："两牛相斗，一死一伤。死者共食，生者共耕。"大家觉得合情合理，于是争端平息，皆大欢喜。这就是跳出了输赢和比较的束缚，很巧妙地寻找到共赢方案的一个例子。

2017年，我刚到卫星院工作，院长请我协调研究院与用户的增值税税负问题。用户是集团公司另一家二级单位，购买卫星院研制的通信卫星进行运营。用户那边，运营卫星的业务以前适用营业税，在营改增后，要按6%的税率缴纳增值税，于是开始要求卫星院开具增值税专用发票。卫星院这边，此前适用事业单位以及有关军品免征增值税的有关政策，对该类业务此前一直开具事业单位银钱收据。增值税税票开具问题和卫星本身的涨价降价问题裹在一起，加之市场部门对税务问题不了解，各执一词地互不相让，这个问题就提到了双方单位领导的桌面上。几天后，我组织相关部门召开协调会，听完他们的方案介绍后，我询问："这个方案能给用户带来什么利益？如果没有利益，他们凭什么要同意这个方案？"卫星院的同事那次是第一次与我打交道，有人后来告诉我，他们当时都震惊了。正是基于这种双赢思维，我们后来和用户坦诚相见，最终找到了双方都认可的解决方案，新增的增值税税负由两家各自承担了一半。

## 从自己开始变革

许多财会人员经常抱怨自己的工作无聊，每天就是开发票、与客户对账、打印凭证、装订凭证等等这些琐碎的事情，一年又是把这一天重复了365遍，觉得毫无挑战性，也缺乏成就感和意义感。一天总是会被同样的另一天所替代，这也是1993年的电影《土拨鼠之日》主人公菲尔的际遇。菲尔是一个天气预报员，依旧像往年一样，2月2日前往一个小镇报道当地特色的土拨鼠日庆典。菲尔对乏味枯燥的工作和生活毫无热情，挑剔周围的一切，牢骚满腹，充满怨气。当他敷衍匆忙地完成报道急于离开小镇时，因为暴雪封路，他们被困在了这个小镇。第二天早上闹钟响起的时候，他发觉一切都在重复昨天，他被困在了"土拨鼠之日"，循环模式开启，每一处、每一秒都和他刚经历过的前一天雷同，当然，除了他自己。电影随后的情节，是经典的心理学教材。菲尔从开始的愤怒、不接受事实，到沮丧、躺平甚至绝望，到接受、利用，最后是适应，菲尔在帮助他人、完善自我的同时找回了人生的意义、收获了爱情，当然最终打破了循环模式，一切重回正轨，而这时候的菲尔对自己、对整个世界都充满了爱意。

电影中很多细节对我们财务工作者都有启示：第一个是迷茫阶段，菲尔在酒吧里，随口跟人聊天："如果你每天都在同一个地方，每天过得都是同一天，你会怎么办呢？"那位老兄一脸木然地说："难道这不就是我现在的生活吗？"财务会计基础工作的天花板不高，很多人不用一年时间就能把手头工作做得非常熟练，那么接下来的漫漫长日，如果无法突破自己，就容易产生强烈的无价值感和迷茫。第二个是躺平阶段，菲尔发现无力改变现状后开始随心所欲地生活。躺平一天两天感觉不出来差别，拉长到五年、十年来看，人与人之间已经有了天壤之别。第三个是变革阶段。经历过愤怒、沮丧、绝望之后，菲尔开始自我变革，积极地拥抱生活，他帮助别人，找到自己的兴趣爱好，在循环的时间里，一天天积累着时间无法带走的内在"财富"。

玛格丽特·米德说："绝不要怀疑一小撮努力的人可以改变世界，事实上，这才是唯一的真相。"特蕾莎修女也说过："如果我向大多数人看齐，我将永远不会采取行动，如果我向某一个人看齐，我会采取行动的。"作为领导者，我们要推动战略财务变革，必须要从变革自己开始。

# 第五章

# 融入更大的团队

从本质上说，航天是一项典型的集体事业。"千人一杆枪""万人磨一箭"，相对每一次航天型号任务，每一个个体都只是一分子，但每一个个体的工作又都与每一颗卫星、每一发火箭的成败紧紧联系在一起。每一个航天人都应在更大的组织内定义自己，做好自身的工作。航天财会人员也一样，我们的工作也与每一颗卫星、每一发火箭联系在一起。

梵高一生大部分时间是单独生活，独自画画，他虽然是伟大的画家，却始终没能将画画变成自己的职业，没有获得养活自己的收入。在这方面，比梵高年长32岁的陀思妥耶夫斯基成功得多，他基于对作家身份的自我认知，建立起一整套写作程式，主动顺应俄国图书市场的要求，从而把自己改造成了一位"完美职人"，成为俄国历史上第一批职业作家。他的团队创办了"陀氏出版书坊"，相当于今天的"大师工作室"，取得了很好的商业业绩。为什么两个天才人物，在商业领域里差别却这么大？我认为，就是因为后者建立了团队，并将个人行为放进了更大的组织情境之中。

所谓组织，就是将个人编入团队之中，将小团队编入更大的团队之中。每个成员在团队中都有自己的角色，会打造团队动力、塑造团队文化。团队的人数不必太多，贝索斯在亚马逊内部推行"两个比萨团队"的做法，把工作小组划分为特别小的多功能单元，因为这样才会有快速的执行力。瑞·达利欧也认为："3到5个人的效率高于20人"。小团队可以组成大团队，解放战争时期我军创建的"三三制战术"，三个战士组成一个战斗小组，三个战斗小组组成一个战斗班，三个战斗班组成一个战斗群，进攻时呈"散兵线"队形展开，一个总数27人的战斗群可以覆盖800米宽的战线。如同一节节自带动力的动车固定编组运行，就组成了"动车组列车"；一个个自带动力的小团队有机组织起来，就成了我们所谓的"动车组团队"。

第五章　融入更大的团队

## 第一节　依靠团队

### 团队的力量

个体的力量是有限的。漂流的鲁宾逊只有同星期五在一起，才能完成更多事情。狼从来不会单独作战，因为它们明白，在面对强敌的时候，自己的力量远远无法超越敌人，所以面对一次次挑战时，狼群都会团结一致，共同战斗。远古时期的尼安德特人通常是独自狩猎，而智人发展出了需要几十个人甚至不同部落合作的狩猎技巧。考古学家发掘的多处遗址表明，智人能够采用围猎的方式猎杀整个兽群，甚至还发现了栅栏和障碍物，作为陷阱和屠宰场。当尼安德特人用传统独行方式集结前往攻击智人时，智人则采用同心协力的方式集结更大规模的团队，谁输谁赢一目了然。

《吕氏春秋》记载了一则有趣的故事。宓子贱任单父县令，鸣琴而治，政简刑清。据传他请出了当地德高望重又有才能的人，按照各人的才能分配不同的工作，让他们与自己一同治理单父。有了各位贤人的帮助，宓子贱将单父治理得很好，百姓安居，生活富足，宓子贱自己的日子也过得潇洒自在。后来，宓子贱离开单父，接替他的是巫马期，巫马期天天早出晚归，为了工作，吃不好睡不好，才勉强将单父治理好。巫马期向宓子贱讨教，宓子贱说："我之谓任人，子之谓任力；任力者固劳，任人者固佚。"任人和任力的差别，就是依靠自己还是依靠团队的差别。

团队聚合了个体的力量。当剖开蚁穴的时候，人类彻底震惊了，蚁穴当中竟然有储藏食物的房间，有防止洪水冲过来以后倒流的泄洪处，有专门留给蚁后逃跑的通道，有专门抚育幼蚁和存放死蚁的房间。几乎没有智商只是通过简单的信息素交流的蚁群，成群结队地团结起来完成了不可能实现的任务。古往今来，历史上有多少团队开创了伟大事业，比如刘备、关羽、张飞桃园结义创建三分天下的伟业，一百单八将举旗水泊梁山，斯巴达三百勇士温泉关浴血奋战，240万中国人民志愿军抗美援朝保家卫国……

现代组织中团队的力量更大。德鲁克指出，现代组织必须以团队的形式组织起来，因为现代组织是由知识工作者组成的，具有平等、同事式的和联合式的特点，而且由于不同专业的知识之间难分伯仲，评价的标准只能是比较各自为组织的共同任务做出的贡献，而不可能先天性高人一等或低人一等。乔布斯说："商业上的伟大创举是一个人所无法完成的，必然是由一个团队完成的。"研究数据显示，在员工超过150人的公司里，82%的人在团队中工作，72%的人所属团队不止一个。

团队的力量来源于合作。4×100米接力集中体现了这一点。中国男子4×100米接力之所以能递补获得首枚奥运奖牌，就是因为4×100米接力不是简单的四个100米成绩的加和，其中还有交接棒环节，我们论个人成绩比不上牙买加、加拿大以及美国等强队，但我们可以通过交接棒环节的默契合作来缩小差距、提高成绩，从而获得历史性的突破。与之对比，美国队在2023年田径世锦赛男子4×100米决赛爆出大冷门，百米单项包揽前三的美国队，由于三四棒交接出现失误，最终只获得一枚银牌。

## 关键任务团队

团队来源于工作群体。团队介于个人与组织之间，英国管理学家迈克·布伦特和菲奥娜·丹特认为，团队（TEAM）就是T（together）、E（everyone）、A（achieves）、M（more），也就是把个人聚合在一起达到更多。美国管理学家斯蒂芬·P.罗宾斯认为，团队就是由两个或者两个以上的，相互作用、相互依赖的个体，为了特定目标而按照一定规则结合在一起的集合体。在公交站牌下一起等车的一群人为什么不是团队？我认为，团队一要有共同目标，二要有互动沟通；同时团队也应该是追求整体效率最高、整体利益最大化的一个集体。比如，集团公司所有财务人员是一个团队，叫做财务条线、财金系统，从而打破了各个法人实体的组织边界，强调的就是团队的整体性和系统性。

团队具有完成任务的优势。迈克尔·韦斯特指出，创建团队的目的是完成一般工作群体无法完成或者极难完成的工作任务，因此，是任务定义了团队，而不是团队定义了任务。组织一旦设立，无论是赞成X理论（认为人性本恶），还是秉持Y理论（认为人性本善），就会逐渐固化成类似的组织架构图，形成了组织的"骨架"。无论是直线职能式架构，还是事业部制架构、母子公司架构等等，组织要有起码的稳态；即使拥有像婴儿一样的最灵活的骨架，柔韧性和灵活性也会限定在一定范畴内。财务系统在组织内大多作为一个职能部门，组织的变动难度与任务需求的不确定性之间的矛盾，可以通过组建团队适度解决。

总会计师在职责范围内，可以不打破组织结构，组建不同类型的团队应对变化、完成任务。我们为推进战略财务工作，分别组建了不同的关键任务团队。例如，在财务信息化三年跃升工程首先成立了5人 IPD 论证组，经过三个月的专职论证后"交钥匙"给实施团队，在两个团队之间进行了责任交接。我们成立的管理会计内部咨询委员会，定期组织召开例会，研究职责范围内的各项工作及审查相关的制度及标准，以及不定期召开专题会议，开展会计政策、会计理论、会计准则、成本价格管理、管理会计应用等方面的专题研究，交流研讨会计核算管理、财金管理中的热点和难点问题。集团公司依托内部单位成立成本研究中心，负责调研成本管控先进理论方法和优秀企业实践经验，创新航天成本管理工作模式和工作方法，开发成本管控和评估算法工具等。

罗宾斯把常见的团队分为问题解决型团队、自我管理型团队和跨功能型团队。布伦特和丹特把团队类型分为功能型团队、跨学科型团队、问题解决型团队、虚拟型团队、自我管理型团队和委员会型团队。功能型团队的典型代表是集团司库中心和财务共享中心，该类型团队往往是基于一个部门组建的，倾向于努力完成特定工作或实现既定目标，以服务于组织关键战略驱动因素，一般都是永久或长期存在的，在实际工作中功能型团队容易与一般工作组织一体两面。问题解决型团队通常是短期的，问题导向性非常明确，团队成员需要具备某些特定的技能，而且大多来自不同领域，当然也会存在单一职能领域的问题解决型团队，比如为了解决资金内部控制标准的修订问题，集团公司成立了跨司库、信息化和会计核算部门的工作团队，团队成员分别来自不同的单位。委员会型团队往往负责一项特定工作，通常委员会成员都是非正式的，委员会有工作需要时，他们才进入工作状态。大到国际奥林匹克委员会、政府间气候变化委员会，小到企业薪酬委员会、审计委员会、战略委员会、产品委员会、提名委员会、经营委员会、采购委员会、营销委员会、成本委员会等，都属于此类型团队。我们组建的会计标准工作小组，也类似于这种团队。

## 小团队组成大团队

团队规模最好小于150人。社会学研究表明，借由团队成员之间的八卦来维持的最大自然团体大约是150人。英国人类学家罗宾·邓巴提出一个人所能信任的其他人的人数一般是100~230人。马尔科姆·格拉德威尔在其著作《异类》中也提出了"150人定律"，他认为一个人所能信任的其他人的人数不会超过150人。"150"也被称为"邓巴数"。只要超过这个数字，大多数人就无法真正了解其他成员的生活情形。

团队成员一旦突破了150人的门槛，事情就不相同了。如果一支军队人数达到了万人，就不能再用带连队的方式来领导了。小团队身上的一些特性，一方面使小团队自身能够变得强大，另一方面却使小团队的优势无法在一个更广阔的范围内见效。比如，一支运动队通常由15~30人组成；海豹突击队小分队为16~20人。亚马逊的"两个比萨团队"要求团队的规模不应超过两个比萨就可喂饱的人数，即团队规模不超过 10 人。这些团队具有自主性，不需要协调其他团队就可完成工作。如果人数多于上述标准，团队的一致性就会遭到破坏，其调整适应能力也会相应受损。瑞·达利欧在《原则》中提到 3~5 人的效率高于 20 人；他认为，给团队增加成员的共生效果是逐步递增的，直至到达一个顶点，过了顶点后将不再产生增效，反而带来效率递减。这是因为有很多试验表明：边际效益随团队人数增多而减少，两三个人可以贡献大部分重要的观点，增加更多人不会有更多的好点子，反而有可能产生更多的"噪声"；团队人数过多时，其互动效率低于小团队的互动效率。集团公司的财务人员约 4000 人，具体到每个实体单位，每个小团队 3~20 人不等，在一个小团队内，成员彼此熟悉，并且共同度过成百上千个小时，但在集团内，大多数人不可避免地会互不认识。我们研究小团队的行为，并且想办法要将这种行为模式拓展到拥有几千名成员的大团队。这是团队管理的难题，也是推进战略财务工作成败的关键。

　　一位管理专家曾用"毛竹病"做比喻，说明企业缺乏沟通的危害。"企业大了，容易患上毛竹病，长一节，堵一节，节节长，节节堵，看似是一个整体，其实上下不通。看似四季常青，其实难以壮大。"小团队组成大团队也要避免毛竹病，关键是不能"上下不通"。投资家兼作家纳齐姆·塔利布提出了"反脆弱性"这个概念。"脆弱体系"一旦遇到冲击就会毁坏，"坚强体系"能够在冲击下平安渡过，而"反脆弱体系"如同免疫系统，能够从冲击中获益。小团队的扩散效益既可能是正向的，也可能是负向的。通过强化体系中每一个部分，能够获得一个刚强的体系，就如同金字塔一样；若想获得韧性，则要将各部分因素连接起来，使它们能够重新布局，并且根据客观变化或意想不到的情况进行调整，就如同珊瑚礁一样。我们的挑战在于要找到办法重塑我们的团队架构，从而把几千人规模的组织打造成紧密如一的团队。

原驻伊拉克美军司令麦克里斯特尔将军，一直致力于打造反应更敏捷的小团队，在团队沟通、信息共享等很多方面进行了实践探索。例如，他在伊拉克每周6次、每次2小时，让2000人参加军情会议，向所有希望了解及分享信息的人开放。不只是高层官员，每个人都可以分享情报和提问；最新情报不必经过加工和审查，只需简述。这个系统的理念是：信息很快就会过时，必须迅速分享；促进一线协同行动的最佳方式不是协调行动本身，而是把重点放在一线行动当下需要的信息上；最能判断信息是否有价值的是终端用户；最擅长利用信息的也是终端用户；利用信息的最佳方式是将信息整合起来。

许多新生的企业之所以沉沦，就是因为它们无法将团队建设规模化。把小团队组成大团队不是喊几句口号就能实现的。小团队所具备的优点，从组织的角度去看，有时候也是一柄双刃剑，一些特质使得小团队在获得足够的调整适应力后变得强大，而这些特质又使得它与自己所处的总体架构格格不入。随着团队的扩张，团队之间各种需要管理的联系也会迅速增加，而且是指数增加。小团队构成的大团队传统的行为模式、人类大脑的神经限制都是我们难以打破的圈子。我们需要让一支团队能够在一个互赖性很高的环境中行动，从而让他们明白自己的行动有可能引发"蝴蝶效应"。这样，这支团队就会清楚与自己合作的其他团队工作的难处和重要性，这有利于这支团队去达成战略上的成功，而非战术上的成功。

### 扩大团队的开放区

在推动战略财务工作中，可以统筹人员通过大兵团作战来做精做优一个项目，但这无法成为一个常态，所有项目都采用大兵团作战模式并不现实，更多还是要依靠一个个小团队来完成。因此，思考"小团队如何带动大团队"对于人少事多的常态具有更普遍的意义。我以为，从小团队顺利扩大到大团队，无论采用什么方法，首先得把核心小团队打造成一个可信任的团队；扩大团队成员彼此间的开放区域则是打造可信任的团队的基础和前提。

2015年，我在大连高级经理学院参加领导力培训，为了让我们对自己有更全面、更客观的认识，学院组织做了一系列的测试，除了MBTI测试，还有FIRO-B测试（Fundamental Interpersonal Relationships Orientation-Behaviour，一种了解和管理团队动态方面的有效评估），以及影响力方式自测和团队角色自测。测试结果建议我多与人讨论自己的想法，尝试一些"合法化、合作、喻知"之外的影响力方式。培训结束时，我作为学员代表参加座谈，表示要充分利用测试结果、不断地自我革新，努力做到更开放、更坦诚。

回到单位后，我在多个场合分享了自己的学习心得。转过年，我在火箭院财务系统组织策划了"思·享"系列讲座，我讲了前两次，分别讲如何当好总会计师和财务处长，主要内容差不多，介绍了乔哈里视窗，要求每个学员分享一件自己的隐私（从我自己开始），核心目的是想让每一个人扩大一点自己的开放区域，让财务系统变成一个更加开放的团队。我任集团公司会计机构负责人时，2020年9月份在财金部又组织了一次类似的活动。

乔哈里视窗，又称沟通视窗，是由乔瑟夫和哈里在20世纪50年代提出的，从自我概念的角度对人际沟通进行了深入的研究。根据"自己知道——自己不知道"和"别人知道——别人不知道"这两个维度，将信息划分为四个区域，即：开放区（自己知道、别人也知道），盲区（别人知道、自己不知道），隐藏区（自己知道、别人不知道）和未知区（别人不知道、自己也不知道）。更开放的要求就是不断扩大自己的开放区、缩小盲区和隐藏区，以及不断探索自己的未知区。

|  | 自己知道 | 自己不知道 |
| --- | --- | --- |
| 别人知道 | 开放区 | 盲区 |
| 别人不知道 | 隐藏区 | 未知区 |

要构建可信任的团队，团队领导人必须从自我做起，向团队成员不断扩大自己的开放区。在三次分享隐私的活动中，我分享的事情都是从未和其他人谈论过的。第一次讲的是小时候的糗事，一群小朋友玩战争游戏，我像《渔夫和金鱼的故事》里那个老太婆似的，刚开始要打红旗、当旗手，后来又想当号手、吹冲锋号，最后还想挎着指挥刀当指战员，我当时太小，还不会克制自己的欲望，最终被小朋友们集体嫌弃了。第二次讲的是我刚上高中时，在学校门口一家杂货店里，

看到一个人偷偷地多拿了一份商品，那人临走前盯着我看了好几眼，我胆小害怕而没向店主揭发。最后一次讲了多年以前发生在大家庭里的一次激烈冲突。

任正非说："华为的武器，一个是团结，另一个就是开放。"开放对一个公司来说是武器，对一个人、一个团队来说也是如此。开放不仅是结果，也是过程。在某种意义上来说，开放既是个性，也是选择。

## 第二节　动车组团队

### 团队的角色

莎士比亚说，世界是一个舞台，所有男女不过是这舞台上的演员。每个戏班都有自己固定的生、旦、净、末、丑，在某一出戏中扮演某一个角色，除特殊情形外，几乎都是固定不变的。同样的角色，在不同人手里，呈现出的效果迥然各异。如果我们能够识别各种团队角色，并且能够根据这些角色来匹配团队成员，我们就有了形成团队的基础。如果每一个人拥有一种角色，这种角色既适合于他们的技能，又与他们的个性相吻合，属于"本色出演"，那么他们就能为团队做出更大的贡献。

梅雷迪思·贝尔宾将团队角色分为九个，分别为：智多星，富有创意和想象力的问题解决者；审议员，深入探究不同选项的战略思考者；协调者，将团队成员聚集在一起讨论和分享想法的协调人；外交家，踊跃发展人际关系，争取机会的社交达人；执行者，希望以组织化方式完成目标的实用可靠的成员；完成者，按时认真完成工作的成员；凝聚者，与其他人一起合作并努力实现最终目标的成员；塑造者，愿意为达到最佳结果而直面问题，并富有活力、敢于接受挑战的团队成员；专家，具有专业技能和知识的个人。

查尔斯·马格里森和迪克·麦卡恩创提出了"团队管理剖面"的概念，并据此划分九个团队角色类型：创造——创新者，产生创新性理念，行为方式不拘一格；探索——促进者，探索与介绍新的机会；评价——开发者，将新的方法手段付诸实践；推进——组织者，跟踪调查结果；安排——生产者，有条不紊地工作以获得成功；控制——检查者，对团队目标和宗旨进行详细审计与密切控制；支持——维护者，遵守商定价值和约定标准以确保团队绩效；汇报——建议者，提供和收集信息；联系员，由所有团队成员共同承担。

迈克·布伦特和菲奥娜·丹特将团队角色导向分为六类：关系导向，以人为本，他们需要相互鼓励、相互协同、倾听意见、支持他人，这一角色通常是调节者，他们的职责是确保团队内部和谐；行动导向，以成果为本，他们精力充沛，把工作任务放在首位，富有见解，热衷于团队目标达成；分析导向，需要了解团队任务的基本原理，他们需要收集数据，并加以整理和分析，为团队决策提供依据；过程导向，需要了解团队任务执行及目标实现过程中的每一个细节，并督导团队成员完成；专家导向，主要贡献是给团队带来专业知识，专家有自己独到的见解，可能是团队内部某一领域的最高权威；创意导向，是鼓励团队成员从崭新的视角出发推动任务。

在一个团队中，团队成员认定要扮演怎样的角色，那么就会按这种特定的角色行动，由于每个人可能需要充当多种角色，起不同作用，为了能迅速地变换角色，团队成员就必须有高度的适应性。每个团队成员至少要有三种角色认知：首先是关于团队职务的角色认知；其次是与其他成员相联系的角色认知；最后是在其他成员心目中的自身角色的认知。如果不能充分感知别人对自己的期望，可能会发生角色冲突和角色模糊的情形。2015年，我做的角色自测结果显示我倾向于行动导向和过程导向，更像审议员和执行者的角色，我愿意按既定计划督促团队开始行动直至达成目标。在生活中，我身处最小的团队是当年一起户外活动的四人组。在这个团队当中，有人负责确定路线，有人负责后勤保障，有人负责风险与安全，有人负责协调。即使规模如此小的一个团队，都存在团队角色分工，必须协调好三类角色认知之间的冲突，很难想象，在一个更大团队中如果任由角色冲突，会发生什么样的情况。

## 团队的组织模式

德国理论物理学家赫尔曼·哈肯认为，从组织的进化形式来看，组织可以被分为两类：他组织与自组织。在数字化的生存背景下，组织模式有了新的发展。

智能时代的新技术需要有配套的财务团队，如负责财务数据管理和维护的数据运营团队、具备学习算法能力的财务建模团队等；另一方面，财务需要拥有能够运用智能技术的团队，如基于大数据的智能风险控制团队，以及能够运用大数据进行资源配置预算的新型预算团队等。这些团队都为财务能力的提升奠定了基础，财务工作从来不是单打独斗，做好团队建设是成员相互成就的充分条件，因此，先要考虑如何推动财务团队模式的建设。正如前面所说，我希望财务队伍如同一节节自带动力的动车固定编组运行，组成一节节的"动车组列车"；一个个自带动力的小团队有机组织起来，就构成了我们所谓的"动车组团队"。

我们所谓的"动车组"，主要是指"和谐号"等动力分散式的高速动车组。高速动车组是高速铁路系统中的一个重要子系统，是高速铁路系统的核心移动装备，是实现高速铁路功能的直接载体。从1804年英国制造出世界上第一台轮轨式蒸汽机车——"新城堡号"开始，到1964年日本开发出世界上第一列高速动车组，以动力方式分类，铁路机车车辆的发展历经了蒸汽机车时代、内燃机车时代、电力机车时代和动力组时代。世界各国在研制高速列车过程中，均从本国国情出发，选择符合自己的技术路线和产业化模式，形成了各自的产业特色。例如，法国一直致力于高速轮轨系统的研究，大力研制动力集中式电力牵引高速列车系统（TGV）；德国很早就研究磁悬浮技术，代表性的有ICE系列动车组；日本是世界上第一个开通高速铁路的国家，推动了动力分散式高速动车组技术的发展。我国走出了引进消化再吸收的自主创新之路，以CRH380A型为代表的"和谐号"高速动车组，是我国高速动车组自主创新的代表，具有重要的里程碑意义。"和谐号"是一种动力分散式动车组，由多个动力车厢组成，利用牵引功率实现列车的高速行驶。

动车组团队具有新型动力结构。过去有一句话，叫"火车跑得快、全靠车头带"，但在传统的动力集中车组模式下，几次提速后时速也不超过160公里。新时代的高速列车正常运行时速在350公里，主要因为动力模式发生了变革，每个车厢里都有同频、同向的发动机，和车头一块儿带。人类一直在追寻一种具有更大动力和更好运转效果的动力结构，"动车组结构"具备的多点给力体系对团队建设模式颇具启发意义。

动车组团队建设就是抓好内生动力机制建设，从发展目标、内在动力、联动机制、关键节点等方面入手，促进团队成员自我提升。动车组团队符合马凯特倡导的"领导者—领导者"模型，即上面是领导者，下边的人也是领导者。只有能够打造出这种"领导者—领导者"的模型，才是一个真正有效的动车组团队模型。传奇的高空杂技演员卡尔·沃伦达曾说："走钢丝的时刻才是生活；其他时刻都是等待。"我们大多数人都在等待，只有在动车组团队中，才华方能激活。

团队动力很难直接看到或测量，但却在团队运转过程中发挥作用并被感知。低动力组织的表现非常明显：冷漠、惰性、疲倦、缺乏灵活性；而高动力团队则充满激情与战斗力。在一个团队中，可以将人大体分为三类，一类是"自燃型"，这类人在没有他人认可、没有他人激励的情况下，也可以奋勇向前，向着目标努力奋斗。还有一类是"可燃型"，这类人向目标努力的前提是有他人对这类工作表示肯定与鼓励，在他人的激励下，"可燃型"的人才能坚持不懈地向目标奋进。第三类人是"绝缘型"，这类人，即使有人对他们的工作表达了鼓励与肯定，他们也不会因为他人的话而更努力地工作。在一个团队中，最需要的是"自燃型"的人，这些人就像可以燎原的星星之火，他们在团队中不仅自己能给自己"加油"，还可以带动"可燃型"的人一起前进。而"绝缘型"的人，在奋进型的组织中会渐渐被淘汰。

## 团队驱动力

丹尼尔·平克在《驱动力》一书中讲了人有三种驱动力：第一种是来自基本生存需要的生物性驱动。第二种是来自外在的动力，即奖罚并存的萝卜加大棒模式。第三种就是内在动力，也就是把一种事情做好的欲望。把生物性驱动定义为 1.0 版，萝卜加大棒定义为 2.0 版，内在动力定义为 3.0 版。团队的驱动力也类似，马车团队驱动力是 1.0 版、传统机车团队驱动力是 2.0 版、动车组团队驱动力是 3.0 版。

马车团队驱动 1.0 版，团队成员基本没有合作，每个成员都是基于生存需要从事工作。驱动力就像以前流行的"农场"类游戏中的场景，你拥有一个农场，为了经营这个农场并获得虚拟的收益，需要定时做一些简单的操作，比如每两个小时给奶牛挤一次奶，"挤奶"操作很简单，只是用手指（或者鼠标）点一下牛就可以，看上去很轻松，所以玩家就会提醒自己每两个小时去点一下。玩家定时去"挤奶"的操作和小鼠在斯金纳箱里按压杠杆以获得食物的操作没有什么区别，都是一些类似生物本能的行为。为了这些虚拟世界中的资产和成就，玩家心甘情愿地把自己在现实世界中本就稀缺的资源——时间和金钱——源源不断地投入游戏中，或许他们意识不到，自己可能只是陷入了斯金纳箱的陷阱，无法逃脱。

传统机车团队驱动 2.0 版，团队成员在"领导者-跟随者"模式下工作，领导者之外的成员都是来自于外在的驱动力，而且驱动力是逐级传递的。火车跑得快、全凭车头带。车辆编组之间通过可以伸缩的车钩连接起来，车头要把一列几千吨的车厢拉起来，要克服的除了滚动摩擦阻力和轴承摩擦阻力，还有最难克服的惯性力。车头很难一次性把整列车拉起来,因此列车不是整车刚性启动,而是一节节启动的。只有车头把前面几节车厢拉动起来,车头的牵引力加上运动起来的车厢惯性,才一节节把后面的车厢拉起来了。列车启动时像鞭炮那样的响声就是一节节车厢车钩被拉动的声音。对应到团队中,就可能有"搭便车""随大溜"的情况,你不推,他不动,甚至你推,他也不动,整个人干劲不足、积极性不高。美国盖洛普公司曾做过研究,结果表明,美国有超过50%的员工对工作不投入,有接近20%的员工极其不投入。这也是我们所说的"隐性流失"现象。

动车组团队驱动3.0版,团队成员在"领导者-领导者"模式下工作,每个人都是领导者,相当于动车组每节车厢配备一台发动机,自带动力。动车组团队具备谷歌调查明确的高效率团队的五大特征:一是团队成员的心理安全感很高;二是成员对团队的信任感很高;三是团队的组织结构更加明了;四是在团队工作中能发现价值;五是考虑团队工作给社会带来的影响。财会人员作为知识工作者,自己决定自己的工作内容及其结果非常必要,这是因为他们必须自主。我们打造财务动车组团队的驱动力,更多的是聚焦提升团队成员的意义感、成就感、归属感。从创业开始,马云就始终强调:"不要让你的同事为你干活,而要让他们为我们的共同目标干活,团结在一个共同的目标下,要比团结在一个人周围容易得多。"一个好的团队,如果团队中80%的人都能得到80分,就证明这个团队成员的整体素质已经很高,这个团队就可以打造成一个优秀的动车组团队。

## 第三节　团队赋能

### 积极反馈

赋能是指给个人、组织赋予某种能力。对动车组团队来说，团队领导利用积极反馈、教练、变革等力量激发团队活力。

M.塔玛拉·钱德勒和劳拉·道林·格雷什合著的《反馈的力量》把反馈分为三种角色：征求反馈者是为了实现自我提升和成长，主动找别人要反馈的人；接收反馈者是接收反馈的人，不管接收反馈是出于主动还是被动，自愿还是非自愿；提出反馈者是给出反馈的人，不论是主动提出反馈还是经询问后提出反馈。

对上要及时反馈。我刚到集团公司总部担任会计机构负责人时，有的领导跟我反馈说交办财务系统的事项往往没有下文，让人不知所踪。为了提高财务系统对上的反馈成效，我组织建立了待办事项清单机制。只要是集团公司领导书面或口头要求，包括正式布置和非正式沟通交流中提及的，可能是一项任务，也可能是一组数据等，都列入待办事项清单。清单由我确认，分解到责任处室，定期更新、实时销号，通过待办事项清单，一是及时捕获领导需求（要求），并形成反馈回路，提高团队的信誉度和执行力；二是提高用户意识和质量意识，把用户（领导）的需求转换为工作项，并把用户反馈作为检验标准。

同级间的反馈也非常重要。你的同事是最了解你的人，他们每天都在你身边，见证了你的光荣和失败。你努力成长进步的过程中面临过怎样的挑战，也没有人比他们更了解。其次，同级反馈是反馈文化的养料，这能提高一个团体内部的相互认可度，让工作环境更有生气。当仅能收到来自上级的认可或反馈时，他们只能听到一种绝对的声音。每年的民主生活会中，成员之间的互相批评就是一种很好的反馈。这些活动是我们在主动询问反馈，不仅能给反馈提出者时间做准备，也能让自己掌握主动，避开自己状态不佳的时候，不会在处理反馈时意气用事。接受批评并不简单，我们得把思维模式从"努力证明"转到"努力提升"的成长性思维。

要经常向下征求反馈。这也是一类调查研究。毛泽东提醒领导者"先做学生，然后再做先生；先向下面干部请教，然后再下命令"。这样做，"不会影响自己的威信，而只会增加自己的威信"。我刚到集团公司总部工作时，先跟部门所有人员谈心，从助理员开始，再到部门中层，最后到部门副职，重点是吸收工作建议，最后再通过微信向每个人确认，许多好的点子都直接应用到后来的工作实践中。

领导者更要做好反馈提出者，主动扛起优化和重塑反馈行动的大旗。有研究显示，倘若不给员工任何关注，没有正面反馈，没有负面反馈，什么都没有，那么团队整体工作投入度就会暴跌，员工投入工作和不投入工作的比例为1：20。员工不仅需要反馈，而且需要关注，需要对自己做得最好的方面的关注。获得这样的关注，他们就会更加投入，进而更有效率。有很多不同的方式可以实现这一点，无论是一对一的会议，还是成员较多的会议，领导者应该给出反馈以做表率。例如，当有人提出一个好的建议时，可以说，这个主意真棒，我很欣赏你的创新意识。这样让反馈具有针对性，不仅有助于建立彼此间的信任，还有助于使成员更加自信。

领导者对优秀表现要及时提出反馈。计算机术语有个"高优先级中断"，现实中领导者面对的高优先级中断大部分是出现的问题。那么，对于员工，领导者的高优先级中断应该是什么？如果你希望员工进步，那就把高优先级中断放在团队成员表现优秀的时候，要随时留意团队成员的工作，如果发现他们高效地完成了某项任务，让你受到触动，那你要设法告诉他们，给他们"重播"，这不仅是他们的高优先级中断，还应该是你的最高优先级中断。例如，为达拉斯小牛队（独行侠队）提供训练的汤姆·兰德里刚开始当教练时与球员们格格不入，而且达拉斯小牛队在联赛中排名垫底，于是他采用了一种全新的训练方式。其他球队回顾失误和失分，兰德里却让球员关注一切微乎其微的胜利。他全面梳理之前的比赛，为每一位球员制作精彩回放，让他们回顾自己轻松、自然的优秀表现。兰德里认为，错误的方式有无数种，但对任何一位球员来讲，正确的方法是确定不变的。要找到正确的方法，最佳途径就是观看自己发挥得最好的比赛。他对每一位球员说，从今以后，"我们只回放你获胜的比赛"。

利用微信等即时通信手段提出反馈。微信等即时工具方便团队成员建立频繁的联系，也意味着大量的交流，是在向对方表达："我在关注你，你做的事很重要，我们看到了，会把你放在优先位置。"仅这一点，就释放出了巨大的善意，更不用说，这样的交流还可以达到知识分享和建立联系的正面功效。有研究表明，在管理者很了解其直系下属的表现时，这些员工的绩效能提升30%。这样的提升比率可不是很容易办到的。频繁交流的神奇之处在于，这种交流不是正式的，是自主自发的。可能只是把一个偶然的观察说出来，没人要求，也不设前提，这其实比那种不常进行的正式谈话来得有效得多。如果能把反馈做成一项每日议程，效果会更好。

作为反馈提出者，要让反馈重点突出，信息量合适。有效的积极性反馈，也是正面反馈，一般由三个要素构成：一是描述行为和事实（Act）；二是阐述影响及评价（Actor）；三是表示欣赏和感谢（Appreciation），简称为 AAA 反馈技术。有效的建设性反馈，也是负面反馈，也由三个要素构成：一是描述行为和事实（Act）；二是阐述影响及后果（Impact）；三是指明期待的行为和结果（Desired outcome），简称为 AID 反馈技术。

积极反馈不仅仅适用于工作团队，生活中的正面反馈与负面反馈也存在 5∶1 比率。约翰·戈特曼是一名知名心理学家，也是研究稳定婚姻关系的专家。在九年间，他对接触到的夫妻进行长期研究得到了一些重要结论：幸福美满的夫妻和婚姻不如意的夫妻，在婚姻中的参与度很不一样；美满的夫妻和不幸的夫妻的差异在于，两人起冲突时进行正面互动和负面互动的次数能否达到一个好的平衡；稳定幸福的婚姻关系中，正面互动和负面互动在数量上的比例是 5∶1。根据一对夫妻的正/负面互动比例，预测其离婚的可能性的准确率可高达 90%。这些研究成果也适用于工作场合中的关系，有了 5 次的情感账户上的储蓄，才能消费 1 次情感，这时人们才会感觉这是公平的。但实践中并不是说因为你打算给别人 1 次负面反馈，就要生造 5 次毫无诚意的正面反馈，而是要更多地和别人进行正面联系，从而达到这个 5∶1 比例。这种互动联系不一定非得是反馈，可以是一起参加社交活动、一句日常问候、一次真诚的倾听、一起克服工作中的困难等。

本质上，只要是可以建立信任的互动就行。看上去似乎不难，但多数人很难在琐碎的日常中腾出时间和精力做这种事。我们必须怀着一份真心实意的兴趣、同理心和信赖感，积极去创造这种机会，把别人的需求放在首位。

我在团队中致力于营造一种氛围，让大家可以习惯性地表达认可和相互反馈，这样可以强化我们的集体反馈机制，把这种行为潜移默化成团队的一种常规做法。不过实际工作中，反馈的效果也可能是负面的。前几年，我本人有过一次失败的反馈经历，不仅没促进关系发展，反而在彼此之间造成了隔阂。我向一位同事当面表达了对某事的不同看法，我认为自己是坦诚，事后看来我只是宣泄了一种情绪。那位同事认为自己受到了指责，采用了一种防御的心态。这次反馈破坏了某种东西，却没有任何收获，没有促成任何好的结果。后来看《近思录》，谈到如何提醒朋友的缺点，要"诚有余而言不足"。没有"诚"做基础，"坦"就是"粗鲁"。什么才是真正的"诚"呢？《近思录》里有一句话可以作为检验标准："不能动人，只是诚不至；于事厌倦，皆是无诚处。"没能打动别人，就是诚意不够；有私心杂念，就很难打动别人。积极反馈，最核心的前提和基础是"诚"。

## 领导与教练

所谓赋能，首先是团队领导者对团队及团队成员的赋能。不同的领导者带出来的团队也不一样。团队领导者在团队之中是不可替代的，尤其在明确目标、推动变革以及提升训练等方面。恩格斯评价马克思说:"马克思比我们一切人都站得高些,看得远些,观察得多些和快些。""这位巨人逝世以后所形成的空白,不久就会使人感觉到。"正如马克思那样,比所有团队成员看得远一些、观察得多一些,留下的空白无人填补,这些都是一个优秀团队领导人在团队中所要起到的作用。

团队之所以是团队,一是要有同一个任务目标,二是团队成员之间要有信息沟通与关系互动。沟通是下一章的主要内容,目标在第三章已经专题讨论过了,这里主要是从团队赋能的角度,强调团队领导要时时以目标去激励、引导团队成员,要在过程中带领团队"以终为始"地开展工作。

柯维对"以终为始"进行了全面论述。他主张在做任何事之前,都要先认清方向。这样不但可以对目前处境了如指掌,而且不至于在追求目标的过程中误入歧途,白费功夫。头脑中要时刻牢记:我们的目标是什么,当务之急是什么。如果通往目标的梯子搭错了墙,那每一次行动无疑是进一步加快了失败的步伐。牢记自己的目标或者使命,就能确信日常的所作所为并非与之南辕北辙,并且每天都向着这个目标努力,不敢懈怠。让每一名团队成员始终朝着目标前进,这是团队领导者的首要任务。

"以终为始"的一个原则基础是"任何事都是两次创造而成"。我们做任何事都是先在头脑中构思,即智力上的或第一次的创造,然后付诸实践,即体力上的或第二次的创造。"以终为始"之所以是团队成功的关键,许多团队都败在第一次创造上——事先缺乏明确目标。当我们理解两次创造的原则,并肩负起践行它们的责任,影响圈就会日益扩大。如果我们不按照原则行事,对精神创造不闻不问,影响圈则会缩小。精神创造,也是团队领导者义不容辞的责任。

"以终为始"的另一个原则基础是自我领导。前面说过，领导不同于管理，领导者不同于管理者。领导是第一次的创造，必须先于管理；管理是第二次的创造。领导与管理就好比思想与行为。管理关注基层，思考的是"怎样才能有效地把事情做好"；领导关注高层，思考的是"我想成就的是什么事业"。也就是说，管理是正确地做事，领导则是做正确的事。管理是有效地顺着成功的梯子往上爬，领导则判断这个梯子是否搭在了正确的墙上。

一个好的领导者是团队赋能的中枢。作为好的团队领导，除了"站得高些、看得远些"以指示方向、明确目标外，他还要"观察多些和快些"以识别方向、推动变革。推动变革有关键一环，即让团队成员"看到"变革。

毛泽东说："所谓预见性，就是识别风向。要识别风向，这是个领导艺术。""大风好辨别，小风就难辨别，领导干部要特别注意这种小风。"团队领导要推动变革，就要有工作预见性。这包括两方面的内容：第一要看到过去正确的事情现在变得错误了，其次要找出现在正确的事情是什么。这两件事之间是有区别的，第一点并不必然导致第二点。有的人即使最终认输，承认过去正确的事情现在是错误的，也不意味着他们明白了正确的事情是什么。因此在没有清楚地意识到正确的事情是什么时，人们不会轻易采取行动。事实上，即使人们最终承认有变革的需要同时也看清了正确的方向，他们还是不会行动。许多人喜欢沿着惯性做自己熟悉的事情，不喜欢在黑暗中探索。说到这点，有一个老笑话。一个男人丢了手机，在路灯下疯狂地寻找。别人问他为什么在路上丢了手机却在路灯下寻找，他回答说："只有这儿有光啊。"在组织中，人们也喜欢待在有光的地方，即使他们意识到这是个错误的地点。人们也喜欢坚持自己所擅长的，即使所擅长的与事情不相关。保持工作预见性，在必要时带领团队变革，也是团队领导者的重要职责。

"教练式"领导更善于给团队赋能。没有什么团队是像军队一样训练的。军队每年花费大部分的时间进行训练，高质量、高强度的训练使军队能够快速集结并形成战斗力。在体育和军事领域，80%~90%的时间都花在训练和准备上，所以当时机到来时，自然会有优异的表现。你不需要思考、反思或者有压力，你只需要采取行动即可。但是如果没有适当的训练和准备，你就不能"说做就做"。军队训练是至关重要的，相比于军队，企业团队在训练上投入太少了。我们应该花更多时间来提升自身的表现，这也是团队领导者赋能的重要领域。

2007年，谷歌开展了著名的氧气计划。在通过最严谨的数据分析证明管理是有价值的、管理者是有作用的基础上，建立了管理者有效管理行为的标准：1）成为一名好教练。2）提升团队实力，权力下放，不事必躬亲。3）关注员工的成功和幸福。4）注重效率，以结果为导向。5）善于沟通，善于倾听团队意见。6）帮助员工进行职业规划。7）团队目标明确，战略清晰。8）掌握关键技术技能，能给团队提供建议。第1项行为标准就是"成为一名好教练"，从第2项到第8项行为其实都是成为好教练的具体体现。

普华永道对管理者的定义也是"教练"。除了最基层的主管，所有有直接下属的管理者都必须是教练。他们对领导者的定义就是至少要向下跨越一个层级去影响他人。普华永道内部有一个绩效辅导与发展系统，把教练体系和组织架构、绩效管理、职业发展、项目管理等紧密地结合起来，不仅是公司最为核心的管理体系，也一直是驱动这家公司业务发展和人才培养的关键制度。

团队领导者都有"教练"特质。教练就是释放人的潜能，使他们呈现最佳表现。体育教练的很多理念和方法都值得团队"教练"借鉴。第一，体育教练的目标是什么？就是拿冠军，而且是带领团队拿冠军，是以成果为导向的。第二，在运动员拿到冠军之后站在领奖台上的是谁？是运动员，而不是教练。所以，体育教练成就的是运动员。第三，教练和运动员相比，谁的专业技能更强？答案肯定是运动员。第四，谁对团队的最终绩效负责？答案是教练。体育教练的这些特点，都值得团队领导者学习。

## 第四节　塑造团队文化

### 文以化人：航天企业文化

文化是一系列日用而不觉的价值观和行为方式。威廉·大内在20世纪80年代研究日本企业成功的关键因素，最早提出了企业文化的管理概念。他分析了企业管理与文化的关系，认为企业的控制机制是完全被文化所包容的。特雷斯·迪尔和艾兰·肯尼迪随后出版了《企业文化》一书，提出了企业文化的五要素，即企业环境、价值观、英雄、仪式和文化网络。这5个要素中，价值观是核心要素。他们也认为杰出而成功的公司大多源于公司强有力的企业文化。

随后，企业文化研究蓬勃发展，研究方法主要分为定性化研究方法和定量化研究方法。定性化研究方法主要通过现场观察、访谈以及开展企业文化评估等手段，探讨企业文化的深层结构，但这种方法难以对企业文化和企业效益、员工行为之间的关系进行比较研究。定量化研究方法主要是根据一定的特征和不同的维度对企业文化进行研究，通过提出一些关于企业文化的模型，对其进行测量评估和诊断，但这种方法更多关注企业文化的表层，缺乏对企业文化深层意义和结构的解析。

20世纪90年代，越来越多的企业意识到企业文化对于推动企业发展和树立企业形象的重要意义，对企业文化的研究也开始向应用和量化方向发展，包括企业文化作用的内在机制研究、企业文化和经营业绩的关系研究、企业文化测量研究，等等。进入21世纪，企业文化的发展又呈现新的趋势，一是适应协作竞争、双赢模式新战略发展的要求，二是注重学习型组织培养的要求，三是企业文化与生态文化的有机结合。

随着人本管理、人因工程等诸多概念出现，企业文化发展的一个趋势是越来越关注人这个因素，越来越重视企业文化对人的影响。著名组织心理学家阿吉里斯在《理解组织行为》一书中写过这样一句话："员工与组织除了正式的雇用契约之外，还存在比正式雇用契约更重要的心理契约关系，这种心理契约关系决定了员工的工作效能和组织的工作效能。心理契约关系是建立在企业文化之上的，是对企业文化中的价值观、组织承诺的认同和维护。"我一参加工作就加入了航天单位，近三十年来，一直浸润在航天文化之中。

上班第一天，我从学校出发，花了三个半小时，倒了四趟公交车，才赶到北京南郊的火箭院。一路下来，越走越荒凉，我的情绪也越来越低落。第二天入院培训，一位航天的老专家做报告，讲钱学森老院长、讲"两弹一星"精神、讲18个月研制成功的"长二捆"火箭，我听后激情澎湃，暗下决心，也要追慕老一辈航天专家，为航天事业贡献自己的价值。这种追慕一直持续至今，我也一直很庆幸自己的坚守。"世上最让人感动的是什么？"霍金说，"是遥远的相似性。"这句话，除了揭示宇宙尺度的诗意与美感，也可以解读为为了一个共同的目标，人们从五湖四海走到一起协同奋斗的默契与共情。

航天的企业文化，或者说航天文化最集中的表现就是系列航天精神。飞向太空、翱翔宇宙的梦想，与中华民族的沧桑历史一样悠远。我们祖先自古以来就仰观宇宙之大，俯察品类之盛。航天事业创建近70年来，经过几代航天人接续奋斗，我国航天事业孕育沉淀了深厚博大的航天精神。航天传统精神、"两弹一星"精神、载人航天精神、探月精神、新时代北斗精神，如同一串串明珠，熠熠生辉，在引领航天事业发展的同时，航天精神也滋养、指引了一代代的航天人。

有人认为，所有航天精神表述的对象实际是一个航天精神，系列航天精神之间具有极大的相似性、普遍性，不同之处只是基于对象的特殊性和观察视角的不同；航天精神是一个统一的有机整体，航天精神中最根本的属性是自力更生、艰苦奋斗，其中艰苦奋斗又从属于自力更生。有人在解读、宣讲航天精神时强调，"热爱祖国"是航天文化的永恒主题，一则航天精神根植于中华民族五千年的优秀文化，一则其产生于航天事业保家卫国的神圣使命。也有人认为，"无私奉献"是航天文化的基本内涵，一方面航天人的无私奉献源于对伟大事业的使命感、一代又一代的传承，另一方面航天人在无私奉献的同时也实现了自我价值。

有人格外强调"大力协同",认为大力协同是航天文化、航天事业的必然要求。钱学森认为,研制航天工程所面临的问题是:"怎样把比较笼统的初始研制要求逐步变为成千上万个研制任务参加者的具体工作,以及怎样把这些工作最终综合成为一个技术上合理、经济上合算、研制周期短、能协调运转的实际系统,并使这个系统成为它所从属的更大系统的有效组成部分。"这从侧面反映了"大力协同"在航天文化中的必要性。孙家栋告诉自己的传记作家:"航天事业是集体事业,航天工程是团队工程。您写我,同时还应该写更多的航天人。"黄纬禄总结了大力协同的四句话:"有问题共同商量,有困难共同克服,有余量共同掌握,有风险共同承担。"并且说,"这四句话的核心是'共同'两个字。回忆我们在研制固体火箭的过程中,不知遇到过多少困难,须攻克多少难关,没有一件事不是依靠集体来解决的,只不过有时是小集体,有时是大集体。作为总设计师的我,也只是起到集体中一员的作用。"

从某种意义上说,系列航天精神,或者说航天企业文化是一座用之不竭乃至各取所需的巨大宝藏。航天精神中的"大力协同"以及航天企业文化中的"严慎细实"在根本上塑造了我们财金系统的团队文化。"严慎细实"是我国航天活动的质量文化要求,其实质就是强调严谨、审慎、细致、扎实的工作作风。严,就是严明的纪律、严肃的态度、严格的要求和严密的方法;慎,就是依靠科学、尊重规律、慎始慎终、慎言慎行;细,就是认真细致、精细到位、一丝不苟、分秒不差;实,就是实事求是的思想方法和脚踏实地、求真务实的态度。

## 从企业文化到团队文化

团队文化根植于企业文化。团队文化代表了在团队中相互依赖的价值观和行为方式。我在火箭院时，根据航天精神发掘出火箭院的财务文化，总结了"诚信、严谨、融合、创新"的财务文化理念，目的是以人为中心，以文化引导为根本手段，教化、改造、培育、塑造财务人员的行为，并获得财政部会计文化征文一等奖。以下是当年火箭院财务文化的发布词：

"诚信是践于细微品质，行于日常点滴的作风；诚信，就是当会计处理时，按准则核算；诚信，就是当处理问题时，按制度办事；诚信，就是当汇报材料时，用事实说话；诚信，就是面临挑战时，以责任为重。诚信的财务文化，就是将维护财务信息的真实性和可靠性作为财务工作的信条融入每个财务从业者的心中。

严谨是一道无形的线，它把一切真实、确定、准确和充实与浮夸、水分、虚假和空洞泾渭分明；严谨是一枚坚实的盾，它把风险、危机和损失规避在企业发展之外。唯有严谨的财务文化，才能确保会计核算准确性；唯有严谨的财务文化，才能维护准则的规范性和制度的严肃性；唯有严谨的财务文化，才能保障资产的安全性；唯有严谨的财务文化，才能实现财务工作的高效性。

融合是胸怀，它兼容并包，二次创业新征程的财务工作，要展现出同技术市场、同其他管理和业务工作的零距离服务的广博胸怀；融合是气魄，它海纳百川，财务管理是企业核心，财务工作要有甘做幕后英雄、支撑技术创新、市场开拓柱石的气魄；融合是基础，它层台悬榭，新的技术、新的市场在新的财务平台上建立，新的集团化财务管理模式将搭建起火箭院新体系建设的琼楼玉宇；融合是道路，它阶前万里，财务与其他管理工作的相互协调、配合和促进，使二次创业的漫漫征程不再是道阻且长。

吹响呼吸，吐故纳新。财务文化的创新要求是不断推进技术、管理、组织和制度改革，在夯实基础的前提下，创新方针、创新理念、创新价值观，不断提高财务管理水平，实现火箭院财务文化的职能。创新既是一种品质，也是一种勇气，创新是财务工作与时俱进的生命力，也是财务工作活力的体现。"

我这些年在将财务文化付诸实践时体会到，文化是属于集体的，并非是某一两个人的。正如贝索斯所说，"你提出自己的企业文化，但实际上你只是发现和展示者，并不是它的创造者。它是在漫长的时间里，由所有人和事情共同创造出来的，是由所有成功和失败的故事构成的，是企业自身最为根深蒂固的一部分"。2022年，我们秉承财政部会计诚信文化，营造守法、合规、诚信的向善向上氛围，坚守不做假账、不出假数的底线，启动了像军队、像学校、像家庭的财务文化建设。如何开展财务文化建设，一开始有人建议是否直接发一个文化建设纲领，讨论后大家还是认为文化是自上而下和自下而上结合的过程，最好先提出一个类似指导意见的通知，经过3~5年的上下磨合，再沉淀出集团公司的财务文化来。

集团公司建设财务文化指导意见的主要内容，也是我们的初步思考和探索：像军队、像学校、像家庭是财务文化的标志，意义感、成就感、归属感是财务文化的根本。像军队对应意义感，是价值实现，要做到在航天事业新征程中像军队一样，紧紧扭住财务团队的战斗力标准，扭住能打仗、打胜仗指向，超越个体到大局中去寻求意义和实现价值；像学校对应成就感，是自我实现，要做到在财务工作的自我实现中像大国工匠一样，基于内在成就感驱动实现"没有最好，只有更好"；像家庭是对应归属感，是团队建设，要做到财务团队的自我建设中像家庭成员一样相互认同、赞赏、包容、支持。标志和根本相互映射、交互作用，共同促进财务文化的形成和发展。同时，我们在实践中突出了开展领航、筑魂、强基、赋能四项财务文化专项行动，通过行动付诸实践。指导意见下发以后，很好地推动了财务文化从自发向自觉建设的转变、从零散向整体建设的转变。我们构建财务文化最重要的一个副产品，是希望不因团队领导者的更迭，影响财务团队的人才辈出，这也是衡量一个团队领导者赋能能力的重要指标，要看领导者离开了以后，这个地方是不是能够持续地产生人才，财务文化是不是能够持续地、不断地进步，意义感、成就感、归属感是不是能不断地内部生长。我们也希望参与我们团队的每个成员，在离开之后永难忘怀我们的价值观。

　　小团队的文化建设也充满意义。我们构建的财务文化既是整体的、系统的，也是由大团队的每个小团队、每个小团队的每个成员的"微文化"聚类而成的，在一次次的文化建设活动中，比如组织的青年论坛活动、会计知识大赛、征文活动等，一篇篇"微观察""微影响"，一个个岗位的"微影响""微意义"，通过纤细的文化根须既深入生活土壤又反向汲养，共同构成了我们航天财务人的精神家园。

　　例如，财务信息化三年跃升工程打造的团队文化，在追求"全国有名"目标的过程中，他们始终保持"不屈服"的劲头和愚公移山的精神。我们对愚公移山精神进行了进一步的解读，就是坚定信心、下定决心、保持耐心、坚持恒心。再例如，火箭院的 ACS 团队，对自己的"产品"

充满感情，特别设计了产品 LOGO。标识以正圆图形为背景，用于象征人类居住的地球以及中国古代最早的算术工具算珠。图形内部的渐变色，用以表现和平为基础、创造航天未来的思想。标识主体弧线部分为火箭升空全程图形概念化，尾部以十字星状渐变物表现火箭升空后的视觉消失点，标识主体部分最终控制在原型背景内部，用以说明通过严谨的工作态度与严格的会计控制标准来助推火箭事业的发展。

# 第六章

# 讨论优先于辩论

养育是学学相长的过程，我在陪伴孩子长大时自己也得到了不断成长。2018年初夏的一天，我和上高中二年级的女儿讨论一个问题。她突然打断我的话头说："爸爸，你没在跟我讨论，你心里早就有了答案，你是想说服我。"这句话如闪电一般击中了我。趁着友好的谈话氛围，我和女儿开始讨论怎样才是真正的"讨论"。女儿后来把这次谈话结果总结成一段格言式的话："争论是为了战胜对方，辩论是为了说服对方，而讨论是为了寻找更好的答案。放空情绪，争论可以升级为辩论；再放空成见，辩论可以升级为讨论。"我将此奉为圭臬。那天女儿还评价了我们父女之间的谈话：高中以来，仅仅"讨论"过三次，每次都留下了美好的回忆；数不清的是争论，总是"两败俱伤"。

这一章的内容是关于沟通的。沟通与团队、管理三位一体，无论从哪个维度分开讲，都难免会有交叉。沟通是管理的重要内容，杰克·韦尔奇认为，"管理就是沟通，沟通再沟通"；沟通也是管理的有效手段，沃尔玛的创始人山姆·沃尔顿说："如果你必须将沃尔玛管理体系浓缩成一种思想，那可能就是沟通，因为它是我们成功的关键之一。"

团队之间的沟通，归根究底都是人与人之间的沟通，需要我们学会倾听、营造沟通的安全氛围、管理好自己的情绪。同分异构体由于分子链接的结构不一样，变成了性质截然不同的物质；不同的沟通方式，也会让有着同样成员的团队变成性质完全不一样的组织。"动车组团队"要求每个成员既是战斗员，也是教导员，把小团队变成"轮毂"，把团队内部的"轮式沟通"像涟漪似地一层层推出去，通过轮辐带动更大的轮圈，这就是我们所说的"轮毂式沟通"。

我和女儿没有过多关注"辩论"，但辩论在团队沟通中的重要性要比在亲子关系中大得多。在谋划长期复杂的战略财务工作时，我们需要充分讨论，找出最好的系统解决方案。到了方案实施阶段，我们就需要在更大的范围内形成共识，辩论是促成团队形成共识的有效方法。希拉里·克林顿在回忆帮助克林顿政府推行全国医疗保健改革时说："虽然我没有参与有关福利改革的公开辩论，但始终积极参与白宫内部的讨论。"她很准确地区分了"讨论"和"辩论"。我正是在推进工作的阶段划分上说讨论"优先于"辩论的。

# 第一节　个人间的沟通

## 营造良好的沟通氛围

在领导团队工作的过程中，一对一、面对面的沟通非常重要。心理学家认为，我们对他人的印象有80%来自于非语言因素。非语言信号包括视觉、嗅觉、听觉、触觉等。很多著名公司利用非语言信号做品牌营销。最著名的是可口可乐的曲线瓶，设计于1916年，设计原则很简单，要求这只瓶子容易辨认，即使是通过瓶子被粉碎后的碎片也能被认出来。在嗅觉方面，20世纪90年代末，新加坡航空公司引入了斯蒂芬·佛罗里达之水，这款专门定制的香氛除了作为空姐的香水，还混合在新航提供的热毛巾里，并已经注册成了新航的商标。如果说嗅觉是连接记忆的，那么声音连接的就是心情。虽然我很久不用诺基亚手机了，但每次听到诺基亚的开机音乐，仍然能唤醒我沉睡的某种怀旧心情。触觉是一种连接工具，IBM的笔记本电脑键盘上的"小红点"就是独一无二的触感。

面对面交流时，有研究表明，通过单纯言语表达的信息仅占20%，更丰富、更底层的信息，主要通过表情、姿势以及交谈氛围来传输。很多爱打扑克牌的人都不愿意玩线上的扑克牌游戏，因为线下线上的差别确实太大。一场势均力敌的扑克比赛，就是一次激烈的社交博弈，这远非机器之间的电子竞技可比。现场的玩家心无旁骛地关注着对手表现出的微妙变化，进而判断他们是在虚张声势还是强牌弱打。想精通扑克游戏，需要通晓三件事情：谋划自己的出牌方式和顺序；估算对手的出牌策略；通过解读其他玩家的信号来进行多轮博弈。这完全是一个有关观察、解读、传递各种非语言信号的竞技场。

如果交谈如同舞蹈，那么交谈氛围就是音乐。交谈氛围如同一个"场"，虽然看不见摸不着，却是客观存在的。宋朝程颢的弟子听老师讲课，听得如痴如醉，说："在春风中坐了一月。"如沐春风，是程颢营造的谈话氛围。程颐的学问一点不比程颢低，学生们看到他是"程门立雪"、敬畏有加，可见是两人的气象不同，是营造的"场"不同。最近几年，由于岗位调整，我搬过几次办公室，每次布置办公室时，我都不让在办公桌前面摆椅子，从而尽量留出空间来，把沙发摆成拐角型。这样一来，每一个到我办公室谈话的同事，我都可以与他近距离地促膝交谈。如果是初次见面，在正式谈工作之前，可以先泛泛聊几句，如同在正式场合的互相介绍，可以谈谈家乡、受教育的学校、工作过的单位，也可以聊聊兴趣爱好、共同认识的人，等等。这种介绍是双向的，如果发现了某个共同点，就是建立了结构性联系。建立结构性联系，对形成友好的谈话氛围非常重要。如果在谈话中能始终保持好奇心、耐心和同理心，那就会是一次完美的沟通。最后，我们还要不时询问自己，当前是否依然还处于对话状态，脱离了对话轨道主要表现为沉默或言语暴力。我的自测结果显示，相比较言语暴力，我更倾向于采用沉默、掩饰这种消极应对的方式。

## 积极倾听

按照信息论，沟通分成"编码—传输—解码"三个环节。有的人逻辑严谨、惜字如金，有的人旁征博引、口若悬河，有的人字斟句酌、意在弦外，也有的人词不达意、东扯西拉，这是编码环节的差别。传输环节主要是降低噪声（面谈时噪声最小，所以要尽可能面对面、一对一交谈），解码环节也要求个人的技术能力，同时更要担负起100%的责任：只要自己的频率够宽，就能与更多的人做到同频共振。少数人天生善解人意，就如同莫扎特天生就是音乐家一样；一般的人也可以通过刻意学习来提高解码技能，也就是学习积极倾听。

约瑟夫·A.德维认为，积极倾听能帮助我们更好了解对方所表达的内容，提高整个沟通效率。积极倾听时除了聆听，还要求我们适时作出反应，比如提出开放式问题、鼓励、译意、反映感受以及总结，等等。一个好的积极倾听者，就是对口相声表演中优秀的捧哏演员：站在台上不动、话也不多，但全程都在参与，该对眼神时对眼神，该接话茬时接话茬，该问问题时问问题，该翻包袱时翻包袱。我们倾听时要虚心，自己不能高谈阔论；要时不时地通过姿态或者言语作出回应，比如点点头、"我的理解是……"；没听明白或者有疑惑时一定要提问，甚至提一些挑战性的问题，就像"打开蚌壳找珍珠"那样的问题；通过问一些开放式问题把话题导向深入，比如"还有什么印象深的？""其他人的看法是……"，等等。

为了倾听他人，我们需要先放下已有的想法和判断，全神贯注地体会对方。法国作家西蒙娜·薇依说："倾听一个处于痛苦中的人，那简直是奇迹，那就是奇迹。"如果一个人想要别人了解他的处境，听到的却是安慰和建议，那么他就可能觉得不太舒服。按照马歇尔·卢森堡的非暴力沟通理论，不论别人以什么样的方式来表达自己，我们都可以用心体会其中所包含的观察、感受、需要和请求。比如，一个人说："和你说话有什么用？你从不好好听。"积极倾听者的正确回应是："你不高兴，是因为你需要得到理解？"对于我这种 INTJ 性格类型的人来说，放下自己的想法和判断要更困难一些。我的思考习惯是直觉型，不依赖一定量的外部事实就已快速形成判断，我这类直觉型思考的人甚至会对"过多的"，尤其是相反的事实不耐烦。再有，人们对价值观不同的人容易觉得"话不投机半句多"，直觉型思考的人更容易快速得出"不投机"的判断，我们通过直觉捕捉到了对方不同的价值观，然后内心有个声音就开始不停地反驳。卡尔·罗杰斯说："如果有人倾听你，不对你评头品足，不为你担惊受怕，也不想改变你，这多美好啊！一旦有人倾听，看起来无法解决的问题就有了解决办法，千头万绪的思路也会变得明晰起来。"

积极倾听时，还要敏感对方的情绪需求。我们要重视情绪，但不必直接回应情绪，我们应该回应导致这些情绪的、未被满足的核心需求。核心需求有五种，分别是赏识、参与感、自主权、地位和角色。核心需求无处不在，甚至当事人自己都没意识到。我怀疑吕不韦在征求《吕氏春秋》的修改意见时，他真正的需求是在寻找知音，甚至是在"求点赞"。司马迁是这样叙述的："吕不韦乃使其客人人著所闻，集论以为八览、六论、十二纪，二十余万言，以为备天地万物古今之事，号曰《吕氏春秋》。布咸阳市门，悬千金其上，延诸侯游士宾客，有能增损一字者，予千金。"仔细品品，"以为""备""天地万物古今""号""春秋"，吕不韦的内心深处是不是潜藏着一个未被满足的"赏识"需求？

　　这五类核心需求有一个共同点，就是要尊重每个个体的独特性。在我们的生活中，遇见的每一个人都值得尊重。从某种意义上说，每个人的存在本身就是一个奇迹。想一想，我们今天能在这里，是因为我们的父母健康地生活到了生育期；我们的父母，又是因为他们各自的父母健康地生活到了生育期；这样一代一代地追溯回去，在智人生活的几万年里，经历了那么多的地震、洪水、战争、瘟疫，我们今天每一个人的每一代祖先都幸运地活到了生育期，与自己的配偶相遇，并把自己的下一代抚育成人。还有，我们每一个人都认为自己是独特的。我们了解自己的经历、感受与想法，我们听自己的声音都跟别人听到的不一样。有位心理学家写道：他的一位朋友笑起来让人很不舒服，让他"想到一条狗跑了很久以后气喘吁吁的模样"，但他的朋友自己却认为，她的笑声是她最大的特色，可爱、活泼，带点调情的味道。

　　我们尊重个体的独特性，最基本的是记住对方的名字，重逢时能认出对方。人们对自己的名字格外敏感，即使身处一个嘈杂的环境，在稍远处一场你并未留意的谈话中，如果有人提到你的名字，你就会像被人拍了一下肩膀似的，一下子就能把自己的注意力转移过去。很多作家意识到这一点——孙悟空一答应自己的名字，就被银角大王吸进了紫金葫芦；在宫崎骏的漫画里，千寻被拿掉了自己的名字，于是被汤婆婆限制了自由；在J.K.罗琳的哈利·波特系列里，伏地魔把自己的名字施了魔法，人们只能称呼他为"主人""不能称号的人"，但在最后的决战时刻，哈利·波特像邓布利多一样称他为"汤姆·里德尔"，并彻底战胜了他——名字对本人的极端重要性。我有轻微的脸盲症，记住名字、认出对方，对我来说都不容易。我的一位朋友，能在公园里认出已经辞职了的打扫单位办公楼层的保洁员，在另一个商场认出十年前打过一两次交道的商场导购员，真是让我钦佩不已。

**达成沟通目的**

　　生活中有很多事情需要我们去沟通，比如假期的安排，卫星制造商与卫星营运商之间的税率分担，不同部门间的职责划分，同事的岗位调整，等等。很多不如意的事是因为我们不愿或者不会应对这些沟通，这需要我们熟练地掌握高难度沟通——或者叫高难度对话、关键对话、高情商谈判——的技能。之所以"高难度"，是因为双方观点有很大分歧，同时往往伴随着深层次的情绪需求；之所以"关键"，是因为我们不愿承担沟通失败的后果。大部分这样的沟通都没有达到理想的效果，要么不了了之，要么根本就没有这场对话，或者勉强开了头，对方却抱着双手、沉默以待，甚至冷言冷语，出现言语暴力。哈佛大学有一个团队，几十年来始终致力于这个领域的研究，在"双赢"谈判、影响力等方面取得了大量研究成果，并进而带动了世界范围内的相关研究热潮。

　　我为了"切实改正自己的短处"，这两年陆续看了一些这方面的专业书籍，包括马歇尔·卢森堡的《非暴力沟通》、科里·帕特森等的《关键对话：如何高效能沟通》、艾莉卡·福克斯的《哈佛谈判心理学》、贾森·杰伊的《高难度沟通》、罗杰·费希尔等的《高情商谈判》、道格拉斯·斯通等的《高难度谈话》，等等。开卷有益，这一通密集学习后，我确实有了很多收获。2022年，人力资源部门的负责人找我，希望我找一位总会计师谈一谈，按照任职规定，他的岗位必须调整；主管干部的同事与他谈过了，他还有一些思想疙瘩没有解开，希望我能再做一次沟通。这无疑是一次高难度的沟通。这位总会计师是我多年的朋友、同事，对他的为人和专业知识我一直很钦佩。代表组织谈话，不是朋友之间的聊天，我不能、也不愿为了说服而去迎合对方或是做一些不真实的承诺，我只是抱持同理心，作为朋友真诚地倾听，同时坚持自己对一些事实的看法。我们聊了半天，效果很好，既达到了组织交代的沟通目标，我俩的友谊也没受到影响。

每次对话之前，我们首先要明确沟通目标。自己要达到什么目标？同时还要问：对方能从中收获什么，他希望达到什么目标？我们要有意识地去发现"共同目的"，甚至要学会"创造"共同目的。沟通的双方，不管是对话的双方，还是谈判的双方，我们都不是在一条直线上相向而行，并不是你多取一段，我就少一段。我们可以在更高的维度考虑问题，我们可以找一个类似于"等边三角形"的"顶点"一样的解决方案，找出一个"双赢"目标。我们要明确谈话的目的，我们在说话时，往往并不知道自己想要什么，也许我们想要的只是他人的理解，期待的是如实的反馈，或者希望他人采取某种行动。以什么样的方式提出请求容易得到积极回应呢？清楚地告诉对方，我们希望他们做什么，而不是"不做什么"。请求他人采取具体的行动，将揭示我们内心的想法，许多人发现自己感到沮丧和灰心，很大程度上是因为不清楚自己对他人究竟有什么样的期待。非暴力沟通建议我们区分命令和请求。请求没有得到满足时，提出请求的人如果批评和自责，那就是命令；如果想利用对方的内疚来达到目的，也是命令；我们越是将他人的不顺从当作是对我们的排斥，我们表达的愿望就越可能被看出是命令。在发言时，我们将自己想要的回应讲得越清楚，就越有可能得到理想的回应；特别是在集体讨论发言时，我们需要清楚地表明自己的期待。非暴力沟通的目的不是为了改变他人来迎合我们，相反，非暴力沟通重视每个人的需要，它的目的是帮助我们在诚实和倾听的基础上与人谈话，达到沟通目标。

如何提请求，对达成沟通目的至关重要。这也是困扰我的一个问题，我测试了自己的索求能力：18，刚好位于50%分位（5~35）。请求不能交给别人或者避开不做，大家都很忙，别人也在关注自己的需求，不能指望别人发现自己深埋心底的愿望，我们得明确地表达出自己想要的，而不是靠暗示。研究发现，大部分获得成功的人，都能够强势地交流和拥有大胆提出请求的能力。有勇气战胜恐惧提出请求的人，才能得到最好的结果，因为他们愿意挑战极限、愿意冒险、愿意被拒绝，所以能够得到更多。让人不愿意提出请求主要是因为：我会打扰对方或者让他觉得不舒服；我的措辞可能不恰当；我会让自己难堪或者看起来很傻；我会被拒绝。其实我们可以换个角度想一想，从关注对方的利益思考：这个请求会让对方变得更好吗？

提要求除了需要勇气，也需要一些技巧。比如，琳达·斯温德林在《别输在不敢提要求上》中建议，要用对方偏爱的交流方式提要求，并把沟通对象划分为决策型、吸引型、乐施型和权衡型。决策型的人往往严肃又高效，对他们，要即刻提出请求，然后用简洁的观点支持你的请求，不要浪费他们的时间；吸引型的人性格外向，往往是一群人中最兴奋、最活跃的那位，对他们，要请他们提供创新的点子；

乐施型往往是讨人喜欢的那个人，对他们，不要试图避开，或者越过他们提出请求，他们天生知道别人的需求；权衡型善于跟体制和程序打交道，而且热爱学习，对他们，要避免跳过流程或者不符合制度，十万火急地提请求。还有，可以给自己的请求取一个名字，比如"请求加入单位中青班培训计划"，给请求取名字能在潜意识里与自己分离，帮助自己更客观地思考，如果你的请求被拒绝了，并不是拒绝你这个人，而是这个请求在这个时间点被拒绝了。一次只提一个请求；提完请求后耐心等待（当一个请求被抛出后，谁先开口谁就输了）；当面请求，不要发微信或短信，如果可以，直接走进他们的办公室，面对面地说出自己的请求。

## 第二节　给任务起好名字

### 好名字的重要性

名字不仅对个人具有重要意义，对一项任务、一款产品来说，起一个好名字也同样重要。贝索斯很重视亚马逊每一项任务的命名。作为公司最高产品经理，他高度重视下一代产品的开发，比如 C 计划称为"微光"，是一种台灯型的设备，想把类似全息图的显示屏投影到桌子或天花板上。当然有时为了保密，防止竞争对手从名字中洞悉关键信息，也会特意起一个平淡无奇的项目代号。比如，研究提供自助服务的实体零售业务团队，他们屏蔽了所有关于"拿起即走技术"的信息，干脆使用 IHM 作为任务代号，即没有特别意义的"库存健康管理"的缩写——这个项目最终的名字如今广为人知，即 Amazon Go。贝索斯说："你知道，名字的重要性可能仅仅占 3%。但是有时候，3% 就能决定输赢。"亚马逊对自己的产品有一套命名规则，也形成了自己独特的风格：古怪、晦涩。比如他们 2012 年发布的数据仓库被命名为"红移"（Redshift），2015 年发布的关系型数据库名叫"极光"（Aurora）。2014 年亚马逊发布了第一款运行虚拟助手的声控音箱，虚拟助手最后被命名为 Alexa。贝索斯参加了专题讨论会，讨论确定这个音箱的"唤醒"词，也就是呼叫这个音箱、让虚拟助手应答并开始工作的名字。语音科学团队希望用一些特殊词，至少包括三个音节，日常对话不会触发音箱，同时又足够独特，能够推向公众。贝索斯本人希望这个词听起来要悦耳动听。他快速否定了"星期五""芬奇""萨曼莎"等方案，最后提出了 Alexa，以向"知识之都"亚历山大古图书馆致敬。这个名字后来又经过了无休止的辩论和实验室测试，在最终候选中胜出。这款产品，正如大家知道的，后来取得了巨大成功。

事实上，除了亚马逊公司，国内外其他著名公司对品牌的营销都很重视。国外品牌的中文译名也很重要，经典的译名有"可口可乐"。宝马刚进入中国时，曾有过按 BMW 音译为"巴依尔"的方案，"巴依尔"听起来有点像蒙古语的某个地名，跟高档汽车太不协调，和现在的"宝马"相比，简直是判若云泥。"淘宝商城"改为"天猫"还算差强人意，但淘宝旅行无论是改为"去啊"还是"飞猪"，似乎都不成功。国外地名的翻译，我认为最好的译名是"枫丹白露"。

我国有"正名"的文化传统。子路问孔子，如果您在卫国治理国家，您做的第一件事是什么呢？孔子回答说："必也正名乎！"然后展开了详细的论述："名不正，则言不顺；言不顺，则事不成；事不成，则礼乐不兴；礼乐不兴，则刑罚不中；刑罚不中，则民无所措手足。故君子名之必可言也，言之必可行也。君子于其言，无所苟而已矣。"

"航天"这个名字本身也是老一代航天工作者"正名"的成果。钱学森的老师冯·卡门在自传中回忆说："我想，采用'星际航行学'（Astronautics）这个名称要算这本书最早。英语沿用了这个词。老实说，我认为它并不怎么贴切，如果其含义是指恒星之间航行的话。我的朋友德莱顿博士曾经提出采用'宇宙航行学'（Cosmouautics）一词，表示在太阳系内行星之间的航行。许多读者都知道，苏联对空间飞行员的正式称呼是'宇航员'（Cosmonaut）。"有可能受了自己老师的影响，钱学森在1967年主持召开返回式遥感卫星总体方案论证会时，在会上第一次提出了"航天"这个名词。钱学森认为，可以以大气层内外的飞行活动划分航空和航天，之所以不叫"宇航"，因为"在很长时间内，人类在宇宙空间的飞行活动只限于太阳系内"；钱学森还说，之所以建议叫"航天"，也受到了"巡天遥看一千河"的启发。最近这些年，航天任务也形成了自己的命名风格：与天文、古代神话相关，富有英雄浪漫主义色彩。比如"嫦娥工程""北斗工程""天问一号"火星着陆器、"玉兔"月球车、"鹊桥"中继卫星、"夸父""墨子""慧眼""悟空"等科学实验探测卫星，等等。

我们在推进战略财务任务时，尤其是在谋划、部署阶段，也是对任务名称反复推敲、认真讨论，比如三年跃升工程、财务质保体系、成本可知可视、"双降"行动、基础成本确认、ACS等。我们在讨论时，首先明确任务要达成的目标，尤其是要准确理解并尽量满足来自财务系统外的需求，如同航天系统工程中，下一级系统首先要满足上一级系统下达的任务书一样；其次再大致明确任务的主要工作事项、时间计划安排等；与此同时，我们一定要从中提炼出准确的任务名称，正式的名称可以长一点，并提出未来团队成员口头沟通时的简化建议。

例如，我们从2019年开始推动的财务信息化促管理能力三年跃升工程，在我们团队内部简称"三年跃升"，也可以写成"财务信息化三年跃升工程"。我们在制定2019年集团公司财务工作要点时，讨论过"财务信息化促财金管理能力三年跃升工程""财务信息化促财金管理三年能力跃升工程"等其他任务名称，当时把这几个关键词码来码去，既要把内容说透，又不能过于啰嗦、重复。

再例如，2007年我们在火箭院推动的内部会计控制标准体系（ACS）建设时，我和几位核心团队成员对任务名称反复商议，是"内部会计控制标准"还是"会计内部控制标准"，或者"内部控制会计标准"？要不要"体系"，是不是一项"工程"？最后大家决定叫"内部会计控制标准体系"，但还是觉得辨别度不高。和亚马逊智能音箱开发团队一样，我们也希望它是一个特殊名词，便于向财务系统之外的人员推介，最后的方案是，根据会计控制标准的英文"Accounting Control Standards"简称为"ACS"，并决定把ACS作为第一名称对外推介。16年过去了，ACS工作成了火箭院财会系统的重要名片，这个名字在火箭院也变得耳熟能详，没有人再问是"ACS"还是"ACSS"，"S"是"Standards"还是"System"，"内部"到底放在哪个位置合适，大家像对待一个老熟人一样接受了它。

## 规范团队自己的语言

《圣经·旧约·创世记》关于巴别塔的记载，凸显了团队语言在沟通中的作用，以及团队沟通在完成任务中不可替代的作用。大洪水之后，诺亚的后裔逐渐繁衍成了一个庞大的族群，他们讲同一种语言，彼此之间理解便利、合作顺利。他们在两河流域定居下来以后，文化和科技得到了迅速的发展，学会了制作砖块和石灰，于是产生了一个宏大的想法：建造一座高塔，高到可以触及天空，可以直接和上帝对话。起初巴别塔的进展非常顺利，后来上帝开始让人类说不同的语言，语言的混乱让人们逐渐陷入混乱与隔阂，人类各散东西，巴别塔的修建计划也因此失败。由此可见，规范、统一团队的工作语言多么重要。再比如，空客380延迟4年才交付，基本原因是德、法团队使用了不同版本的设计软件。所谓的专业术语、行话、黑话、切口等，都是某个团队内部自己的语言，有的是为了准确、高效地专业交流，有的则是保护团队安全的需要。不同的团队对同一种事物有不同的称呼，比如，微软公司研发人员使用一个内部术语"舔饼干"（Cookie licking），描述事先炒作某事以防止被人跟随的这种做法，当年在火箭院的ACS团队中，我们曾经使用"插红旗"指代类似的意思。

我们财务信息化三年跃升工程的团队，在三年多来的工作中，也形成了很多自己的语言，我们特地编辑了《财务信息化通用规范术语》，对很多在实践中频繁使用或者容易引起沟通误解的团队语言进行了规范，比如"C2模式""安检通道""二段凭证""报账单"等等。规范术语，让项目组提高了沟通效率，更重要的是，进一步澄清了一些模糊认识，对瞄紧"全国有名"目标方向不偏、标准不降的推动长过程建设也大有裨益。

例如，C2模式。在论证财务信息化三年跃升工程时，我们基于部署的网络环境是在国密网还是商密网，以及是否使用了集团公司统一部署的所有系统，区分成了不同的部署模式。我们最初的定义是：在商密网部署使用集团统建的所有财金系统为A模式（最理想的模式）；在商密网部署使用集团统建的除报账系统以外的所有系统为B模式（让步模式）；在国密网部署同时使用集团统建的所有系统为C2模式（让步模式），在国密网部署使用集团统建的除报账系统以外的所有系统为C1模式（双让步模式），境外单位导入财务报表数据的为D模式（过渡模式）。在系统论证、部署的前期，这些名字渐渐地固化下来，为团队成员所熟知。不过现在看，如果按照统一编码规则的要求，这些模式的命名大可进一步商榷，比如有人提议把C1和C2调个顺序，有人建议重新命名为商A、商B和国A、国B，等等。

例如，"二段凭证"和"报账单"。我们在定义"一通道"和"安检通道"后，发现团队里还是有很多模糊不清和似是而非的认识，于是我们画出了流程图，对其中流转的单据名称、跨系统的接口以及跨网络的数据交换方式都做了明确的定义。比如，对主要的8种流程单据做了定义：标准报销单是指财务核心管理系统报账管理模块内配置的、经集团公司标准化小组审定的业务报销单据，如A模式、C2模式单位在报账管理模块配置的报销单；本地报销单是指部分单位在本地报账系统内配置的业务报销单据，如B模式、C1模式单位在自己使用的报账模块配置的报销单；报账单是指标准报销单或本地报销单完成审批流程后，由系统自动生成并从报账管理模块推送到会计核算模块的报账单据；"一段凭证"也称记账凭证，是指报账单在会计核算模块按照标准的凭证规则生成的凭证；支付明细单是由完成"一段凭证"提交操作触发的、依据报账单的支付明细数据在司库系统自动生成的单据，所有支付明细单形成"待付池"；支付指令单是由资金管理岗位在"待付池"完成办理操作，经"安检通道"校验后形成的单据，所有支付指令单形成了"支付池"；支付结算单是资金支付的银行流水与支付指令单完成核销后，在司库系统自动生成的单据；"二段凭证"也称结算凭证，是指依据支付结算单在会计核算模块按照标准的凭证规则生成的凭证。

集团公司自2020年推动新一轮成本管控以来，由于涉及范围广、创新任务多、管理层级跨度大，我们也对过程中使用较多的成本管控语言进行了规范。我最近两年到集团成员单位调研时发现，绝大多数基层单位对成本可知可视、"3+10"指标体系等概念耳熟能详，是调研材料里出现的高频词，让我感受到了从集团总部到三级厂所"同唠一套嗑"的热烈氛围。

统一语言是提炼团队自身领域知识的产出物，获得统一语言就是过程管控的过程，也是团队沟通达成共识的过程。使用统一语言可以帮助我们将所有团队成员拉到同一个空间进行工作，若没有达成语言的一致性，那就是鸡同鸭讲，不仅降低沟通效率，相反还可能造成沟通误解。建立统一的语言体系首先要明确名词定义，然后进行制度化、规范化、标准化。

## 第三节　团队的沟通

### 轮毂式沟通

为什么在公交车站等车的人群不能算是一个团体？从群体到团队有两个核心维度，一是承担共同的任务，二是内部形成了某种相互关系。团队内部的沟通方式至关重要，如同石墨和金刚石这对同分异构体，由于分子链接的结构不一样，变成了性质截然不同的两种物质，不同的沟通方式也会让有着同样成员的团队变成性质完全不一样的组织。团队内部常见沟通方式有Y式沟通、轮式沟通和全通道式沟通，等等。

Y式沟通。团队成员之间交流信息，采用上情下达或下情上传的逐级传递的形式，不能越级沟通。它的优点是集中化程度高，组织化程度高，信息传递和解决问题的速度较快，组织控制比较严格；缺点是信息经过层层筛选，中间环节过多，可能使上级不能了解下级的真实情况，信息被过多的中间环节所控制，容易被中间环节操作造成信息失真，给团队工作带来不良影响。另一方面，由于组织成员之间缺少横向沟通、不能越级沟通，除团队领导者之外，其他成员的满意程度低，组织气氛大都不活跃。

轮式沟通。轮式沟通中有一个明显的主导者，他是信息沟通的核心，所有讯息的传送与回馈均需经过此主导者，其他成员也必须通过此主导者才能相互沟通。它的优点是集中化程度高,解决问题的速度快,解决问题的精确度高;缺点是沟通渠道少,除主导者了解全面情况外,其他成员之间互不通气,平行沟通不足,不利于提高士气。另一方面,除了主导者的满足程度高之外,其他团队成员心理压力大,成员平均满足程度低,影响组织的工作效率,将这种沟通网络引入团队中,容易滋长主导者的专制型领导风格。

全通道式沟通。这是一种非等级式沟通,是指穷尽团队成员之间所有沟通渠道的全方位沟通,满意度高、失真度低,但规模受限、速度低。它的优点是所有成员都是平等的,人们能够比较自由地发表意见,提出解决问题的方案,每一个团队成员都能同任何人进行直接交流,没有限制;缺点是沟通渠道太多,容易造成混乱,对较大的组织不适用,因为在一个较大的企业组织中各成员不可能都有面对面的接触机会,沟通路线的数目会限制信息的接收和传出的能力,并且信息传递费时,影响工作效率。

轮毂式沟通。以上三种团队沟通模式各有自己的适用范围,Y式沟通适用于规模较大的团队,尤其是较大团队的成熟期和高产期,团队从事的任务目标明确、路径清晰、流程固化;全通道式沟通的适用环境基本上与Y式沟通相反,互为补充。轮式沟通是争时间、抢进度的一个有效方法,当团队接受了紧急攻关任务,要求进行严格控制时,可以采用这种沟通方式。集团公司推进财务信息化三年跃升工程、新一轮成本管控等战略财务工作,这三类沟通方式都不能完全适用,必须各取所长,改造成具有自身特色的"轮毂式沟通"。轮毂式的团队沟通,正如我们前面所说的,就是要求每个团队成员既是战斗员,也是教导员,在核心小团队里实行全通道式沟通,从而把核心小团队打造成"轮毂",然后把"轮毂"团队中的每一个成员,变成轮式沟通中的主导者,在一系列轮式沟通的过程中,如同通过轮辐带动更大的轮圈,像涟漪似地一层层推出到更大的团队中去。下面两个小节分别介绍轮毂式沟通的两个步骤,"主持小团队讨论"是讲第一步,如何通过全通道式沟通,把团队核心成员打造成"轮毂";"推动信息公开与共享"是讲第二步,由团队核心成员带动一系列轮式沟通,把共识推到更大的团队中去。

### 主持小团队讨论

根据第五章的团队角色理论,团队角色可区分为智多星、审议员、协调者、外交家、执行者、完成者、凝聚者、塑造者和专家九种角色。2015年领导力培训相关的自我测试显示,我的角色倾向于审议员和执行者,缺点是对他人批评多于认可,缺乏鼓舞力和激发他人的能力,对没有把握的事情不感兴趣。培训老师组织我们学员进行了多次团队研讨,把我们分别指定为引导员、书记员、纠偏者、计时员和记录员,引导员其实就是主持人,要求履行催化职责,即设计流程规则,保障讨论不离题;保障每个人都参与,遵守讨论规则;适当提问题,给一个"挑战";管理冲突和差异,等等。这次培训对我后来组织推进战略财务任务帮助很大,我运用这些知识点并结合实际情况有所创新,在组织小团队讨论时的做法主要有:遵守头脑风暴法的基本原则;"三次定稿";"一对一讨论"。

遵守头脑风暴法的基本原则。头脑风暴法又称智力激励法、BS

法、自由思考法、畅谈会或集思会，是由美国创造学家A·F·奥斯本于1939年首次提出、1953年正式发表的一种激发性思维的方法。在该方法推行的几十年中，由于激发了联想效应、竞争意识，实现氛围感染和个人展现而获得了很多意想不到的效果。头脑风暴法分为结构化头脑风暴和非结构化头脑风暴：非结构化的或自由滚动式的头脑风暴为团队成员提供了自由地提出见解和意见的机会，这种方式鼓励成员任意地贡献出尽可能多的主意，直至没有人再有新东西可增加了。结构化的头脑风暴会，对于团队负责人或会议主持人提出的问题，团队成员一个接一个地提出自己的见解；每人每次只能提一个；当某个成员再也没有新的主意时，可以跳过；所有的主意都应记录在白纸板上。

不同人对头脑风暴法的基本原则的归纳也不同，最核心的原则应该是不许评论，这是参加头脑风暴的人必须达成的第一点，也是最基础的一点共识。要通过头脑风暴得到有用意见的前提是，首先要能有大量的、发散性的意见存在。因此，每个人在发表自己观点的时候，其他人，无论地位或者身份，都不能有任何方式的打断或者质疑。这一点看似简单，实际上我们在与其他人讨论事情时，打断或者被他人打断的情况是常常发生的。比如，讨论事情时，一定有对方话还没说完，就有人说"可是……"然后话题就转变成讨论这个还没表达充分的观点的弊端上了。这种情况在头脑风暴中是绝对不被允许的。

其次是互相尊重。除了要得到对方的尊重，参与者自己也要尊重自己，要懂得自信，不卑不亢地说出自己的真实想法。这点其实也很难实现。现实中，我们生活在一个有各种规矩和条条框框的社会里，不知不觉中我们养成了自谦的习惯。比如，我们要谈论某件事情时，常常会用"我有个很不成熟的想法""我有个方法，但似乎作用不大"这样的开场白。这种礼节性的自谦语在头脑风暴中也应该摒除，因为头脑风暴要的就是直接干脆，想法可以猛烈地互相撞击。无论你是领导还是底层员工，无论你有15年从业经验还是刚入行，这些问题都不重要，重要的是你在头脑风暴中呈现的想法。

再次是异想天开。有了不被打断的基础，接下来参与者们要做的就是畅所欲言了。头脑风暴对观点的发表是没有任何约束和限制的，参与者的想法可以信马由缰，天马行空，简单说，就是"越不靠谱越好"。由于每个人的阅历和认知水平不同，我们对于同一个观点往往会有不同的理解；人总是站在自己最舒服的角度去看问题，有时，转换角度可以事半功倍、可以茅塞顿开，实现细节和大要的取长补短。这就意味着，别人提出的观点，常常会令自己觉得"不可能"或者"无法接受"，但是一个人或者几个人无法接受某种观点，并不代表这种观点就不具备实现的可能性。在普通的讨论中，人常常在无形的群体压力之下，不自觉地改变自己与大多数人不同的看法，但大家都没有意识到，最珍贵的往往就是这些极少数的意见。

最后是越多越好。头脑风暴就是要集中众人的智慧，因此大家能想出来的观点自然是越多越好。因为如果十个点子里只能有一个好点子，那么要得到十个好点子就得至少有一百个点子做基础了。而且，有了更多的点子和想法，它们之间也才有可以互补互配的机会。当然，越多越好的意思不是说任何想法都可以出现，哪怕那些完全不着边的言论。比如我们用头脑风暴来讨论"如何做蛋糕"，那么我们可以出现蛋糕的颜色、口味、造型、种类、原料，蛋糕制作的器材、工具，烤箱的温度等，但是我们不能放着与蛋糕有关的话题不说，而去讨论馒头的做法。这样的头脑风暴就属于偏题了，偏题的头脑风暴是无法得到我们想要的结果的。上述这四点基本原则都是我努力恪守的。

"三次定稿"。讨论的任务再重要，也不能无限次数地讨论下去，如同再好的茶叶，泡了几次以后就变得寡味一样，参与讨论的团队成员的知识与智慧也会穷尽。我根据头脑风暴法中的强制收敛原则，组织核心团队成员讨论时，一般控制在三轮，第一轮不限范围，头脑风暴、畅所欲言，第二轮确定主题，阐发辩论、确定架构，第三轮深入细节，拾遗补缺、补充完善。一般来说，头脑风暴法的步骤一般包括会前的准备阶段、第一阶段、第二阶段和最后的筛选阶段。

会前的准备阶段，主要是确定参加人及各自的角色。负责人应事先对相关课题进行一定的研究，并明确头脑风暴所要达到的目标。同时选定与会人员，一般以5~15人为宜，不宜太多。参与头脑风暴会议主要的角色包括：主持人，作为会议的主要角色，明确会议需要达到的目标及会议内容，引导大家第一轮发言，及时把控讨论方向，把控会议时间，会议结束前做总结及分配任务。破冰者，首位发言人员，一般表现为敢于表现、想法较多的团队精英，很多时候也是会议的核心意见人员。主要作用为打破僵局，热情渲染，进而感染大家发言，属于不可或缺的一个角色。记录者，会议记录，也可将想法无论好坏整理成相关思维导图，进行对比优中择优，最后选择1~3个最佳创意整理成方案。参会者，一般由不同部门人员组成，思考问题立足点不一样，从而激发出更多的想法。后勤人员，会议时间较长消耗能量较多，后勤人员应提前准备好咖啡、零食点心一类物品，以保障会议的高效进行，未来学学会研究专员布朗和德州大学的艾萨克斯教授将这种策略性的会谈模式称为"世界咖啡屋"。正常来说，一个合理的头脑风暴会议至少应该由此五类人员组成，而不是随机组成，路上见到一个拉一个，这是不可取的。

第一阶段发言，主持人扼要地介绍有待解决的问题，问题要大、要浅，最重要的是有不同答案的可能性。介绍时应该简洁、明确，不可过分周全，否则，过多的信息会限制人的思维，干扰思维创新的想象力。对于所有参会者提前告知每人至少一次发言，对于不善表达的人及思维活跃的人均需要控制发言时间。在头脑风暴轮流发言阶段，参会者出现的想法跨度较大，人人发言有利于产生联想反应。古斯塔夫·勒庞在社会学名著《乌合之众》这样写道："人一到群体中，智商就严重降低，为了获得认同，个体愿意抛弃是非，用智商去换取那份让人倍感安全的归属感。"第一阶段的轮流发言，并不能完全打破这种"从众心理"，必须要找到团队中性格直率敢说敢言的伙伴。

第二阶段发言，经过一段讨论后，大家对问题已经有了较深程度的理解。这时，为了使大家对问题的表述能够具有新角度、新思维，主持人通过记录的整理和归纳，找出富有创意的见解，以及具有启发性的表述，供下一步畅谈时参考。接下来，头脑风暴进入抢答环节，这是一场头脑风暴的关键转折点，大部分头脑风暴都是死在这儿。头脑风暴中，一个平常的想法可能是下一个人的诡异构思，而一个看起来不靠谱的想法，下一个人往回收一点，说不定就可落地实施。

最后是筛选阶段，会议结束后的一两天内，主持人应向与会者了解大家会后的新想法和新思路，以此补充会议记录。然后将大家的想法整理成若干方案（思路），再根据相应的标准进行筛选。经过多次反复比较和优中择优，最后确定1~3个最佳方案。这些最佳方案往往是多种创意的优势组合，是大家集体智慧综合作用的结果。我实践的"三次定稿"，基本对应头脑风暴法的四个阶段，我既当主持人也当记录者，把四个阶段变为三次讨论，选好破冰者，当好催化师。

例如，我这本书发轫于几篇文章，每一篇都是我作为主持人，将四五个核心团队成员组织到办公室，分三次完成定稿的。第一篇是关于战略财务的，我们认为战略财务是总会计师在战略思维指导下识别财务工作的关键和重点，抓准财务工作结合点和着力点，开展围绕中心面向决策的具体实践活动，具有能动性、洞察性、创新性、迭代性特征，并梳理出一种三维BAF理论框架。第二批是发表于《财务与会计》2023年第五期的五篇文章，分别是介绍集团公司新一轮成本管控、财务数字化建设、财务共享中心建设、司库体系建设和财务工作质量保证体系建设的主要内容，编辑中心以"新时代航天科技集团财务管理的探索实践"为题加了编者按："……借鉴国内外财务管理先进经验，开展了一些较有特色的改革探索：通过建立全集团成本管控检查督导机制和监测评价体系，探索开展成本确认、成本可知可视、成本建模等专项工作，形成'1+x+1'的成本管控工作模式，构建航天精益成本管控体系；启动以信息化促财金管理能力三年跃升工程，建设了以'一本账''一通道''一个库'为特征的财务数字化底座，完善了财务核心管理系统，推动财务管理数字化转型；全面构建'1+N'模式的财务共享中心，推动共享中心从核算业务集中处理中心向业务集中处理与数据共享应用一体建设演进；按照司库制度与信息系统、司库与财务共享中心、系统建设与布局应用三个'一体推进'开展司库体系建设，构建了'业务报账——共享核算——司库结算'一体化流程，资金'安检'模式升级；探索建设财务工作质量保证体系，构建了一支保证队伍、一套保证标准、一组保证工具等财务工作质量保证主体要素，推动隐性知识显性化、显性知识规范化、规范知识工具化，提升财务工作质量稳定性和一致性。"各项任务的核心团队成员在参与相关文章的讨论、写作的过程中，进一步明确了思路、达成了共识，其实也是对各战略财务任务进行回顾和总结，对后续工作进行谋划和展望。

"一对一讨论"。美国的学者曾做过一个实验：让受试者分成三组，在第一组里，一个人读一个段落，然后向他的同伴提一些相关的问题；在第二组里，一个人读一个段落，然后请同伴向自己提一些相关的问题；在第三组里，大家只是默读某个段落，彼此之间不发生联系。实验结束后，前两组的受试者在回忆测试中成绩都不错，而第三组却差得多。所以，通过提问来检查学习效果会产生积极影响，如果将自己的知识体系与别人的进行融合，从而扩展联想空间更大有裨益。这个实验一定程度上实证了"两人智慧胜一人"的俗语，但另一方面，欧文·贾尼斯提出的群体迷思（Groupthink），首先阐述了一个理论，认为群体往往会导致强调共性，压抑个性。有研究证实，群体会被4个彼此独立的问题包围：第一，有时个体错误会由于团队讨论而被放大，而不仅仅是一传十、十传百那么简单。第二，群体成为"流瀑效应"的受害者，因为抢先发言或行动的群体成员，会让大家搞不清楚他们这些先行者到底掌握了哪些信息。第三，由于群体极化，团队成员在讨论之后，往往会采取与其讨论前倾向相一致却更加极端的立场。第四，在群体中共享信息经常占据主导地位，或对非共享信息形成挤出效应，导致群体无法掌握其成员知晓的全部信息。

为了充分发挥小团队讨论的优势，减少其不利影响，我们要有意识地防止流瀑效应和群体极化，尽量挖掘团队内的"隐情"（指群体本来能够却没有获得对事物的准确理解的一个术语）。具体来说，包括：界定核心团队讨论的适用范围，在"顿悟"之类的问题上团队讨论可以做得更好，比如讨论一个新任务的工作方案等；精心选择参与讨论的团队成员，兼顾不同单位、领域、层级的代表性（最好是彼此之间工作无交集，一方面丰富了信息来源，另一方面也有利于防止从众心理的流瀑效应）；可安排一两个熟悉主持人讨论风格、敢于发表意见、熟悉讨论背景的专家，并请他们当破冰者，率先发言（我开玩笑地称呼他们为"托"）；主持人要认真倾听，必要时提"打开蚌壳找珍珠"似的挑战性问题，对理解模糊的地方要进行确认，一句话，要像本章第一节说的那样，当好每一个发言人的"捧哏"。最优秀的演讲者对着大众演讲时，每一位听众都感觉是对着自己在说话；同样的，主持人在主持小团队讨论时，要让每一个参与者感觉是在和自己进行"一对一讨论"。

## 推动信息公开与共享

在谋划长期复杂的战略财务工作时，我们需要充分讨论，找出最好的系统解决方案，到了方案实施阶段，我们就需要在更大的范围内形成共识。辩论是促成团队形成共识的有效方法，这里所谓的辩论，不仅仅指你一言我一语的针锋相对，而是广义的，是"真理越辩越明"的辩论，包括在更大团队里促成共识的各种手段，其中最主要、最基础的，就是推动信息公开与信息共享。我就任集团公司会计机构负责人时表态，要把自己的岗位放在整个财金部里、把财金部放到整个集团总部和全财金系统里去开展工作、履行职责。如何才能把少数人的认识变成整个团队的共识，如何才能把财金部门的信息在全系统和总部范围内公开和共享呢？信息公开和信息共享，本质上是一个沟通过程，要注意消除噪声、防止误解。

信息传输端和信息接收端之间的差别，让我想起一个老食客在饭店里点牛排的故事。"切一块牛排，要不多不少，正好7厘米厚，"老食客对服务员说："加一小撮胡椒和半条羹盐，将蔬菜放在盘子左边，明白吗？"服务员点点头，转身就向领班厨师喊道："来一份牛排加炸薯条。"为了防止这种差错，栾恩杰提出一种"定义"与"说明"的"归一化"过程：所谓定义，是由任务提出方（发出命令者）给出，对工程系统要求的指标性表述；所谓说明，是由任务承接方（接受命令者）给出，对定义的理解性表述。对于工程系统而言，只要有任务分解存在，只要提出任务书，就要进行定义和说明的磨合交流与归一化。栾恩杰举了船长与舵手的例子，船长下令"往左打10度"，舵手会回复"打10度往左"。在狂风恶浪的大海中航行，这种重复，对防止因理解错而执行错非常有效。对任何一项长期复杂的任务，或者说，对组织较大团队开展工作，都要把接口处的管理作为重点。

从心理学上讲，在群体决策中，由于群体成员心理相互作用影响，容易屈从于权威或大多数人意见，形成所谓的"群体思维"。群体思维削弱了群体的批判精神和创造力，损害了决策的质量。为了保证群体决策的创造性，提高决策质量，管理上发展了一系列改善群体决策的方法，核心思想就是集思广益，或者说，要尽可能地扩大团队的公开信息和共享信息。研究还表明，群体对公开信息和共享信息的专注度，会随着群体规模的扩大而提高，在200人的大型群体中，公开信息和共享信息的影响会比20人的团队更复杂、更重要。瑞·达利欧在桥水公司推崇"极度透明"的团队文化，他们开始对所有的会议进行录音；在决策该不该分享最难分享的事情时，不是考虑是否要分享，而是考虑如何分享。桥水公司让几乎每个人都能得以了解几乎所有的失误。瑞·达利欧认为：如果信息不全面，就容易受他人影响，也无法做出自我判断，如果工作中做不到全面的实事求是和公开透明，就会导致公司里面的人被分割成两个层级，即信息灵通的掌权者和其他不明真相的人；最好的情况是像"开放源代码"，一来不必刻意展示好的一面，二来节省了猜测别人想法的时间，由此，形成了更有意义的工作和更有意义的人际关系。对桥水公司的极度求真和极度透明的价值追求，我很赞同，并在集团公司财金系统的团队建设中尽量吸收借鉴，下面是我们的一些具体实践，包括：会议摘要卡制度、内部例会制度、总会计师报告制度、消息报送制度和"对要点"，等等。

会议摘要卡。由会议参加人对会议基本情况进行摘要式记录，包括会议名称、时间、地点、召集人、参加人、会议内容、决策事项等内容。同一会议多个议题可以由不同参加人分别记录摘要卡，主要可以体现不同参会人的视角。好处是除了实现对会议信息在部门内部的共享，还能促进参加人提高对会议的注意力，尤其是涉及自身部门事项的注意力，有利于捕获领导要求，形成待办事项清单。自建立会议摘要卡制度以来，一个 20 人左右的团队，2019 年累计共享了 399 份会议摘要卡，2020 年、2021 年、2022 年分别分享了 493 份、486 份和 436 份，2023 年前三个季度 301 份，总计分享了 2115 份会议摘要卡。

内部例会制度。内部例会包括财金部门的周碰头会、月办公会、季度全体大会，以及集团财金系统的总会计师例会。

周碰头会，由部领导、综合处处长参加，每周一上午八点半在部长办公室碰头，每个人介绍上周参加的会议情况以及本周重点工作，已经在会议摘要卡体现的内容可以略讲，重点讲会议中的花絮、集团领导在会议上脱稿讲的内容等。通过碰头会，部门领导可以对部门整体工作有及时全面的了解，对集团领导的要求也可以及时响应。

月办公会，由部领导和各处处长参加，每月月初召开，由各处处长介绍待办事项清单的进展情况，确认新增清单、明确销号事项，报告本月的重点工作安排。通过月办公会，建立了待办事项的闭环管控，同时也是执行层的重要碰头会。

季度全体大会，每季度召开一次，由每个团队成员报告自己的工作情况，部门领导进行点评，总结介绍部门的上季度工作情况，部署下一步重点工作；有时同时开展形式各异的团建活动，如分享读书体会，等等。

总会计师例会，每季度一次，一般在每年的 2 月、5 月、8 月、11 月召开，由集团会计机构负责人主持，集团公司总会计师和各二级单位财务负责人、会计机构负责人参加，一季度总会计师例会一般安排二级单位总会计师年度述职、上年度财金系统工作总结、部署本年度财金工作要点和下发总会计师责任令，其他三次例会一般围绕长期的工作进行讨论，同时安排"总会计师大讲堂"。

总会计师报告制度。总会计师既是单位的班子成员，又不同于一般的单位副职，总会计师是由上级单位或股东单位委派的，一般不从内部产生。总会计师既对本单位负责，同时也对派出单位负责。如何支撑好派出总会计师履行"双重负责"的职责，增强他们的归属感、意义感？我们非常重视与派出总会计师个人之间的信息交互，一方面下达总会计师年度责任令，一方面要求他们履行重大财经事项报告制度，这两项工作都带有比较重的个人色彩。我们规范了成员单位总会计师履行重大财经事项报告的履责范围和程序，报告方式分为定期报告和不定期报告。定期报告包括：本单位当期科研生产情况、当期财务状况、财务重点工作进展情况和下一步重点工作等。不定期报告，包括本单位发生的投融资、债务重组、并购、重大借贷担保等重大工作，与境外单位的重大资金往来，本单位接受审计、巡视等提出重大问题及需协调事项，重大经济诉讼事项和重大经济合同的签订，以及其他可能发生的重大财务风险。定期报告要求按季度上报，不定期报告要求报告事件发生后三日内及时报告，特殊情况下可采取口头形式即时报告。这项制度修订以来，一共有8户成员单位的11位总会计师进行了28次的不定期报告。

消息报告制度。通过建立会议摘要卡制度、内部例会制度等措施，比较好地在部门内部推动了信息公开和信息共享，团队文化和工作绩效得到明显提升，2019年财金部首次在部门年度考核中获得优秀，2020年连续获得部门考核优秀。如何把财金部门放到集团总部、放到全财金系统去推动信息公开和信息共享，我们决定充分利用集团门户的"集团要闻"和"中国航天手机报"这两个平台。

我组织财金部门在集团门户及时报告各项财金工作，对每一条消息我都逐条审核，第一时间反馈修改意见，这不仅提高了财金系统的信息公开、共享程度，推动职能部门履行了工作报告义务，而且在信息发布、审核的过程中，又完成了一次定义和说明的"归一化"。在集团公司门户发布的财金消息逐年增加，2017年、2018年分别是32篇、34篇，自2019年强化推动以来，到2022年分别是89篇、122篇、125篇和164篇，2023年前三季度已经发布了153篇。

近年来，总部财金部门在集团门户的"曝光率"大幅提升后，进一步带动了全财金系统在中国航天手机报的"曝光率"。我们在总会计师、财务部长、综合人员等不同的工作群，坚持"转晒"每期中国航天手机报发布的财金系统消息，一来"转晒"行为本身就是进一步的信息公开和信息共享，二来有助于解决财务人员对外宣传无知、无感的问题，慢慢地调动了各级单位投稿的积极性，初步形成了一种"比赶超"的氛围，使财金信息成为中国航天手机报的"常客"。在中国航天手机报发布的财金消息2022年是302条，2023年前三季度已经发布了323条。

"对要点"。跨层级的任务布置和经验总结，属于系统工程运行的接口处管理，同样适用栾恩杰所说的定义和说明的"归一化"。2019年，我组织了集团财金部和成员单位财金系统之间的"对要点"活动，由总部和二级单位财务部门领导和各处室领导参加，所有参加人发言，总部把工作要点的背景和重点要求讲清楚，二级单位讲解自身的工作要点，包括亮点工作以及对总部的建议。集团总部的工作要点的形成采用自下而上和自上而下相结合的机制，一般通过每个实际执行者先形成年度工作安排，再汇总形成财务领域的工作要点，经过统筹后形成正式工作要点，再返回到执行者形成策划方案。如何把工作要点传递到全财金系统，一种最常见的方式就是直接发红头文件，但很可能下级单位不清楚一项工作的前因后果，执行起来也就大打折扣。我们与二级单位通过"对要点"，一来通过面对面沟通，把集团总部的重点工作原汁原味传达到位，二来吸取下属单位的亮点工作，了解了他们需要总部协调、审批的事项，是定义和说明的双向"归一化"。

## 第四节　学会用故事沟通

### 人脑是故事处理器

西班牙北部的阿尔塔米拉有一组洞穴群，长度为270米，内部通道蜿蜒曲折，大约两万年前，史前人类用赭石和木炭在这里描绘了一百多个动物形象，其中有一头野牛受伤后低头怒视着前方，作品显示出的技巧相当惊人，尤其令人瞩目的是图像的精确比例以及色调的差异化处理。它是如此精美，以至于大家长时间怀疑它们的真实性。毕加索参观后说道："阿尔塔米拉之后，一切艺术都衰落了。"最早的人类是从非洲开始演化的，从200万年前到大约1万年前，地球上同时生存着多种不同人种。目前人类发现的最早岩洞壁画距今大约3万年，它们讲述了人类狩猎时代的故事。这些用岩洞壁画讲述故事的史前人类灭绝了，在用壁画讲述故事之前，我们相信他们用自己的口头语已经讲了很长时间的捕猎故事。基于此，哈佛大学斯蒂文·平克说："口头语，比我们人类更早出现。"或者说："用口头语讲故事，比我们人类更早出现。"

尤瓦尔·诺亚·赫拉利在《人类简史》中说："我们的DNA还记得那些在草原上的日子。可以说，人到现代还有着远古狩猎采集者的大脑，以及远古农民的胃。"远古狩猎采集者的大脑，是一颗"讲故事"的大脑。这不是一个单纯的比喻，很多进化心理学家持有相同的观点。进化心理学的一个基本观点是，大脑的不同部分有不同的功能，由于基因进化有时间延迟，人类的大脑主要适用于之前的狩猎和采集时代。新进化出来的部分不是取代旧的部分，而是不断往上累加。罗伯特·库尔茨班认为大脑有许多不同模块，就像手机装的各种APP，模块相互分隔，能够同时持有相互矛盾的意见，模块之间有的能、有的不能交换信息，个别模块也许特意不得交换信息。进化心理学还认为，人脑中的无意识系统在拼合我们的知觉碎片，并在必要时展开想象、填补空缺，从而创造一个统一而富有意义的解释，总之，大脑在说一个故事。

人类的大脑是一个故事处理器。有一个小测试：你能记住"2314212341"么？我试了试，没记住。如果数字超过了7位，一般人记忆起来难度就会成倍增大。但如果把这组数字想成一个故事，也就是：两条腿坐在三条腿上吃一条腿，四条腿过来从两条腿那里抢走了一条腿，两条腿用三条腿打跑了四条腿，夺回了一条腿。（一个小伙子坐在一个凳子上吃鸡腿，突然一条狗从小伙子那里抢走了鸡腿，小伙子用凳子打跑了这条狗，夺回了鸡腿。）——是不是一下子就记住了？

那什么才是好故事呢？好故事首先要有情感。"丈夫死了，妻子也死了。"这不是一个故事。"丈夫死了，妻子也抑郁而终。"这就是一个好故事。其次，好故事要有情节。保罗·史密斯比较分析了自己收集的2000多个故事，提供了25个故事模板，他认为故事应有六个可识别的特征——时间，地点，人物，问题（这是故事里的反面角色），目标（特别是听众认为有意义的），事件。一家企业文化咨询公司也总结了故事的识别结构，他们认为一个故事应该有时间、地点、顺序，最好要有对话，以及一个爆炸性的结果。一般的故事给人流水账，好故事给人画面，最好的故事给人感受。好故事和坏故事的区别是，一个只是听听，好故事还要讲给别人听。

讲故事是说服、沟通、打动他人的基本技巧，很多著名公司意识到并利用了这一点。SAP公司雇用了一位首席故事官，微软公司设有一个故事高级总监。肖恩·卡拉汉被称为"企业管理中的人类学家"，他在2004年创建了轶事公司，重点是帮助领导者找到他们真实生活中的轶事，并分享给他人。

讲故事还能增加产品的价值。2009年，罗波·沃克和乔希·格伦做了一个实验，他们从网上买了一百个小物件，总共花费129美元，然后他们让志愿者根据这些小物件编写虚构的小故事，五个月后，一百个小物件全部售出，销售收入高达3612美元，增值了27倍。这个实验表明，讲故事能让不重要的东西变得重要。

讲述故事还可以用来塑造自我。丹尼尔·西格尔的研究目的之一就是帮助人们检验自己的记忆体系及情绪运作方式，理解讲述故事的过程如何塑造或者重塑人生的。我前不久看的一本书，《你当像鸟飞往你的山》，作者塔拉就是在重新叙述自己的故事，重塑自己的人生。

团队早期要多讲故事。团队可以分为形成期、风暴期、稳定期和高产期。在形成期和风暴期，团队领导要有意地多讲故事来寻求共识、达成目标。2017年，我刚在卫星院推进财务工作质量保证体系建设时，经常讲到一个单位，它此前年年是财务决算报表编制的优秀单位，负责年报审计的会计师事务所甚至把他们编制的工作底稿作为内部模板，却突然在一年，这个单位的报表编制质量出现了断崖式下滑——原来是它的财务报表编制岗换人了。我说，之所以出现这种情况，就在于单位没做知识管理，没把隐性知识显性化、显性知识制度化，没有把个人能力变成组织的能力。我反复讲、重复讲，后来财务工作质量保证体系的团队核心成员也跟着讲，慢慢地，也就变成了大家的故事。

罗兰·贝格说，战略不是决定怎样赚钱，而是想明白赚的是什么钱，即划定盈利边界，同时还要解决"方向"的问题；也就是说，战略是一套逻辑，演绎一个故事，即未来怎么赚钱的故事。战略财务工作也需要演绎一个故事，即变革后的场景如何的故事。一位朋友参观美国思科公司回来后告诉我，思科公司要求"形象化地描述远景"。关于愿景的故事，安妮特·西蒙斯的母亲讲了一个最好的："当我很小时，母亲为了让我遵守餐桌礼仪，跟我说餐桌礼仪很必要，'女王也许会请你去喝茶'——女王的茶会就是母亲讲的愿景故事。"我在卫星院描绘了推动财务工作质量保证体系后的变化：全院的"短板"都向"长板"靠齐，80多家成员单位实现"雁行式"发展；卫星院的财务人员能力得到提升，跳槽后年薪因此多增加十万。2019年与集团公司财务共享中心团队开展"头脑风暴法"时，我提出大家展望一下十年后的场景，一位团队成员说，集团总部迁往雄安新区后，集团总部大楼挂牌为"航天财金数据大厦"。——我认为这是我们推动战略财务工作以来最好的愿景故事。

## 练习讲故事

要想练就讲故事的绝技，最好的办法莫过于到工作中去讲，同时从中吸取经验和教训。刻意练习是不容易做到的，它意味着，要深入到一个具体的弱点里去，然后通过艰苦的努力来提高自己在这一方面的技能。我体验过这个过程的艰苦。

首先要多收集并积累故事。我在看书或与人谈话时会有意识地捕捉一些小故事，然后及时地记录下来，整理成一个文档。我的素材宝库包括《卫星院财务故事》《精彩的故事》《领袖们的故事》等。我发现，同一个故事可以用来比喻不同的事情，当然，你在讲这个故事的时候，你得把两者之间不同的联系点向大家讲出来。不过，没讲好也没关系，正如安妮特·西蒙斯所说："任何故事都不能保证百发百中，因为故事最终解释权交给了听众。"

最好用的故事是自己的故事，其次是身边的故事，再次是听来的故事，尽量不要讲寓言。自己的故事是"全息的"，每一次讲起来你都可以略微变换一下角度，使一些细节看起来略有不同。我刚看到一条消息，拉斯维加斯的"外逸层"球体建筑穹幕正式启用了。它是世界上最大的LED屏幕，总面积相当于四个足球场，由120万个LED冰球组成，能够显示惊人的2.56亿种不同的颜色，能给现场观众带来"球体体验"。自己的故事也是一种"球形体验"，你可以从中撷取用不完的细节。

身边的故事要避免润色过度。有一条检验是否润色过度的标准：如果当事人坐在台下听你讲这个故事，你会不会尴尬？此外，讲故事尽量要用口头语。我们很难去写一个口述的故事。肖恩·卡拉汉描述了书面故事和口述故事的区别：肯尼迪总统被刺杀时，肖恩的父亲刚好在现场，他向自己的儿子讲了上百次这个故事，每次都会略有不同，但每一次都引人入胜。肖恩试着将它写出来，发现无论如何努力都无法再现父亲讲的场景。

讲故事不能过于用力。过于用力容易陷入"故事腔"，就是幼儿园老师给小朋友们讲故事时的那种风格。要切入自然，不同场合可以用不同的开头句，比如针对问题："我见过最好的例子是……"说明自己的观点："我遇到过同样的问题……"回顾曾发生在自己身上的事："这让我想起了……"等等。不需要使用"讲故事"这个词，更不必问："我为大家讲个故事吧？"讲故事要精练，一个故事不能超过3分钟，每小时要控制在10~15个。退出要干脆，在最接近故事高潮的地方点题，讲故事动机，或是点明故事与工作的联系点。

讲故事的水平高低与是否愿意分享自我有直接关系，讲故事就是一场说者与听者的舞蹈，我们要不断扩大自己的开放区，说"我先来"。当然，故事分好几种，按涉及隐私程度或者适合分享的范围，可以分为门廊故事、厨房故事和卧室故事。门廊故事可以在任何时间讲给任何人听，厨房故事只讲给亲人和朋友听，而卧室故事是最私密的故事。卧室故事几乎不适合工作场合。那些想不出故事来描述自己的企业文化和团队的人，都是在办公室里闷得时间过长的人。我们可以到一线、到现场去发现故事，可以整理自己的故事，可以记录身边的轶事；然后温习、整理，把这些故事组织起来，以便用到时能迅速地"找到"——没有什么比脱口而出的感觉更美妙了。

## 对上沟通"要下毛毛雨"

讲故事并不能包治百病，财务人员如何向单位主要负责人汇报工作，也是实际工作中的一个常见问题。下面有几条具体建议。

首先，要适应上级的沟通风格。德鲁克把获取信息的不同偏好方式区分为"读者型"和"听者型"。首先，我们要搞清楚自己的上级是读者型（习惯阅读信息）还是听者型（习惯听取信息）的人。如果是读者型，多向他报送正式的书面报告；如果是听者型，就要多去他的办公室当面汇报。

其次，"要下毛毛雨"。考虑到财务工作的专业性，尤其是预算报告和决算报告的信息量太大，还需要我们分多次地、一点点地向上级报告，也就是毛泽东所谓的"下毛毛雨"。1958年年初，毛泽东在听取国民经济计划与国家预算问题以及继续研究改进"多、快、好、省"工作方法时批评国务院的财政部门，说："事先要通一点情报，总是说没有搞好，实际上是封锁。开会前10分钟把文件拿出来，要人家通过，不考虑别人的心理状态。人的思想要逐步逐步影响它，毛毛雨下个不停，倾盆大雨一来就会发生径流，吸收不了。要文风浸润，不要突然袭击，使人猝不及防，我是攻击下倾盆大雨的人。"

再次，要有产品意识、用户意识。财务人员汇报工作，容易在数据里转圈圈。比如说，上级问："资产负债率为什么高？"我们回答说："因为单位的预收账款增加快。"这不仅是从数据到数据，从会计科目到会计科目，实质上也是一种循环定义。毛泽东 1958 年 9 月点评《对 1959 年计划调整情况的说明要点》时对这种现象进行了生动而又深刻的批评，今天读起来还能让人红脸、出汗。毛泽东说："《说明要点》最差，我读了两遍不大懂，读后脑中无印象，将一些观点凑合起来，聚沙成堆，缺乏逻辑，准确性、鲜明性都看不见，文字又不通顺，更无高屋建瓴、势如破竹之态。其原因，不大懂辩证逻辑，也不大懂形式逻辑，不大懂文法学，也不大懂修辞学。我疑心作者对工业还不是内行，还不大懂。如果真懂，不至于不能用文字表现出来。所谓不大懂辩证逻辑，就工业来说，就是不大懂工业中的对立统一、内部联系、主要矛盾与次要矛盾的分别。因此构思写文不可能有长江大河、势如破竹之势。讲了一万次了，依然纹风不动。灵台如花冈之岩，笔下若玄冰之冻，哪一年稍稍松动一点，使读者感觉有些春意，因而免于早上天堂，略微延长一年、两年寿命呢。《说明要点》，无年月日，无署名，不知谁人写的。表中有好几张，除作者外，恐怕谁也看不懂。为什么如此呢？"

　　主要负责人为什么对财务工作不满意？也与财会人员文字功底不高、沟通方式不灵活有关系。2023 年，由于财务信息化三年跃升工程第一阶段收官完成，集团公司总部积累了大量的财金数据，为了充分利用好这些数据，进一步推动财务分析与信息报送，我组织团队多次研讨，决定从 5 月起，采用定期简报和动态专刊结合的方式，把每月的财金部门工作简报《财务管理综合信息》改版为《财金信息与数据》。原来财务管理综合信息的内容继续定期发布、连续编号，到 2023 年 10 月，累计到了 382 期。动态专刊瞄准打造成一种短而精的财金数据"产品"：严格控制字数，每篇不得超过 1000 字，加上图表的篇幅不得超过三页；每期只能有一个主题，要基于财金数据，要有鲜明的分析结论；专刊的标题要能包括文章的主要观点，文章风格要贴近业务人员，不能过于专业；对基于集团财金大数据的主要监测评价指标要进行"盯盘"，若有异常变化或跨过某个标志性门槛要及时形成专刊；定期推送，瞄准一周一期。截至目前，5个月内我们以"集团公司2022年研发投入位列央企第四""2022年集团大额外部采购占比近五成""集团公司安全生产专项储备余额超过20亿元"等为题发布了20期专刊，比较好地发挥了财务作为天然数据中心的优势，正在打造一款可用管用的财务产品。

# 第七章

# 分母优先于分子

20世纪70年代的农村生活很艰苦，只有逢年过节或谁家办红白喜事时才能饱啖一餐。不像现在正式宴会上有菜单，知道后面还有哪些菜，那时候的菜一盘一碗地端上来，吃饭快的总是很快就吃饱了，望着最后端上来的好吃的"硬菜"，往往只能投箸兴叹。我举这个例子是说，没有全面性就没有系统性。

战略思维和系统管理底层相通、相得益彰。战略思维的本质就是通过正确处理实践活动中各方面、各阶段的关系，达到整体和长远的最佳效果，即全局的最佳效果。如果把全局定义为"1"，是分母；那么各方面、各阶段就是分子。基于整体思维抓战略财务工作，就得分子分母一起抓，才能把握关键、抓住重点。实践表明，分母抓全是基础也是难点，从这个意义上讲，分母"优先于"分子。

## 第一节　度量是管理的基础

**量化管理**

德鲁克说:"管理就是要可衡量。能量化尽量量化,不能量化尽量细化,不能细化尽量流程化。"这句话反过来说,一项任务,如果不能度量它就不能有效管理它。例如,现阶段推行碳达峰碳中和,管理的短板就是如何准确合理地核算碳排放。

量化管理,又称管理的数量统计法,是指以数字为基础,用数学的方法来考察和研究事物的运动状态和性能,以求对事物存在和发展的规模、程度等做出精确的数字描述和科学控制,实行标准化操作的管理模式。一个工作事项,量化的维度主要有数量、质量、时间、成本等方面。量化管理的主要方法包括KPI、BSC、OKR、流程法、积分法和量表法,等等。

量化管理对应于经验管理,好像西医和中医,经验管理依赖于管理者的经验判断来选择和实施各种措施,以达成管理目标;量化管理是对现象用数字进行刻画,分析这些数字之间的关系,推导出隐藏在其背后的原因,采用适合的管理措施,从而推进目标的达成。实施量化管理不仅可以提升组织的管理水平和工作效率,而且还可以使组织各项工作向科学化、规范化发展,充分调动和激发组织全体人员的工作积极性,有效地加强和促进组织各项工作的全面建设和快速发展,实现组织的发展需求。

要想对工作实施量化管理，首先把现有的工作进行整理打包，转化成项目；其次对每个项目设计一个公式，算出项目积分。20世纪50年代，项目管理思想诞生，管理学家认为我们应该把有起点、有终点、有固定产出的工作，放在一起组合成一个单位，即组合成一个项目。当我们把工作重新进行整理，都梳理成这种结构的时候，会看到整个公司的工作变得整整齐齐，每个部门的工作都被切分成了一个个项目，企业也相对形成有机的一个整体。把工作模块化，模块的基本单位作为一个个项目，我们把这个步骤称为全面项目化。项目与项目之间除了数量的问题，还有大小的问题。不同项目间的工作量、工作强度、难度差别较大，我们可以给每个项目设定一个项目的积分，项目积分代表项目的综合难易度。

量化管理最常见的手段就是各类指标考核。各类指标中最常见的是比例和比率指标。

比例是指在总体中，各部分的数值占整体数值的比重，通常反映总体的构成和结构，大部分时候可以用百分数来表示。比率是指不同类别数值的对比，它反映的不是部分与整体之间的关系，而是一个整体中各部分之间的关系。

分子与分母之间的关系又分为简单关系和复杂关系。简单关系中最典型的是包含关系，即分子是分母的一部分，例如实物资产与资产总额的关系。还有一种是流程关系，比如资金支付单据最终汇聚到司库系统，在资金支付的流程中，各种支付方式就是分子，支付结算单的全集就是分母，这就是流程管控中的分子与分母关系。

复杂关系中分子分母有的是相关关系，有的是条件关系，有的是单方面起作用，有的是相互作用，还有例如净资产收益率这类综合性较强的指标。杜邦分析体系对净资产收益率进行了层层分解，表明了企业的资本结构、资产运营效率和成本费用控制水平，每一个环节都会对净资产收益率产生影响；有的影响是互为补充的，有的影响是相互冲突需要优化平衡的。

为应对事情本身的复杂性，有时候我们需要用一组指标来进行衡量、评价，这就形成一个指标体系。国务院国资委对中央企业绩效评价指标体系是一个典型的指标体系，由反映企业盈利回报、资产运营、风险防控和持续发展等四个维度的16项指标组成。绩效评价指标计分采用功效系数法，以企业绩效评价指标实际值对照标准值，进行定量测算。绩效评价标准值由国资委分行业、分规模定期编制发布，包括国内标准值和国际标准值。根据中央企业绩效评价得分高低，将绩效评价结果分为优秀、良好、中等、较低、较差五个等级。

16个指标中，"两金"占流动资产比重、资产负债率、带息负债比率、已获利息倍数、经济增加值率（经济增加值计算涉及多张报表，但经济增加值率自身是包含关系）、国有资本保值增值率等6个属于简单关系指标，即在一张财务主表里计算得出的指标；其他的指标都是复合关系，无法通过简单的分子分母调整达到指标值的有效变化。

对指标进行评分时可以发现，分子分母取值主要有三种方式。一是最大化，也就是指标的分值越大越好，如净资产收益率、营业收入利润率等指标。当然，受自然规律、社会经济规律的影响，在没有其他外来力量约束时，任何作用都是向着其最大化的方向发展的，如一棵树在不受约束时会尽最大努力向外扩展，一个企业在不受限制时总是尽可能地多赚钱，一个人或群体在不受约束时总是尽可能多地谋求自身利益最大化，等等。二是最小化，如"两金"占流动资产比重，理论上这个数值如果为零，说明企业精益生产水平很高，实现了零库存、零赊销。个人或群体在不受约束时，甚至在有约束的条件下，总是把对自己不利的影响降到最小，或者试图降到最小，如企业总是试图把各类风险降到最低。三是最优化，如资产负债率既不是越高越好，也不是越低越好，而是与企业的发展阶段和行业特点相匹配的才是最优融资结构。所谓最优是在特定目标约束、特定的环境约束、特定的资源约束下，企业各方面都相对满意、最接近实现企业发展设定目标、总体效益相对最大的一种表现。

分子分母取值的思路是：首先是分子有利因素发挥作用的最大化，使有利于分母发展的要素最大限度地发挥作用，以充分发挥其对分母的推动作用；其次是分子不利因素发挥作用的最小化，对于不利于分母发展的要素，要最大限度降低其负面作用；最后是各种要素组合的最优化，充分利用影响分子分母发展各因素之间的相互作用关系，使其相互之间形成最好的组合关系，以确保整体效果最优。

我们还是以中央企业绩效评价指标体系为例，看指标取值的范围：

| 评价维度 | 评价指标 | 取值方式 |
| --- | --- | --- |
| 盈利回报 | 净资产收益率 | 最大化 |
|  | 营业收入利润率 | 最大化 |
|  | 总资产报酬率 | 最大化 |
|  | 盈余现金保障倍数 | 最大化 |

续表

| 评价维度 | 评价指标 | 取值方式 |
| --- | --- | --- |
| 资产运营 | 总资产周转率 | 最大化 |
|  | 应收账款周转率 | 最大化 |
|  | 流动资产周转率 | 最大化 |
|  | "两金"占流动资产比重 | 最小化 |
| 风险防控 | 资产负债率 | 最优化 |
|  | 现金流动负债比率 | 最大化 |
|  | 带息负债比率 | 最优化 |
|  | 已获利息倍数 | 最大化 |
| 持续发展 | 研发经费投入强度 | 最优化 |
|  | 全员劳动生产率 | 最大化 |
|  | 经济增加值率 | 最大化 |
|  | 国有资本保值增值率 | 最大化 |

在计算指标时，要注意分母的一些特殊情形。进行涉及分数或百分数的比较有可能导致一个更普遍的问题：改变分母会掩盖分子的变化。分子在一定期间内大幅增长，但在同一时期，分母同期增加的比例甚至更大。改变分母会彻底改变百分比的含义。考虑下面这种情况：如果上证指数今天上涨10%，明天下跌10%，你可能会认为它恢复到最初的水平。但事实并非如此，我们必须警惕用百分比变化报告数据所导致的这些反常后果。只要涉及负数，百分比计算就有可能得出奇怪的答案。一般来说，如果我们可以把变化分成不同的类别，并且其中任何一个类别是负增长，我们就不应该讨论各类别在总体变化中所占的百分比。

例如，中央企业绩效评价中对指标处于特殊情形规定了特殊处理。比如净资产收益率指标分母为负数时（如资不抵债企业），该项指标得 0 分。盈余现金保障倍数指标，分子为正数且分母为负数的，该项指标参照良好值计分；分子分母同为负数的，该项指标得 0 分。资产负债率 ≥100%，该项指标得 0 分。国有资本保值增值率指标，分母为负数且分子大于分母的，视同该项指标实际值为 100% 进行计分；分母为负数且分子小于分母的，该项指标得 0 分。

### 数据也会骗人

量化管理也有局限性。首先，数据本身的质量决定了量化管理的效果。如果数据质量不高，那么以其为基础的管理就会低效、无效，甚至南辕北辙。如任正非曾对华为的数据质量提出质疑："上半年，我们的数据有 640 万条错误，数据都错了，你们能够交付正确吗？难道你们是神仙？"

其次，我们对量化管理的局限性也要有充分认识。按经验值，企业里人员活动的 30% 是理性的，可以进行量化管理，但还有 70% 是感性的，无法量化。如果企业片面强化量化管理，就会像学校只关注学生的考试分数，最后的结果可能是高分低能。邓小平在改革开放初期说过一件事，就是对量化管理局限性的辛辣批判。他说："我在广东听说有些地方养 3 只鸭子就是社会主义，养 5 只鸭子就是资本主义，怪得很。"

再次，我们要警惕量化数据由于考核等各种因素被扭曲。量化的数值，本来应该是作为判断事情的指标使用，用于衡量目标的达成程度。可是正如古德哈特定律指出的，太多时候"指标被错误地用作目标"了。把指标当目标的情形，在企业的量化管理运行中，又何尝少见呢？为了数量的目标损害质量、为了利润的目标毁坏环境之类的实例时有耳闻，这都会伤及企业长期发展的根本。

最后，数据要经过分析才能变成信息。数据化分析与管理需要针对具体的问题来开展。现代管理越来越趋向于运用数据，数据成为一切决策源头的基础。将数据转化为信息，将资源转化为资产，是众多组织追求的目标。但是，任何数据的收集提炼与整理都需要面对研究的问题，因为只有具备相对明确的问题意识，数据分析与管理才能够获得效益。

数据不会骗人，但是提供数据的人可能会骗人。如果在使用数据时不加甄别，往往会陷入量化管理的陷阱。以集团公司"3+10"成本监测评价体系为例。2020年，为了支撑集团公司主要负责人每月召开成本管控工作例会，我们讨论建立了"3+10"成本监测评价指标体系，主要的内容是：确定了监测指标，包括成本费用率、毛利率、净资产收益率等3项综合指标，当时选取了材料费、外协费、财务费用、税负、工资总额、一般性管理费、折旧摊销、水电费、中介费和交通运输费等10项重点成本项目。确定了评价方法，给13个指标分别设定了权重，3项综合指标各占15%，材料费、外协费、财务费用、税负和工资总额各占6%，一般性管理费等其他5项成本项目各占5%，各指标根据财务月报数据确定集团公司平均值和上下限后在指标区间内插值计算得分，最后按照权重加权得出各成员单位的综合分数。进行了分类评价，一是参照《国民经济行业分类》，将集团公司所属500余户法人单位划分为科研设计、航天装备制造、电子工业、机械工业、化学工业、汽车工业、信息技术服务业、金融服务业、社会服务业、建筑业、批发和零售贸易业、其他等12个行业类别,分别进行排序;二是按照性质分类,结合科研生产经营活动中承担的任务和成本结构特征,将成员单位划分为总体研究、专业研究、生产总装、试验测试、后勤保障、专业公司、各院本级、控股公司等8个类别,分别进行排序。进行了讲评提醒,根据行业标准和集团公司实际,对每项指标分别设定目标线、平均线、预警线和底线,集团财金部门在成本管控月度例会上进行讲评。我们在每个月进行计算、评价并展示的过程中,体会到了很多数据欺骗人、误导人的伎俩。

| 序号 | 指标类别 | 主要考虑因素 |
| --- | --- | --- |
| 一 | 综合指标 | —— |
| 1 | 成本费用率 | 综合成本控制能力 |
| 2 | 毛利率 | |
| 3 | 净资产收益率 | 资产使用效率 |
| 二 | 重点成本项目 | —— |
| 1 | 材料费占营业成本比重 | 成本主要构成项目 |
| 2 | 外协费占营业成本比重 | |
| 3 | 财务费用 | 资金利用效率 |
| 4 | 税负(税金/劳动生产总值) | 税收成本 |
| 5 | 工资增幅 | 工资与利润增长的关系 |
| 6 | 折旧摊销 | 固定资产使用成本 |
| 7 | 人均一般性管理费用 | 过"紧日子",控制人均办公、会议、招待、差旅、出国等费用 |
| 8 | 人均水电及取暖费 | |
| 9 | 人均中介费 | |
| 10 | 人均交通运输费 | |

很多"排行榜"用排名来吸引受众的关注，有的虽然不直接强调排行先后，但也会给受众带来排行榜一样的感觉，比如"五虎上将""四大名著"等，这些数字化的表现形式塑造出了一种气势。离我们生活最近的是产品销量排行榜、音乐排行榜、电影排行榜、美食排行榜等。除了按照单一指标排序，很多榜单是依据不同的指标组合，根据多个指标加权汇总得分排名的，各个指标的权数就有操控空间，容易误导受众。比如我们对全级次单位按"3+10"指标得分排名，我们先后设计了三套方案，不同方案中指标权重和标准值的选择都有差异，从而会对总得分造成影响。我们对三套方案进行了试算，试算结果表明，每套方案对于不同的单位有不同的影响，最大影响都在正负10分左右，偏差率超过20%。

我们也要防范增减率指标的陷阱。例如某企业介绍"本公司营业收入连续三年增长20%以上"，表面看稳步增长、发展势头正好。实际里边可能有好多坑，比如：收入增长20%，利润增长如何？是否通过烧钱、补贴等形式获得收入增长的同时也带来了巨额亏损？是不是增长基数过低？例如初创公司起步的数据都不好看，收入如果为10万，那增长20%也不过2万，所以增长百分比有强烈的误导性。行业平均发展水平是多少？如果行业市场增速为150%，正是高速增长赛道，你才20%，那还达不到行业平均水平。收入来源是什么？是主营业务收入还是非主营业务收入？例如，如果公司是互联网领域，但收入增长主要是买写字楼后房租增长带来的，那增长对公司发展没有意义。再如，某公司老板为了激起员工工作的积极性，决定为全员加薪5%。但是，假设老板的年薪是200万，而员工的年薪只有6万元。这样来算，老板会得到10万的涨薪，而员工只能得到3000元的涨薪。

为了避免增减率的陷阱，我们在"3+10"成本监测评价时尽量避免直接用单一指标的增速来评价各单位的成本管控情况，而是综合考虑指标间的逻辑关系。如将折旧与无形资产摊销更改为折旧与无形资产摊销占营业收入的比重；如果确实需要单指标的增减率作为评价指标，也综合考虑了本期、上期值均为 0 以及本期值大于 0 上期值等于 0 等特殊情况。例如折旧和摊销同比增减率，如果本期值和上期值均为 0，说明此单位折旧和摊销控制很好，得满分；如果本期值大于 0 且上期值等于 0，说明此单位折旧和摊销趋势异常，得及格分。

用数据骗人还有其他的一些小伎俩，比如有的搞"假精确"，有的利用可视化的图表来影响受众的潜意识。

有各式各样的原因均能导致数字最终无法被十分精确地呈现出来，不要被表面上很精确的数字欺骗。我们如果对数字的计量刻意去较真，就可能掉入了"假精确"的陷阱。例如"数米而炊"，一颗一颗地数好了米粒再去做饭；去年说中华文化 5000 年历史，今年便偏要说中华文化有 5001 年历史；我现在的年龄是 50 岁三个月零 9 天；我买这辆自行车花了 1353.6 元；等等。这种现象也叫"反统计"，是指片面地按照字面意义来理解数字，基本上不去估计数字本身的不确定性。这样做的后果便是数字看起来更加精确、为原本非常容易出错的计量行为粉饰一新。看起来那么真实、那么确凿，但实际上却十分可笑而荒诞。

在集团公司财务数据管理的过程中，为了避免掉入假精确的陷阱，我们根据需求对数据统计的精度进行了规范，例如只有在各类决算（国务院国资委决算、部门决算等）报表中，才要求各级单位上报精度为元，保留 2 位小数的数据，其他报表（如财务快报、预算报表等）上报精度到万元就可以了。在财务分析时，我们认为 95% 的数据准确度就能满足我们现阶段的管控要求，对分析报告的数据精确度也进行了规范，如涉及集团公司总体的数据，要求金额单位为亿元，保留 1 位小数；大多数单户单位的财务指标都在亿元以下级别，所以要求金额单位为万元，保留 1 位小数；增减率指标，按原始金额单位计算结果。

图表是数据的可视化描述，其优点在于能够让人直观地看出效果。18 世纪末，折线图和条形图由英国人威廉·普莱费尔首先使用，很快便风靡开来。但是，一个不合格的纵轴可能会扭曲整张图呈现出来的结果，并不是所有的折线图都必须使 y 轴以 0 为起点。例如，我们在做 "3+10" 成本监测评价时，为了更客观更清晰地展示，我们也按需调整纵坐标，我们将成本费用率的最低值调整到 90%，毛利率的最低值调到 14%，净资产收益率的最低值调到 6%，我们会将总资产周转率的纵坐标刻度区间调整为 0.01 次。总之，对数据可视化有意或无意造成的误导，我们一定要知道自己想获得的是什么信息，看到包含轴的数据图形，一定要看一看这些轴的刻度。

## 平均数的陷阱

一条平均水深 0.3 米的河流能不能淹死人？当然能。这条河里就隐藏着平均数的陷阱。贝索斯说过："平均值不是好的衡量标准。我想看实际值、高点、低点以及原因，唯独不是平均值。平均值代表懒惰。"

19 世纪初，随着采集的数据越来越多，人们自然需要更多的方法去分析处理这些数据，算平均数的做法也变得流行起来。平均数，确切地说是算数平均数，指的是所有数字相加，然后除以总数。一般用来表示统计对象的一般水平，以便于和其他数据组进行比较，看出差别，其特点是直观简明，所以被大量运用到日常生活中。人们往往会把平均值当作典型值，其实这是错误的。

平均值个体在现实世界中可能不存在。"二战"结束后的几年里，美国空军造出了多款价格昂贵的新式飞机，速度很快，但极难控制，飞机坠毁率达到了惊人的高度。多方调查未能得出结论，空军工程师怀疑是不是驾驶座的设计出了问题，当时设计的依据是1926年根据几百名飞行员体型平均数据设计出的标准尺寸驾驶座，会不会是一部分飞行员由于体型原因够不到控制面板，因此很难操作？于是工程师决定重新计算1950年的飞行员平均体型，为此收集了4063名飞行员的体型数据。负责这项测量工作的团队由空军上尉吉尔伯特·丹尼尔斯带领。丹尼尔斯意识到，空军这个问题的实质并不是要了解平均数值。驾驶座是根据平均标准体型设计，但飞行员的实际体型各不相同。只有多数飞行员都接近标准体型时，重新设计的标准驾驶座才可能解决问题。研究人员收集了每位飞行员的10项身体尺寸数据，根本没有一个飞行员完全是标准体型。美国空军已经经过一系列筛选（例如个子太高或者太矮的人本来就无法加入美国空军），即使是在筛选出的这部分人里，也没有人是通用的均码。4063个人里面没有完全符合平均标准尺寸的人——平均标准尺寸只是个数学概念，现实世界中并不存在。

平均值不能消除系统性误差。只有随机错误才能通过均分来消除，系统性的误差只会叠加成更大的错误。噪声加上噪声再加上噪声，再怎么加都不可能变成有效信号，只会变成一大堆噪声。平均值会受到极端数值的影响。当比尔·盖茨上了一辆公交车，车上人均都成了亿万富翁。

正因为平均数的上述缺陷，德鲁克告诫管理者在决策中要慎把平均数作为衡量标准。德鲁克举例说，人事方面的"平均每百人发生停工事故数""缺勤率""病假率"等对保险公司有意义，但对人事管理的决策没有意义，有时甚至还会误导人们。以"停工事故"而言，可能大多数意外事件均发生在工厂内某一两个部门里。所以，如果仅以"平均数"为依据推动全厂性的安全运动，就不见得能收到预期的效果，甚至可能使情况更糟。同样的道理，汽车行业一向采用惯用的衡量方法，如"平均每行车公里交通事故件数"就应该改为"人体伤残情况"，这正是该行业未能及早发现应该改善车辆安全设计的原因。

比如，我们在做"3+10"成本监测评价时，必须要运用平均值的概念。在具体操作层面就遇到很多困难，比如计算成本费用率的平均值，集团公司600户左右单户单位，成本费用率分布在0%到3716.7%之间，跨度非常大。经分析，成本费用率异常值大于1000%的6家管理型或新成立单位直接将平均值拉高了将近30个百分点。我们只能将集团合并节点的成本费用率92.5%作为平均值。再例如，对成员单位材料费进行监测评价时发现，制造类单位材料费占营业收入的比重普遍偏高，而非制造类企业比重普遍偏低。如果按照集团公司平均值23.8%作为所有单位及格线算得分的话，对制造类企业是十分不利的。为了避免这种不公平的状况，我们只能采用将制造类（34.5%）和非制造类（7.5%）分别计算平均值的方法。

总之，平均数虽然使我们的数据变得简单、可度量，但同时也掩盖了很多数据上的缺陷，使我们看不到数据中的结构信息，对变动和误差没有概念。所以，我们要正确看待数据，在应用平均数时多配合使用其他的变异指标来分析总体分布的离散程度，客观反映总体的全貌。

## 第二节　没有全面性就没有系统性

### 整体主义

整体主义既是一种方法论，也是一种价值观。从方法论上讲，就是我们所说的分母优先于分子，在整体的"分母"（"1"）的架构内，认识并解析"分子"之间的关联与互动。作为价值观，就是我们日常所说的"一个都不能少"。有一则小故事，一个人在退潮后的沙滩上漫步，看到满海滩搁浅的小鱼，他弯下身子一条一条地拾起来再送回海水中去。旁边的人问他："这么多的鱼你拾得过来吗，谁在乎呢？"这个人拾起一条鱼边送回大海边回答说："这条鱼在乎。"我之所以印象深刻，是因为这则故事跟整体主义的价值观大异其趣，当然也互为补充。

所谓整体主义，是一种处理整体和部分关系的观念和主张，这种主张认为整体的功能和作用大于部分，甚至部分的功能和性质是由整体决定的。中国语境下的整体主义和西方的整体主义都是在价值观和方法论上使用的。从方法论角度讲，整体主义主要是指在研究过程中，从宏观层次上的群体或整体的利益、行动、目标出发，而非从微观层次上特别是个体的角度出发进行研究。从价值观角度讲，整体主义是指整体的功能和作用大于部分，个体的作用取决于整体。

整体观古已有之，在中国传统哲学理念中就体现了整体观念及对演化的关注。如"牵一发而动全身""风起于青蘋之末"等。亚里士多德有一句名言，"整体大于部分之和"。中西方提出整体论的出发点不同，论证方法不同。中国传统的整体论观点更为抽象，而西方整体论观点则力求通过实证进行系统化的研究。

整体论的正式提出一般认为是南非哲学家斯穆茨于1926年提出的。他在著作《整体论和进化》中对整体论做了一个明确的定义："（整体论）视自然物为整体，它将自然界看作是由分立的、具体的物体或事物组成的。（这些事物）不能完全分解为部分，并且大于其部分之和。将其组成部分机械组合在一起并不能产生这些事物，也不能解释其性质和行为。"

整体主义或整体论，都是以整体思维为基础的。整体思维，如果概要地总结，那就是"既见树木，也见森林""既见分子，更见分母"。具体来说，它包含如下的观念、意识：一是从整体出发的世界观，认为事物之间存在普遍的联系，相互影响，是一个整体。二是从整体出发的认识观，认为要深刻了解事物，就要从整体的角度出发。一方面要了解事物的内部结构和交互，也就是把研究对象当作一个整体；另一方面，也要把研究对象放到一个更大的全局中，去研究它在全局位置和跟其他元素的关系。三是从关系切入的研究观，如何能够有效地掌握整体呢？事物间的相互关系，会成为认识、研究切入的突破口，因为有关系才有整体，否则仅仅是碎片。四是从整体出发的实践观，深刻理解事物是互相影响的，要实现有效的改变，就需要从整体出发把握全局，避免头疼医头脚疼医脚。

整体思维的发展与简单性思维的弱点暴露相关。19世纪，人们进行科学研究时发现，仅依靠分析还原无法达到对事物全面深刻的认识。整体性关注思维的多样性、关联性、全局性，是系统思维的主要特性，系统性是复杂性思维的重要表征。埃德加·莫兰在论述复杂性思维时又提出全息原则，即部分存于整体中，同时整体也在部分中得到反映。比如以生物学的观点而言，机体的每个细胞都包括了此机体的全部遗传信息。

整体思维要求以系统的观念看待对象，看到要素的连接、要素间的互动，看到局部同整体的关系，看到其相区别又相贯通。简单性思维指导下的理想研究倾向于割断系统中已明晰的联系，将元素孤立起来考察，并以统计的量化方法得出结论，这些结论遵循严格的推导步骤，但结论的适应性却不尽如人意。

整体思维与还原思维都是对相互联系这种基本联系的认知。整体思维是从系统的整体出发，注重系统整体和元素间的联系，认为世界的本质在于结构性，只有整体才可以表现出整体的特性。还原论则从系统的元素出发，注重单个的元素和简单的联系，认为世界的本质在于简单性，认为系统特性是组成元素的表现，分解更利于对元素的认识。其实，现阶段人们对整体思维与还原思维的理解并没有很深入，对整体思维的探讨还是站在还原的角度来的，并没有完全抛开还原思维的影响。

**全面性难得**

大学时一位老师告诉我们：说"有"容易说"无"难。他说，校对一本书，挑出一个错别字很容易；但是要保证整本书没有一个错别字，那就太难了。他就近取譬，举老师监考的例子，如果发现学生有舞弊行为，那就可以说学生作弊了；但是如果此刻学生没有作弊，他也无法推论出学生一直没有作弊，只能说"没有发现学生作弊"。全面性难得，在工作中我也有切身的体会。我参加内部审计项目时，指出审计问题只要事实清楚、依据充分就可以了，这是说"有"，相对容易；后来参与并购一家地方国有企业，做尽职调查，要核对资产、负债、资金，在现场待了一个月，大家都认为工作做得很充分了，多少年以后才知道，他们隐瞒了一部分账外资产和负债，尽职调查的重点在揭示风险，这就是说"无"，要难得多。

列宁说过，要真正地认识对象，就必须把握和研究它的一切方面、一切联系和"媒介"。这就是全面性，是"分母"。全面，就是认识一个事物，要从事物的各个方面、各个角度去看，不论好坏。由于人的认知局限性，对一件事物形成完整性、全面性认识确实很难。

大脑存储能力限制了人类了解全面性的能力。人的大脑很复杂，复杂得连大脑自身都无法想象。但是，与计算机数据存储能力相比，人类的大脑并不是很好的存储设备。一是容量有限，二是人类的大脑只习惯于存储、处理特定类型的信息。一本20万字左右的书籍，除了过目不忘的人以外，大多数人看完后能记忆的信息有限；一个单体单位的资产负债表有150个左右财务指标、利润表有70个左右财务指标、现金流量表有60个左右财务指标，能全面记忆的人也不是很多。我们集团财务信息系统一年的结构化数据量就超过1TB，因此，一个人要掌握全面性的难度可想而知，大脑的存储能力限制了人类了解全面性的能力。

以自我为中心的固定"心智地图"也是掌握全面性的障碍。正像我们中国人习惯将中国放在中心的世界地图，美洲人习惯将美洲置于地图的中央，欧洲人也不例外。这种传统地图是按照一定的数学法则，通过制图综合方法得到，一旦制作而成就不易更改。与此类似，每个人心中都有自己的"心智地图"，绝大多数人都习惯于以自我为中心的固定心智地图模式，容易把自己习惯和关注的事物放大，把自以为关联不大的事物缩小，导致全面性的思维障碍。

有一个真实的例子。2001年11月12日，美国航空公司的一架飞机起飞后不久失去平衡，在众目睽睽下，一头栽进了纽约的居民区，造成265人死亡。美国国家交通安全委员会调查访问了394位现场目击者：52%的人说看到飞机在空中时就起了火，22%的人说起火点是在油箱处，有的说是左边的发动机，有的说是右边的发动机，有的说是左翼，有的说是右翼，等等。这些互相矛盾的观察报告，并不是因为目击者有意撒谎。其实，这就是固有心智模式的心理现象，因为观察往往是推理和拼凑过程，证人的记忆其实是在重新构造，会本能地将事件和自身过去的经验拼接起来。如同几个盲人摸一头大象，把各自得到的结论拼凑起来，还是很难得到客观、准确的大象信息。

隐秘性角落导致全面性难得，前面说的尽职调查的教训很深刻。有很多时候，我们的分母是个黑箱或灰箱，有可能需要通过系统辨识等方法来逐步探知。系统辨识是通过测量得到系统的输出和输入数据来确定描述这个系统的数学方程，即模型结构。为了得到这个模型，我们可以用各种输入来试探该系统并观测其输出，然后对输入输出数据进行处理来得到模型。系统辨识又可以分为黑箱问题和灰箱问题。黑箱问题又称完全辨识问题，即被辨识系统的基本特征完全未知，要辨识这类系统是很困难的，目前尚无有效的方法；灰箱问题又称不完全辨识问题，在这类问题中，系统的某些基本特征为已知，不能确切知道的只是系统方程的阶次和系数，这类问题比黑箱问题容易处理。参数辨识是在模型结构一致的情形下，根据能够测出来的输入输出来决定模型中的某些或全部参数。

我们在建设司库系统之前，从账户管理、结算管理两方面做了很多基础性的准备工作。2020年我组织集团公司资金流入流出分析，当时的数据不完整，只能分析在集团财务公司内部账户及授权集中的部分银行账户的信息。这相当于一个"灰箱"。司库团队改进了分析方法，将流入流出账户都划分为财务公司内部账户、授权账户和"黑箱"账户这三类，从而界定了集团公司资金流入流出的九类情形：在内部账户和授权账户之间流入流出的是完全受控的，有四种情形；在内部账户、授权账户与"黑箱"账户之间流入流出的是半受控的，属于"灰箱"，也有四种情形；完全不受控的就是流入流出均落在"黑箱"里的这一种情形。系统辨识后，我们参照其他数据，估计了完全不受控的资金流水占12%左右，同时从账户管理、结算管理两方面找到了逐渐缩小"黑箱""灰箱"的路径。

这与钱学森指导情报工作时提的要求高度契合。钱学森说，一方面把搜集到的数据经过系统分析，摸清它的趋向性、定向性的一些东西；还有就是应用"系统辨识"方法，进行定性与定量相结合的分析，获得研究对象的内部结构，把研究对象搞清楚。信息工作的重要性在于如何从点滴的资料，经过分析研究，能对全貌猜个八九不离十。猜出全貌靠什么方法？靠的主要是系统辨识方法。

现象或过程不透明有多方面的原因：不透明可能是某些现象和过

程的自然属性；不透明也可能是现象和过程过于复杂引起的；不透明也可能是人为的，现象和过程的主导者不想让其他人知道相关的现象和过程，人为设置的不透明一定藏着某些秘密，不管是商业的还是政治的，集体的还是个人的。

最后，仅仅是定义"数据完整性"本身就不容易。有一个例子，美国食品药品监督管理局（FDA）、美国国家标准与技术研究院（NIST）、电气和电子工程师协会（IEEE）、英国药品和医疗保健品监管机构（MHRA）以及其他机构都对数据完整性进行了定义。在制药行业，几乎所有决策都是基于数据做出的，包括对患者安全和产品质量有直接影响的关键因素。尽管如此，在过去的5~7年间，FDA的警告信中平均还有50%提到数据完整性的问题。

## 把握系统性

客观事物不但作为矛盾存在，而且作为系统而存在，分析问题必须具有系统的观念，把事物作为系统来认识。所谓系统，是指相互关联又相互影响的多个要素，围绕共同的目的，相互协作实现特定功能的有机整体。它又是一个更大系统的一部分，与它所处的环境相互关联、相互影响。系统既有外在的整体性，也有一套机制保持其内在的整体性。没有任何一个系统是孤立存在的。

我们面对的往往是复杂系统，系统的行为变化远远超过了我们的想象，一旦遇到需要系统解决现实世界中的实际问题，往往会让人束手无策。我们遇到的事物经常是一个更为巨大的复杂系统中可见的一小部分，就像浮在水面的冰山部分，90%的主体在水下不为所见。

系统的复杂性往往出现在边界上，出现在系统与环境交互的界面。例如，在划定自由贸易区时，人们以为只是划定一个物理边界，问题就解决了。然而，贸易区人员往来穿梭，界限之外的贸易活动也会影响到自贸区。因此，实际上的边界比法定的边界更宽。

系统往往存在时间延迟。改变延迟的长短可能彻底地改变系统行为。我们经常遇到"实时"这个词，不同的人有不同的理解，在分析环境中，一些人可能认为实时意味着立即获得答案，而另一些人不介意从收集数据的那一刻起等待几分钟，直到分析系统做出响应。不同的时间界定导致我们对系统性的要求也不同。

最难的是处理系统元素之间的相互关系。有的元素之间相互作用的机制是清楚的，更多的相互作用机制是不清楚的。对于某些复杂巨系统，肯定还存在一些"我们不知道我们不知道"的区域。还有，系统往往存在限制性因素。前面讲过在限制性因素下进行装修的例子。有时也要对这些限制性因素进行排队，先满足哪些因素，后满足哪些因素。

推进战略财务工作也有把握系统性的要求。把握系统性既要"操其要于上"，加强顶层设计，也要"分其详于下"，把握工作着力点。只有建立系统思维，避免只见树木、不见森林，只看现象、不见本质，只看眼前、不看长远，头痛医头、脚痛医脚，单兵突进、畸轻畸重，才能应对复杂性挑战。

举一个具体的例子。比如，从存货周转率的计算公式来看

$$存货周转率 = \frac{营业收入}{平均存货}$$

通过增加收入或者减少存货，就可以提高存货周转率。但这是把存货周转率当成简单的比例指标了，没有考虑存货和营业收入之间的相互作用。要增加收入，势必要求企业投入更多的资源，因此需要持有更多的原材料，还需要留存更多的产成品来满足销售波动。此外，当减少存货时，由于原材料的采购变少了，产成品也变少了，又有可能影响销售收入。存货周转率体现的是企业采购、生产和销售这三项业务本身的运作效率，是无法仅仅通过抓分子或分母的增加减少来优化这个指标的。

谈到存货周转率，它和应收账款周转率是集团公司在中央企业财务绩效评价指标体系中的两个短板指标。一定程度上，"两金"问题是我们的一个老大难问题。从2013年开始，我们对"两金"问题抓了十年，最早是压降"两金"的金额，后来是控"两金"占流动资产的比重，再后是控"两金"增速不能超过营业收入的增速，最后是管有损失风险的"两金"。总体上讲，管控工作没达到理想效果，大部分工作局限在财务系统内部，从数据到数据，当期的考核指标完成了，但经营能力和水平并没有得到实质性的提升。

我对"两金"问题进行过反复思考。"两金"问题并不是说"两金"本身就是问题。有损失风险的"两金"当然是问题，比如形成坏账的应收账款，过了保质期的元器件，毁损报废的产成品等。另外，"两金"的增速过快也是一个问题，主要是担心不必要的那一部分存货日后容易形成损失；"两金"的金额过大、比重过高作为问题，是因为这会占用过多的营运资金、推高营运成本。此外，"两金"容易"藏污纳垢"，是财务造假、虚假业绩在资产负债表内的主要科目，比如甩出来不结算的成本费用就留在了"存货"科目，超过实际价款虚结的营业收入就留在了"应收账款"科目。相对存货，应收账款的问题表现得尤为明显、直接，外部的负面影响更大，会扭曲、扰乱市场秩序；相对应收账款，存货问题更为复杂、综合，存货是"最大"的报表科目，对应多个会计科目，包括材料、科研生产成本、库存商品、低值易耗品等，从采购、生产到销售，基本上包括了单位科研生产的全过程。

我甚至还想从理论层面找一找量化存货的模型。比如利特尔法则：

L(存货)=λ(流量、速率)×W(流动时间，即等候平均值)

利特尔法则的原理很简单，如果把生产过程理解成通过一段水管的流水，那么存货就是流量与流经这段管子的时间的乘积，就是这段水管里的储水总量。实践中这两个要素指标都难以确定。因为变异性是魔鬼，例如医院就诊人数从两人到四人，预计等候时间的难度就会翻一倍。计算等候时间的经验数学公式：

T(总时间)=W(等候时间)+τ(预计生产时间)

$$W = \tau \times \left[ \frac{\lambda\tau}{(1-\lambda\tau)} \right] \times \left[ \frac{CV_1^2 + CV_2^2)}{2} \right]$$

其中，λ是流量；$CV_1$是降低需求方面的变异性；$CV_2$是降低处理方面的变异性。这个公式虽然过于理论化，但对判断存货的合理性仍然提供了几点认识思路：只有客户带来的变异性才能接受；存货的产生主要是因为生产存在瓶颈环节；要提高全过程精益管理才能有效降低存货。

集团公司的存货和应收账款，毫无疑问，绝大部分都是正常的，是科研生产、经营发展所必需的，是没有损失风险的。我们管理的重点，应该针对损失、潜亏、风险等问题发力，是从饭碗里挑"沙子"，而不是从饭碗里挑"米粒"。在集团层面，"两金"问题主要表现两个方面：一是有损失风险的"两金"存量虽然大部分出清，但增量又在聚集；二是最近两年"两金"增速远远超过营业收入增速，过快增长的"两金"日后可能形成损失的风险在急剧增大。

集团成员单位的认识、做法却不统一。一是相当多的单位还在过分强调行业特殊性和客观因素，以保进度、保合同交付做压控"两金"的挡箭牌。一些下游单位还在强调，由于自身配套层级较低，受上游用户经费到位情况及预算控制情况影响较大，结算周期长，导致"两金"快速增长。二是做了很多管理提升工作，但压控效果不明显。比如有的采用信息化手段，建立"两金"监测与预警平台，使"两金"数据更直观，压降责任更明确；有的单位持续三年管控"两金"，打基础、建制度、清合同、盘实物，处置了一批应收应付账款，做到了"心中有数""心中有术"，但总体上成效不明显，压控的方法不多，单位管理职责不清、经济责任不明，对业务缺少闭环管理，内控和监管缺失，履约义务和回款责任未落实到具体部门或个人。三是推进存货清单式管理进展普遍缓慢。由于存货科目自身的复杂性，再叠加与营业成本结转模式的复杂性，以及科研事业单位转表的复杂性，存货就是个"大筐"，清单化难度较大。四是财会基础保障职能总体上发挥还不充分，往来款项管理模块正在开发，还不能从往来款产生的业务源头归集信息并实现全流程的跟踪，存货管理还不能与采购、生产等系统联通；再比如，财务会计制度执行不严，部分单位未严格执行关于资产清查、减值测试、项目结算、会计确认等方面的规章制度。

实践和理论都表明，压控"两金"是一项系统工作。必须从掌握集团公司全面情况开始，然后找到影响"两金"的各种因素，辩证施治、综合施策。我们制定的系统解决方案主要有：一是严明财经纪律，把"两金"还原成清清爽爽的会计科目。这是我们财会系统的首要职责，严格规范会计核算和财务结算管理，守住不做假账、不出假数的底线，这也是压控"两金"的基础与前提。否则数字不准、甚至是虚假的数据，压控工作就如同建立在流沙之上的建筑物。二是健全完善"两金"压控的监测、评价信息系统，给单位负责人提供工作抓手，定期发布监测数据和重点单位的信息，直观展示"两金"管控情况，对于异常变动、突发风险以及苗头性趋势及时预警，动态监测集团公司和各单位"两金"变动情况。要给责任部门提供信息，按照责任清单反馈数据，促进业财联动。三是首先从集团内部往来款项清起，把两头在内的业务作为压控"两金"的现阶段重点。四是修订考核办法，明确"两金"压控的责任清单。多下现场，按照存货规模、增速和风险情况，筛选出需重点关注的三级和四级单位，采取蹲点式督导等方式推动遏制增量、消减存量。

这是集团公司总部层面的"处方"，负责具体生产经营的基层单位，压控"两金"的措施当然不一样。单体企业的财务管理与企业集团的财务管理相比，变成了"微观"层次上的管理，工作会更具体、更直接、更深入。

企业集团总部层级的财务管理，不仅包括企业集团中成员企业内部的管理，更为重要的是对不同类型的成员所进行的不同性质的管控。由于集团组建模式和组织形式的不同，财务管理的主体可以是集团公司、控股公司、集团总部、事业部、超事业部、子公司等等，无疑是大大复杂化了；另一方面，构成企业集团的成员可能在所有制、产权形式、行业、规模甚至国别上都不一样,这种较大的差距使得财务管理的对象表现出更大的复杂性,所以说,集团的战略财务活动更需要把握好全面性和系统性。

## 第三节　分子分母一起抓

### 二八定律：抓关键

在分子分母一起抓的过程中,要找到关键点作为突破口。亚马逊的戴夫·克拉克说:"我擅长处理复杂的问题,清楚如何找到关键点,只要解决它,你就能获得巨大的成功。"我们在"关键点"(切口)方面总结提炼少,但这是推进复杂工作必需的。关键点可以用二八定律来描述。

二八定律最早由经济管理思想家约瑟夫·M.朱兰提出,并最终以意大利经济学家维尔弗雷多·帕累托进行命名。维尔弗雷多·帕累托发现意大利20%的人拥有80%的收入,他随后在其他国家开展了类似的调查,研究结果发现,这些国家的收入分配均呈现相似的情形。最终,他总结了一条经验法则,例如20%的客户人群贡献了80%的销售额。齐普夫1949年发现的"省力法则",是对二八定律的进一步诠释。省力法则认为,资源(包括人力、物力、时间、技巧或其他具有生产力的东西)往往会进行自我调整,以实现工作量的最少化,因此80%的生产活动只会消耗20%的资源。二八定律不仅在经济学、管理学领域应用广泛,它对我们的自身发展也有重要的现实意义:可以引导我们抓主要工作，从而避免将时间和精力花费在琐事细务上。二八定律可以解决的问题包括时间管理问题、重点客户问题、资源分配问题、核心产品问题、关键人才问题、核心利润问题、个人幸福问题，等等。

二八定律因为美国前国防部长麦克纳马拉在越战期间对军需物资管理的应用而名声大噪。麦克纳马拉1937年毕业于加州大学伯克利分校，1939年拿到了哈佛大学工商管理硕士学位并于次年到哈佛任教，讲授统计分析在管理方面的应用。在处理问题时，麦克纳马拉痴迷于数字式量化管理，对数字有一种着魔般的痴迷。如果一个问题能用数字加以直观地说明，他便会觉得轻松自在。他要求只要有可能，递交给他的文件都应该附上数字和图表。定量计算和冷静的客观分析是麦克纳马拉处理问题的不变法宝。依赖这种核心能力，他在福特公司及国防部前期都快速取得了成功。他刚到国防部任职时，面对繁杂的军需物资采购，别人可能觉得无从下手，但他要求把最贵重、最关键的物资整理出来，发现不到20%的品种占了80%以上的采购经费。于是，他很快就找到了加强军需物资采购管理的关键点。

我们在推动集团公司压控"两金"时也采纳了这种方法。从单位的角度，我们梳理了"两金"总额最大的30户法人单位，它们以不到5%的户数占了50%的"两金"。"两金"最大的一户单位占了全集团5%的"两金"。我们对30户单位重点监测，一家一家现场调研督导。把金额最大的单位作为"麻雀"解剖，分析结果如前所述，"两金"实际上是单位生产经营全流程精细化管理水平的综合反映，压控"两金"需要系统施策。

我们对"两金"压控实行清单管理。所谓"两金"清单，是以合同、任务号为基本单元，整理的全集团"两金"压控的责任清单，达到了近百万条。例如，每一笔应收账款在责任清单中要列出合同号、对方单位、催收责任人、催收计划等信息，每一笔存货要列出任务号、处理方式、处理责任人、处理计划等信息。从清单角度，我们按金额排序，将应收账款、存货前 25 项列为集团层级的管控重点。对这 50 项任务清单，我们一项一项地打开，看业务来源、管理细节、处理动作。之所以选择 50 项，也是按照"邓巴数"的规律，就好比认识 50 个人，这样才能真正抓深入、抓到底。与此同时，通过压实逐级的责任，示范推动全级次的压控工作。

二八定律是"扯线头"的基础。通常我们为了解开一团乱麻，首先需要辨识出这团乱麻里有几处线头，根据线头先理清一条线，抽出这条线之后，这条线上的问题便梳理清晰了。更有意思的是，有时候当我们整理完这条线以后，也许会惊讶地发现，这团乱麻其实就是这根线。《线的文化史》是人类学家蒂姆·英戈尔德建立新的生态人类学范式的代表作，想象了一种理解世界的全新方式：世界首先不是由物组成，而是由线组成的；人类与自然就是一团解不开的线，而生活就是沿着这些交错的线穿行。我们在处理问题时找到线头，就能把复杂问题简单化，就能找到问题的关键点。

我们在抓新一轮成本管控时采用了"扯线头"的做法。我理解，成本管控和"两金"管控本质上是联通的：一方面，在基层单位最底层的工作是一致的；另一方面，从财务理论上说，成本管控是基于利润表视角的流程优化和管理提升工作，"两金"管控是基于资产负债表视角的流程优化和管理提升工作。成本管控的"扯线头"，就是二八定律在流程维度的应用。航天领域有一个共识，在设计环节决定了航天型号项目 80% 的成本，所以成本管控的"关键少数"就是要抓总体设计单位，尤其是设计、生产相分离的总体设计单位。基于这个判断，我对集团公司所有总体设计单位进行了调研，大家普遍认识到，限成本设计是"关键点"，成本基础数据的可知可视是前提。

目前，集团公司的限成本设计工作还处于探索阶段，还没有系统规范地开展。设计人员还不够清楚指标、方案变化对成本的影响，目标成本的估算还缺少有效的方法和手段，目标价格的设定主要靠拍脑袋瓜；此外，限成本设计工作的责任体系还不完善，与设计流程的融合还不紧密，文件化、流程化的成本设计模式尚未形成，基础成本数据的积累和应用不够，还不能为设计人员开展限成本设计提供充分的数据支持。整体来看，对限成本设计经验成果的系统总结、固化和规范化不够，制度化的工作机制尚未建立起来。

举成本管控的例子，是因为我们想把限成本设计工作当作一根"线头"，希望顺着这条线头，能理清航天项目成本管控工作这团"乱麻"。

## 长尾理论：抓分母

"长尾理论"是对二八定律的补充。与二八定律不同，长尾理论关注正态分布的长尾巴，认为这部分积少成多，可以积累成足够大的数量。2004年10月，美国《连线》杂志主编克里斯·安德森第一次提出长尾理论：商业和文化的未来不在热门产品，不在传统需求曲线的头部，而在于需求曲线中那条无穷长的尾巴。这是从收益、市场端讲的，如果从风险端讲，落在长尾巴区域的事件更是风险管控的难点领域，最典型的例子如账户管理。

集团公司开展资金集中管理超过了 20 年，最近一段时期，全口径资金集中率一直保持在 90% 以上。所谓资金集中率，是指在不改变成员单位资金所有权、使用权的前提下，要求把资金存到集团财务公司，或者对银行账户进行资金集中授权。我们对尚未集中的 10% 的资金进行了详细分析，主要是留存在指定特殊用途的专门账户、境内外币账户和境外资金账户这三大类账户里的资金。未集中资金的比例虽然不高（不到 10%），但分布的银行账户众多（超过集团银行账户总数的 60%），符合长尾理论。如果按此前抓资金集中管理的措施继续抓下去，效果不会明显，所以我们转而抓账户本身的集中管理。我们会同集团财务公司，与很多商业银行开展合作，开发了一系列创新产品，从资金集中授权、支付授权和查询授权三个维度，对全部银行账户进行了"地毯式"集中清理。我们要求成员单位对自己所有银行账户出具集中、支付和查询的授权，授权给财务公司，财务公司对接各家银行，对近 3000 个银行账户逐一办理"能授尽授"，目的就是支撑对资金等金融资源"看得见、管得住、调得动"，并且是"全覆盖"。

"分子分母一起抓"的典型例子就是集团公司的司库建设。前面介绍过，司库建设的核心产品是资金"安检通道"，为了驱动所有资金支付经过这条安检通道，我们贯通了从业务报账—共享核算—司库支付的全流程。在建设的过程中，我们明确了司库集中支付率最终达到 100% 作为顶层战略目标，并对司库集中支付率做了具体的定义。我们把从集中核算系统形成的所有资金结算单定义为"分母"，将通过司库系统"安检通道"直联支付的资金结算单定义为"分子"，在分母抓完整的基础上不断扩大分子。建设初期，团队成员对司库集中支付率理解有偏差，他们把"分母"理解为司库系统里的"待付池"

甚至是"支付池",并把票据支付、"落地付"等现阶段的客观因素都做了剔除。在实际中,有个别成员单位直接用记账单付款等方式既规避了"安检通道",又逃避了司库集中支付率的考核。我们及时对这些现象进行了纠偏,强调计算司库集中支付率时不做任何调整,考核的是全口径的资金支付业务,同时从技术上保证了集中核算系统里的所有资金结算单自动同步到司库系统,关闭了记账单银行存款的贷方科目,保证在司库系统形成的"待付池"能包括全集团所有的资金结算单据。

# 第八章

# 完成优先于完美

战略需要策略来落实,策略是在战略指导下为战略服务的。"分母优先于分子"是策略,"完成优先于完美"也是策略,前者是基于整体的维度,后者是基于过程的维度。

扎克伯格认为,对于某些复杂的创新或者变革工作,没有人从一开始就知道如何具体做,想法并不会在最初就完全成形,只有在过程中才变得逐渐清晰,人们需要做的就是开始。所以扎克伯格说:"比完美更重要的是完成。"这是从避免耽于空想、过于追求完美的角度说的。

西西弗斯是希腊神话中的人物,荷马说他是最终要死的人类当中最聪明的一个,但他泄露了天神宙斯的秘密,绑架过死神,欺骗了冥王。在他死后,西西弗斯被逐出到地狱那边,每天要把一块沉重的大石头推到非常陡的山顶,每当快到山顶时,他的力气就全部耗尽，只能眼睁睁看着大石头滚落下去，前功尽弃。第二天，他又得从山脚下重新开始，日复一日地做着同样的事情。西西弗斯的悲剧在于他没能把石块推到不可逆的阶段，每一天的工作成果都是不能累积的，从而也是没有效果的。

长周期的工作需要分段推进时，除了交班时应该把工作推到不可逆的阶段外，分段的节点还应该落在自然停止点上。所谓的自然停止点，就好比玩电子游戏时的得分点，无论是玩一局还是过一关，工作成果能增加积分就属于自然停止点。

我们推动的这些战略财务任务，涉及的范围广、动员的职工多、耗费的时间长，既不能一劳永逸地解决问题，也无法一蹴而就地达成目标，只能像愚公移山似的，先完成一部分工作、达成阶段性的目标，然后持之以恒、持续改进，瞄准完美的目标一步步地迈进。先完成、再完美，这就是我所说的完成"优先于"完美。

## 第一节　目标不要跑偏

**跑偏与走样**

日本著名马拉松运动员山田本一曾在1984年和1987年的国际马拉松比赛中，两次夺得世界冠军。当记者问他为何取得如此出色的成绩时，山田本一总是回答道："凭智慧取得的胜利。"人们都知道，马拉松比赛主要是运动员体力和耐力的较量，爆发力、速度和技巧都在其次，因而对山田本一"凭智慧取胜"的回答，许多人疑而不信，总觉得他是在故弄玄虚。然而十年后，山田本一在自传中揭开了自己的成功秘诀。他在自传中写道：每次比赛之前，我都要乘车将比赛的路线仔细地勘察一遍，并把沿途比较醒目的标志画下来，比如第一个标志是一家银行，第二个标志是一棵大树，第三个标志是一座公寓……这样一直到赛程的终点。比赛开始后，我以百米冲刺的劲头向第一个目标冲去；到达第一个目标后，又以同样的速度向第二个目标冲去……40多公里的路程就这样被我分解成若干个小目标而轻松地跑完。

与跑马拉松一样，长周期的任务都要把顶层目标分解成若干阶段性目标。我国的载人航天工程是科学划分阶段并设置过程性目标的典范，从1992年1月立项到2022年空间站建成，整整用了三十一年时间。载人航天工程分为三期，一期工程新研载人飞船、载人火箭，成功将航天员送入太空并平安返回；二期工程进一步划分为二期一阶段和二期二阶段，验证了航天员出舱活动、空间实验室、无人交会对接、有人交会对接、在轨中期驻留等一系列关键技术；三期工程成功发射核心舱、两个实验舱，等等。通过制定分阶段的过程型目标，规划了各个时期的具体任务与路线，我国载人航天工程从无人飞船到一人一天飞行再到三人半年飞行，从舱内实验到出舱活动，从神舟一号到中国空间站，一个阶段一个阶段地往前走，最终实现了中国空间站的完美建成。

但在实践中，很多长周期复杂任务的推进过程往往都不会如此顺利，存在大量跑偏、走样的情况。战略目标需要分解为可以执行的任务型目标或过程型目标——管理者的任务是保证团队各成员的目标与战略目标相一致——在将目标分解的过程中，一旦出现问题，就会出现分目标实现了但整体目标没有实现的情况，这就是因为过程型目标或任务型目标偏离了战略目标。

工作与生活中都会出现这种偏离。例如，"减肥"是"达到理想身材"的方案之一，而"未来14天，每天跑2千米"是该方案分解出来的一项任务；"提升专业技能"是"提升职场竞争力"的方案之一，而"每月读3本专业书籍"是该方案分解出来的一项任务。分解过后，大多数人就往往直接以制订好的方案和任务为目标，很少再以愿望本身为目标。如果一个人在减肥，那么得明白"达到理想身材"才是其战略目标，而不是诸如"未来14天，每天跑2千米""每天少摄入300卡路里热量，坚持一个月"这样的任务目标。前者是真正的目标，后者只是任务型目标；前者解释的是目的和意图，后者只是措施和手段；后者完成了，前者并不一定能达成。只要我们想清楚了这些，就能明白为什么很多时候即使完成了既定"目标"，但结果仍然不能令人满意。

例如，戴尔公司在发展过程中，曾经闹过一次笑话。当时戴尔公司刚刚换了 CEO，新 CEO 走马上任后，发现戴尔的销售业绩主要靠电话销售实现。为了提升销售额，他要求每名销售人员增加拨打电话的次数，并为每个员工制定了具体目标。在具体目标的规定下，为了增加拨打电话的次数，员工不得不提升自己的语速，挂客户电话的情况也日渐增多。如此一来，客户的满意度大幅度下滑，戴尔公司的客服部门收到了大量的投诉，对销售额也产生了负面影响。出现这种情况的原因，是管理者对战略性目标的分解失误，新的目标不能很好地指导公司的发展方向。这与 19 世纪澳大利亚地方政府为了灭鼠，曾经规定一条鼠尾巴奖励多少钱的鼓励政策，反过来催生了私人养殖老鼠卖钱，导致老鼠的数量不降反增的闹剧一样。

目标与过程是一体两面的。设置目标是一个系统工程，管理者需要根据实际情况进行具体评估，再做出合理的规划。战略目标是终点，而过程型目标决定了我们将如何到达这个终点。

当人们锁定目标或者问题后，会立刻调用自己的知识和经验，形成一个解决方案，下一步则是调动资源，制订计划，接着将这个解决方案落地。在组织中，上级选定的方案一旦被分解到下级就成了任务，并且级别越靠下任务越具体。在这个过程中，一旦人们脑中形成了解决方案，接下来就会以实现这个方案，完成由它分解出来的任务为目标，最初想要解决的问题反而被搁置一旁甚至压根儿就不知道了。

## 岔口与诱惑

条条大道通罗马，但条条道上都有岔口，每时每刻都有诱惑。导致目标跑偏的情形很多，常见的有如下四种：任务分解漏项、任务提出方与接收方对任务定义的分歧、过程中注意力不聚焦、过于追求过程中的完美。

任务型目标容易发生漏项，或者出现任务提出方和接收方对任务定义不一致。所谓任务型目标，是指将目标分解为一项项具体的可量化的任务或方案，通过任务的完成来促进最终目标的达成。但是将目标看作一个系统的话，各项分任务的完成并不一定能保证总目标的实现，因为目标是一个整体，各分任务之间会有相互作用，简单地将分任务结合并不能保证系统的完整性，其中会存在大量介于任务与目标之间的接口工作可能还未完成。未完成工作分为两种：一种是在开始之前已经分解，计划要完成的工作，但在实践中并未完成的；还有一种是从来就没有计划的工作，包括未被识别出来的风险或者接口管理等。毫无疑问，这两种情况都会影响顶层目标的实现。

例如，我们在验收委托开发的管理信息系统时，经常会发现这种尴尬情况，即：所有软件供应商对照合同或验收清单都完成了，但是用户需求却没有达成。还有，所有职能部门的考核指标都完成得很好，但是整个单位却没有完成考核指标。如果一项工作涉及多方参与，比如包括用户和产品供应商。用户定义的完成与软件供应商定义的完成可能潜在差异很大。软件供应商定义的完成可能就是指交付的软件模块，按清单打钩完毕。用户定义的完成则包括：一键出表、三日合并（按实际应用），在软件供应商的完成清单基础上可能要加上很多合同中没有明确、需求论证时也未发现的"潜在需求",尤其是在与自身管理匹配过程中既能促进管理提升,又好用、管用的一系列功能。我们如果把用户的定义作为初始完成定义,当软件供应商的完成定义只是一个小子集时,我们认为它是弱完成定义,当完成定义几乎等于潜在可交付时,我们才认为它是强完成定义。这会导致两种结果:一种是∑供应商完成≠用户完成,弱完成定义导致了大量累积的未完成工作,这种未完成工作会导致延迟和缺乏透明度,其中隐藏着重大风险,导致软件供应商任务完成了,但用户目标没有完成。另一种是产品供应商的完成根本就不适合用户完成,往往要到执行的中后期,方案中存在的问题造成了严重的后果,才能引起人们的警觉。

过程性目标也容易跑偏或停滞。有的是因为注意力不能一直聚焦在顶层目标上,有的则是因为过于追求阶段过程中的完美。

我们一方面要更多地关注过程,通过制定过程型目标,使我们能够将注意力从结果的成败或日常的波动转移到导向结果的过程。提升对过程型目标的重要性认识,我们在决定如何实现每一个目标时,这些以过程为导向的目标可以更加具体详细。归根结底,我们为实现过程型目标而投入的精力是由我们对实现战略目标的强烈愿望所推动的。我们对实现战略目标的愿望越强烈,就会越努力地实现过程型目标。否则,我们就像龟兔赛跑中的兔子似的,一会儿停下来睡一觉,一会儿又干点别的,导致顶层战略目标不能实现或推迟实现。

过程型目标不要过分追求当下的完美。在固定型思维模式中,当下的完美是如此重要,因为一次测验或者评估,可以成为适用终身的评判。但是环境是不断变化的,当下的完美不等于永恒的完美,过于追求当下完美的人,很容易将目光局限在当前状态,忽略战略调整与竞争态势的转变，导致浪费大量关键资源与精力，最终丧失竞争力。

例如，诺基亚的失败就是典型案例。在智能手机刚出现的时候，诺基亚瞄准了这一市场，但由于苹果公司也宣布要做智能手机，为了获取竞争力，诺基亚优先布局，它认为未来智能手机的决战是在地图领域，所以斥资 81 亿美元收购了当时全世界最好的地图公司 Navteq。Navteq 是道路交通传感器行业的主导者，在道路交通传感器行业占据近乎垄断的地位，仅在欧洲它的传感器就覆盖了 13 个国家 35 座大型城市，总里程大约 40 万公里。诺基亚认为只要控制了这些传感器，就能统治地图，控制移动及本地在线信息，就可以与谷歌在实时数据领域不断壮大的实力相抗争，同时抵挡苹果公司革命性的新产品。理论上这个想法在当时确实是完美的，可以让诺基亚在市场上获得遥遥领先的地位，可是以色列出现了一家名为 Waze 的小型公司。与大量交通传感器硬件不同，Waze 的创始人选择了将位置信息众包出去的策略，利用其用户手机上的 GPS 传感器来获取交通信息，这也是乔布斯宣传的智能手机新视界，在短短两年内，Waze 的交通数据量就赶上了 Navteq 的道路传感器数量，而在 4 年之后更是达到了对手的 10 倍之多，而且 Waze 增加每个新设备所需的成本基本为 0，更不用说它的用户会经常更新他们的手机又相当于升级了它的信息基础。后来诺基亚被微软收购，才卖了 72 亿美元，整个公司的价值还没达到它收购 Navteq 公司时付出的价格。

我们在推动战略财务任务的过程中，也一直面临走偏、走样的风险。例如，"实现数字化转型"这类目标本质上都是为了解决企业内部现存的一些问题，或者为了实现某些价值而选择的方案，并不是最终企业的目标。事实上，此类"方案型目标"不只出现在企业高层，在各个层级都很常见。比如，在研发团队中把常见的"提高产品质量"作为"提高客户满意度"这个目标的方案；把"提高自动化测试覆盖率"作为"缩短测试时间，减少人为失误"这个目标的方案。在财务管理中，把"降低存货占流动资产比重"作为"提高资产运营效率"这个目标的方案。

许多组织都在强调执行力，似乎组织无法取得预期的结果，是因为执行力出了问题。但如果组织内部的目标传递系统向下传递的是方案或任务，而不是目标，那么目标的完成从何谈起呢？在KPI之类的体系里，只要任务指标达成了，目标就算达成了。但实际上，如果一个团队的任务完成了100%，结果验收人只接受了其中70%的工作，对另外30%的工作要求做出调整或者拒绝接受，那么团队的目标就只完成了70%。我们针对战略财务工作也一样，要审视一下这些是目标还是任务：上级要求"提高全面预算准确性"，下级理解"加严预算编制环节的审核"；上级要求"提高会计月报的及时性"，下级理解"提前结账"；上级要求"实现财务穿透式管控"，下级理解"统一财务软件"，等等。

战略财务在确定对其他业务支持的目标时也需要尽可能清晰化。例如，一个销售团队在对财务部门提请求的时候，有以下三种可能的提出方式：第一，抱怨财务流程复杂，导致销售部门损失一部分客户；第二，希望优化财务流程，缩短客户等待的时间，但没有给出具体的、量化的要求；第三，明确表达如果财务流程可以缩短3天，将有可能挽留15%的客户。显然，第三种方式更有可能获得上级和财务部门的理解和支持，财务部门可以很容易建立"用户验收标准"。

## 考核的陷阱

作为管理者，管理基本原则是结果导向，但过程管控也必不可少，大多数情况下是需要两手抓。至于阶段性是以抓过程还是以抓结果为主，完全看形势需要；对于成熟业务、成熟模式、成熟团队及稳定产出的项目，整体以管理结果为主，过程管控为辅；对新业务、新模式或新团队，尤其是尚未有成熟的作业模式，过程管控及帮扶更重要一些。在这里我们不去探讨结果和过程哪个更为重要，只是借用结果的导向性和过程的流动性来指导我们加强对过程管控的考核。

考核指标的设置主要是从过程出发，同时也要参考结果指标。因为结果本身是滞后性指标，是用来考核和评价，而过程指标中凝练的引领性指标可以用来监控、纠偏，促进结果性指标的实现。设置相对合理的、相关的尤其是可定量描述的引领性指标有一定难度，需要相关业务人员讨论，或者从历史数据找到支持，或者假设某过程指标，经过一段时间进行验证；另外引领性指标都是源于过程，需要对其监控、分析，滚动迭代节点考核指标的设置。不能把指标当目标，也不能简单拆解目标作为指标。节点考核后一定要注意及时提供反馈，尤其是修正性反馈。节点考核的重要意义就在于及时纠偏和处理发现的问题，所以只有及时反馈才有助于过程管控，实现发现问题-解决问题-能力提升的良性循环。

考核的本身并不能提高员工的绩效，要使考核成为受人喜欢的东西，必须要走出考核的误区，树立管理出绩效，而非考核出绩效的观念。将考核的关注点落脚在管理提升上，并融入管理活动中，使管理者明白通过实施考核管理是为了建立管理者与员工的绩效合作伙伴关系，而不是为了制造对立；是为了通过完善的绩效管理体系的操作，消除管理者与员工之间的对立，营造一个共同达成目标的良性循环的管理环境，使企业的考核管控与企业的远景目标真正结合，落到实处。

前面谈到过的古德哈特定律点出了考核的困境。这个定律是用经济学家查尔斯·古德哈特的名字命名的。古德哈特定律指出：一项指标一旦变成了目标，它将不再是个好指标。古德哈特说这话的背景是20世纪70年代，针对的是撒切尔的货币政策。他的原话是：一旦你试图通过施加外部压力来控制它，任何统计观察得到的规律都会轰然倒塌。

在实践中，考核与被考核者经常玩猫捉老鼠的游戏。上级部门考核收入，下面就开展低毛利贸易、循环贸易、"空转""走单"甚至是虚假贸易，通过贸易来快速做大规模；过分考核利润，下面就少投入研发、少计提折旧，甚至是"甩成本""甩亏损"，"做利润"的花样层出不穷。但是，不评价不考核，放任自流不管不顾，在所有者与经营者相分离乃至多层委托-代理的架构下，更容易催生道德风险，导致劣币驱逐良币。

除了考核本身的困境，也有技术层面的问题。管理心理学指出：员工努力的动机，来源于两个因素的乘积，一个是奖励的力度，另一个则是实现的可能性。两者任何一个为零，则乘积为零，即考核激励失效。奖励的力度是否到位姑且不说，目标实现的可能性在实操中大可商榷。有的完全是从主观愿望出发，简单粗暴地从诸如"两倍于GDP增速""五年翻一番""跻身世界500强"等愿望推算出来一个指标，既不做市场分析，也不投入资源，只是加强奖惩力度，结果是催生了更多的造假行为。考核部门再纠偏，请内部审计、第三方审计进场，做业绩认定，于是又一轮猫捉老鼠游戏开始了。

贝索斯对亚马逊的绩效评价系统进行过一次大的改革，在很大程度上抛弃了对员工进行等级排名和为每个团队设置淘汰目标的做法。以前的绩效评价系统要求对于每个员工开展"360度评价"，其所有同事都要写冗长的评价，发送给该员工的直接上司。直接上司会将这些评价整合在一起，再亲自和该员工进行一对一谈话，这种方法往往导致这些谈话最终聚焦在员工的缺点上。这使得90%的亚马逊员工在经历绩效评估之后都会感到更加挫败。而经过改进的绩效评估系统，要求同事和管理人员用60个单词描述员工的"超能力"，再用60个单词描述下一年的"成长想法"，这些评价都是从前瞻而积极的角度做出的。贝索斯形象地说："我不需要一个告诉我有多胖的绩效评价系统。"

与此类似的是，我们在对下开展考核时也喜欢设置约束指标，甚至是"一票否决"项。如同在评选最佳足球运动员时，不是看他所在球队是否赢得了比赛、球员本人进了几个球，而是看他犯了几次规、被亮了几次牌似的——这种考核导向，选不出球王，只能选出一个个的板凳队员。以扣分为主要导向的考核指标，不是面向发展，而是面向上级部门自己设定的过程型目标和任务型目标的。

## 第二节　不能半途而废

### 0.1 与半成品

在我们的司库团队中流传一个梗，如果有人催进度了，他会问"还在穿鞋呢？"2019年财务信息化三年跃升工程专职论证小组完成论证方案以后，我们在内部举行了一个"交钥匙"的简短仪式，由论证小组的成员分别将画着财务共享中心和司库大厦的图样转交给财金部门的主管人员。举办这个仪式，是想进行责任交接，标志着从方案论证阶段转向了正式实施阶段。后来我嫌司库实施的节奏太慢，就向他们反复讲一个冷笑话，说：蜈蚣和蝎子是一对好朋友，有一天他俩坐在房间里边喝酒边聊天，不一会儿酒喝完了，蜈蚣决定出门再买一瓶。蝎子坐在房间里左等右等始终不见蜈蚣回来，打开门一看，蜈蚣还坐在门口一只脚一只脚地穿鞋呢。蜈蚣的脚多、穿鞋慢，我们自己得要赶快出门才是。

苏伦斯·彼得说：失败者有两种，一种是光想不做的人，一种是光做不想的人。或许一开始做出来的东西不会太好，但是只有先想办法做出一些东西，才有机会思考如何做出好东西。在企业内部开展管理工作，很多事情都是如此，虽然不像研发领域那样惊心动魄实现从0到1的飞跃，但许多首次开展的工作也是从无到有，也有一个从0到0.1的过程，迈出第一步时也需要勇气，因而第一步也更具价值。

有行动才有目标，没有行动，目标就没有了意义。任正非说：华为公司从创办到现在，从来没有追求完美，追求完美我们就根本动不了。我们在推行各种政策时，只要大的环节想明白就推行，然后在推行过程中慢慢优化。不要事事都追求完美，总想着等时机完全成熟、做好万全准备再出手是要耽误事的。事实上，人会随着理解的加深而逐渐改变自己的认知，所以没有永恒不变的正确。要允许自己在执行中犯错误、敢于付诸行动，先要确保计划或规划的执行，再思考如何使结果更完美。

开始行动是一切的基础。我们在集团全级次集中部署财务管理信息系统，统一全级次财务会计政策、会计科目，组织全级次财务大检查和"回头看"工作，推动集团司库建设和财务共享中心建设，组织成本管控月度例会并建立成本监测指标体系，建设集中部署纳税管理信息系统（税管云系统）、规范集团纳税管理，制定出纳、税务管理等岗位说明书及重点业务操作指南，推动财务工作质量保证体系建设等十多项工作，在集团公司内部都是创造性推动的，其中多项工作在央企范围内也是创新性开展的。我们在这些工作中，比如双网架构下推动"一个库"建设、贯通资金"安检通道"、ACS建设、财务工作质量保证体系建设，这些方面的工作找不到可直接借鉴的内容，需要不断摸索。我们坚信有了0.1，就有0.2；0.1永远大于0，完美的结果永远是长期努力的结果。

初步完成是最重要的里程碑。初步完成相当于测试版本（Beta）或演示版本（Demo），相当于0.1，完整的作品相当于1。打造完整的作品相当于从0到1的过程，只有初步完成了这个0.1，才能实现从0.1到1的升级迭代，在初步完成的基础上再去追求完美。锤子手机在研发上过分追求完美，导致产品上市多次进度推迟而跟不上潮流，公司最后破产。而埃隆·马斯克制造第一代特斯拉时，只是将汽油发动机的整套系统换成了电池驱动系统，及时完成了交付，从而得到了后面的订单，然后通过不断的优化，使特斯拉存活了下来。这也充分说明0.1>0，只有迈出第一步，才会有向1进阶的基础。

这个0.1也可以是0.3、0.5，换句话说，它必须是一个半成品或者中间产品。所谓半成品，是指经过一定生产过程，并已检验合格，但尚未制成产成品的中间产品。半成品是下一道工序的原料，中间产品有可能是最终产品，看产品用途；中间产品是半成品的一类。是不是半成品或中间产品，关键看面向最终目标是否创造了价值。工厂车间生产的产品如果不能为下一道工序所使用，那就是废品；只有为下一道工序所使用，才变成了半成品或中间产品，才构成了最终产品的一个环节或一部分。

如果把最终目标的实现看作产成品，目标执行看作生产过程，半成品就是在执行目标过程中输出具体的、可以呈现的、有结果的物品。半成品越明确，过程管控的时候越有抓手。为了实现目标，华为制定了目标牵引法，在收到或设立一个总目标时，将其分解为包括过程目标和要素目标两个方面。按时间分解成过程目标，代表分几步实现，这与前面我们分析的过程型目标类似。按品质或成效分解成要素目标，指出要点，这里要素目标与我们所说的半成品有相通之处。任正非说：战略就是"方向＋节奏"，这里指的节奏，就是阶段目标，阶段目标的成果，在战略执行中就是一个半成品，是为下一阶段目标奠定基础的关键输入。

当然，完整的作品才是最关键的。把注意力放在打造完整作品上面，因为完整的作品不仅能代表我们过去做了什么，也能展示出我们未来还能做什么。不管是写作、创作，还是要打造一个产品，打磨完整作品的过程就是一个不断完善、持续精进的过程。在这个过程中所锻炼出来的学习能力、毅力和执行力都会逼着我们迅速成长。无论是多么简单的作品，只要是完整的，其背后都一定投入了制作人的心血。这种全身心投入的经历，是一种非常美好的体验。有人把完成作品后的感觉形象地称呼为"最后的拂拭"，如同米开朗基罗雕刻完一件作品后，用手轻轻拂去作品上的石屑一般。2003年，我和几位同事熬了一个通宵，抱着刚刚印刷出来的全面预算草案，闻着那股浓浓的墨油味，当时我也体会到了这种感觉。巴金也曾谈到："我写完《春》，最后一次放下我的自来水笔，稍微感到疲倦地掉头四顾，春风从窗外进来，轻轻拂拭我的脸颊。"

完成是追求完美的基石，完善是通向完美的过程。追求完美固然重要，但只有先初步完成之后，才有基础、有时间去追求完美。要快速付诸行动，先完成初步作品，再不断进行完善，打造出完整的作品，最后再去追求完美。从另一个角度看，完美可以是终极的追求，但不能成为初步的阻碍。一开始就想着追求完美的话，不仅会影响你的行动力，还在于几乎很少有人能一次性把事情做完美。所以马上开始做，哪怕做不好，哪怕会做错，也要先把事情初步完成。

纸上得来终觉浅，绝知此事要躬行。虽然我们最终的目标是不断接近完美，但这个世界本来就不是完美的。认识到这一点，我们在生活和工作中就不会为了最后的一点点工作而永远无法把它们做完。随着我们的认识不断进步，会发现过去认为的完美其实并不完美。$0.1>0$的道理谁都懂，做事情不怕慢，就怕站。脸书办公室标语"比完美更重要的是完成"，也是告诫大家不要过分追求从0到1的完美飞跃，先起步将计划落地，实现从0到0.1的转变，在此基础上调整完善，逐步向1进阶。很多时候不是做不到，而是想做得太完美，导致整个组织裹足不前，一次次错过自我突破的可能。如果一味追求完美，反而容易在细枝末节上花费太多时间，重点偏移，最后甚至导致事情没法完成。应该先开始行动起来，做出一个半成品，然后在初步完成目标的基础上逐渐进步。

### 防止成为烂尾楼

黑格尔曾讲过，存在的即是合理的。这是从哲学角度的阐释，如果从情理的角度来看这句名言就有太多歧义了。比如说，存在于城市中的一幢幢烂尾楼，它们占据了有限的空间、耗费了大量的资源，却无法正常使用，成为了一幢幢的建筑垃圾，显然是不合理的事物。还有一种鬼城，"鬼城"总是与城镇化大跃进和房地产过度开发紧密相连，是缺乏理性认知与科学考量的主观"造城"运动带来的。违背市场应有的秩序是其根本原因，也是政府主体职能异化，违反市场客观规律的产物。当城市以及乡镇的"造城"速度远远高于其相关配套服务设施建设的速度，尤其是公共服务设施的缺失，造就了这种有"城"无"市"、有"城"无"人"的"鬼城"奇观。

管理活动在推动过程和后续持续过程中失去"活力"，就会成为"烂尾楼"；管理创新活动如果没有用户，就如同盖了一座"鬼城"。这是战略财务管理者最不愿意看到的事。哪些财务管理活动或工具会造成"烂尾楼"或"鬼城"呢？

保持目标执行过程中的持续活力是避免"烂尾楼"出现的重要因素。活力从何而来？一是来源于内在的成就感。美国心理学家米哈里·希斯特赞米哈伊认为，当我们高效地完成了一件事情，心里会特别有满足感，这是大脑给予完成者的奖励，这种奖励物质就是多巴胺。多巴胺会让人产生愉悦感，同时如果我们能乐在其中，大脑还会奖励我们一种状态——心流。心流是指我们在做某些事情时，那种全神贯注、投入忘我的状态，这种状态下，你甚至感觉不到时间的存在，在完成某件事后我们会有一种充满能量的满足感。所以高效地完成一件事情很重要，它既能让我们的大脑得到快乐奖赏又能让我们实现心流状态，从而更加有信心去做下一次的挑战，为管理活动的推进提供持续的活力。

二是来源于外在的危机感或紧迫感。任正非说他十几年来天天思考的都是失败；比尔·盖茨经常说微软离破产永远只有180天；集团公司始终是如履薄冰、如临深渊，"航天人只高兴一天"，每次成功以后马上归零，接着投入下一场任务。领导层的危机意识是保证团队活力的一大关键因素，时刻都不能掉以轻心，要让组织这个机体时刻保持对外刺激的敏感性，保持一种警惕和临界的状态。这种感觉和状态，会让组织始终年轻而有活力。

那如何树立危机感或紧迫感？约翰·科特认为，首先要树立危机意识，我们永远叫不醒一个装睡的人，除非把空调关掉。有过往成功经验的企业，往往容易形成路径依赖，要打破这种惯性，必须有一个外推力触发，业绩压力、危机事件等，是很好的契机。其次是传递压力，把责任往下压，同时权力与资源往下放，激发员工潜能，从领导"要我变"到"我要变"。增强紧迫感还需要运用场景化的策略。比如，1985年张瑞敏召开全体员工大会，把76台质量不合格的冰箱当众全部砸掉，产生了极大的震撼力，在员工心里树立了一种质量管理的观念，"精细化，零缺陷"开始变成全体员工发自内心的心愿和行动。但另一方面，也要避免自满与虚假的紧迫感。自满是一种满意和自我满足的感觉，尤其与未曾意识到的危险或麻烦并存。自满的人，不太在乎其组织面临的新机遇和新危险，他们更关注的是组织内部，而非外部所发生的一切。最突出的是，他们只凭以往的成功经验做事。

我很担心，本书中介绍过的一些战略财务工作会变成烂尾楼，或是变成无人居住的"鬼城"。企业内部很多的管理创新工作，单纯是为了创新而创新，没有使用价值，如同《庄子》描述的朱泙漫一样，耗费了所有家产，花了三年时间学成的屠龙术，但是到哪里去找龙来屠呢？这样的管理创新，没有实用价值，最后就会沦为"鬼城"。除此之外，还有一些长周期的工作，也容易因为领导或领导注意力的变动而失去推动力，或是因为缺乏毅力、不能解决过程中的问题而中途退出，甚至是不愿支付持续改进的成本而作罢，这些都是产生烂尾楼的原因。

财务数字化转型是一项长周期的工作，需要 5~6 年的时间来持续推动、持续改进。行过中途，当下我与团队讨论最多的就是如何避免成为烂尾楼，如何避免成为"鬼城"。

## 第三节　推到不可逆阶段

### 自然停止点

长周期的工作要避免成为烂尾楼，每一阶段的工作都要做得很扎实，除了交班时应该把工作推到不可逆（可累积）的阶段外，分段节点也应该落在自然停止点上。

什么是自然停止点？就是能形成一定工作成果的最小单元。最形象的例子是一个人在玩游戏，有人叫他去办别的事，最经常的回复是"等我打过这一关立马就去"。为什么要等过了"关"再停下来，因为这就是一个"自然停止点",打到一关,过了就能得分,下次是接着往下打;没打完一关,中间停下来,前面玩的都是白费时间。游戏中最初的关卡术语,很可能来自于早期的家庭游戏,这些游戏流程根据难度的递增被分成几部分,称之为阶段或者关卡。除"关卡"之外,在马里奥游戏中见到的"世界""场景"以及"地图"等词汇,以讲述故事为主的游戏通常使用"幕""章节"等词汇,都可用于指代游戏的阶段。另外,游戏中成阶段的战斗(波浪式攻击)称为一"波",拳击等不断重复同一阶段的形式称为一个"回合"。游戏设计者创造关卡的过程,实质上也是细分自然停止点的过程。

所谓"自然",并不是指随心所欲地想停下来就停下来,它往往需要与自己较一下劲,"再坚持一会儿",到前头那个自然停止点再歇。通常情况下,达到自然停止点之前要跳过"缺口"。还是举游戏的例子,马里奥是古董级的游戏,现在也有人玩。这种横版卷轴游戏中,在过关之前,玩家必须跳过缺口。缺口大体可分为允许失误的缺口(可以重新挑战的缺口)和不允许失误的缺口(不能重新挑战的缺口)两种。不允许失误的缺口一旦失足跌落就会导致玩家角色死亡。我们在推进复杂长期任务时,也要跳过这种不允许失误的缺口。可简单跃过的缺口,只要不粗心大意就很少会失误;需要计算起跳时机的缺口,我们得有较精确的操作,菜鸟和普通玩家都多少需要一些练习;须完美把握时机才能跃过的缺口则必须做大量练习才能保证成功。我们要提前了解缺口的排列顺序,在一次又一次失败中渐渐摸索到正确的起跳时机。有的任务的缺口按照由易到难的顺序排列,就可以让我们在初期积蓄成功体验,即便在最后一个缺口失误,前面一路上的成功体验也会留在我们脑海中,可以重整旗鼓。有的任务按照由难到易的顺序排列,让我们在任务初期频繁失误并重新挑战，随后一路通畅的感觉如同骑车艰难过坡后的"放坡"似的。有的任务缺口的难度像音乐一般有节奏，我们若是能随着节拍节奏将任务一气呵成，其所带来的爽快感又将是另一种境界。

自然停止点的"密度"也必须与我们的推进动作和推进速度相配套。我们在复杂长期任务推进中即使不能设计，也要有意识地识别自然停止点的密度。比如，我在本书的写作过程中，先确定全书的框架，八章，每一章大约四节，每一节大约三小节，然后以每个小节为一个"构件"，将全书分成大约100个独立的构件，一个构件一个构件地写。每个构件的完成就是一个自然停止点，并根据推进速度确定了密度。这样一来，就像完成一座框架式建筑似的，把预制件、各种构件准备好了，进度自然能保证。

我们所说的自然停止点，不同于质量控制中的"停止点"。在生产过程中质量控制设置的工序"停止点"，针对的是"要害工序"的一种控制方法。质量管理体系标准曾下过一个定义："停止点"是相应文件规定的某点，未经指定组织或授权（人）批准，不能越过该点继续活动。"停止点"是针对"要害工序"的一种外部监控的管理方法，监控者是工序外部的"指定的组织"或者是"授权人"，没有他们的批准，产品"不能越过该点继续活动（转序生产）"。虽然，建立"停止点"是一种有效的确保产品质量的控制方法，然而，"停止点"对生产却有一种抑制作用。当作出了建立"停止点"决策之后，确定"停止点"的适宜的放行条件很重要，类似里程碑考核。适宜的放行条件第一原则是有效，其次就是易于理解和操作。

自然停止点除了阶段性特征，还必须具有一定程度的完整性、独立性。从游戏的角度来说，它可以是一个关卡、一个回合；从生产的角度来说，它可以是一道工序；从写作的角度来说，它可以是一个小节；从建筑的角度来说，它可以是一个构件。如前所说，它是形成一定工作成果的"最小"单元；所谓"最小"，是相对于整个任务而言的，准确地说，是相对于任务管理者针对任务分配而言的。例如，我国从 20 世纪 80 年代开始研究企业会计准则。1992 年 11 月发布第一个《企业会计准则》，共 10 章 66 条；五年后，从 1997 年起财政部陆续颁布具体会计准则，到 2000 年底，共出台《现金流量表》《收入》《债务重组》和《建造合同》等 10 个具体会计准则。到 2006 年，财政部又组织对基本准则重新修订，2 月修订发布《企业会计准则——基本准则》和 38 个《具体会计准则》，要求自 2007 年在上市公司中实行，这是与国际会计准则趋同的重要里程碑。2014 年，又再次组织对基本会计准则和部分具体会计准则进行修订，2023 年完成了对金融工具确认和计量、金融资产转移等具体准则的修订。这项工作跨度 20 多年，毫无疑问属于一项长周期的复杂任务。因此，每一次准则的修订、发布都可以算一个自然停止点，一步一步走下来，一个准则一个准则地完善，从而有效推进了我国会计实务与国际趋同的顶层目标。

　　自然停止点每完成一个任务，与其说得到的奖励是经验点数和黄金，还不如说是得到了更多可以完成的任务。在《幸福多了 40%》一书中，索尼娅·柳博米尔斯基写道：提高人们日常生活质量最快速的方法，就是"赋予人们具体的目标，一件可以去做又能保有期待的事情"。一旦明确的目标和特定的任务联系起来，我们就有了目的感，有了十足的冲劲。一份设计得当的工作，预留了进展空间，就保证了内在生产力，这也正是它吸引人的地方。

自然停止点有时是最优体验，是由我们自己所缔造的。对一个孩子而言，也许就是用发抖的小手，将最后一块积木安放到他从未堆过的那么高的塔尖上；对一位游泳健将而言，也许就是刷新自己创下的纪录；对一位小提琴家而言，也许就是把一段复杂的乐曲演奏得出神入化。每个人毕生都面临着不计其数的挑战，而每次挑战都是一个获得幸福的良机，每次成功的挑战就是一个自然停止点。例如，开普勒在1609年发现了第一和第二定律，又花了10年时间发现了关于所有行星的第三定律。他在1619年出版的《世界的和谐》的序言中欣然写道，他终于看到了上帝计划中的规律："现在，从8个月前的黎明、3个月前的白昼和几天前开始，当充足的阳光照亮我奇妙的猜想时，已经没有什么能阻止我了。我心甘情愿地陷入这种神圣的狂热状态。"开普勒陷入的这种神圣的狂热状态，就是他自己缔造的最优体验。

## 不可逆的本质：交班可积

长周期的工作要纳入制度轨道，防止因为领导人的变更而反复、中断，领导人变更导致的风险是一种交班时的风险。与此相类似，在具体工作层面，因为报表主管轮岗，而导致单位的报表编制水平"断崖式"下跌，这也是一种交班时的风险。西西弗斯头天的工作也要向第二天的西西弗斯交班。交班时最大的风险就是"推倒重来"。不管是主观原因还是客观原因，"推倒重来"意味着工作的不可积累，接班的人只得像第二天的西西弗斯一样，从山脚下从头开始。所以，需要分段推进的长周期工作，在交班时（更多的是不同的人之间的交班，也有同一个人在不同时间段的交班）应该把工作推到不可逆的阶段，也就是交班时的工作成果是可积累的。我称之为"交班可积"，认为"交班可积"是把事物推到不可逆的最重要的特征。

"不可逆"这个词最早可能要追溯到物理学领域。热力学第二定律认为，自然界有些过程只能向一个方向自动进行，例如热可以从高温物体自动转向低温物体，但不能从低温物体自动向高温物体传播，这种过程就是不可逆过程。不可逆过程的明显表征是熵增，熵是个颇为神秘和模糊的概念。1865年，德国物理学家克劳修斯首次提出熵的概念，"一个封闭系统处于均衡状态时，熵等于其总能量除以系统的均衡温度"。后来奥地利物理学家玻尔兹曼用分子运动论和统计方法给了熵通俗的解释，"是分子运动无序性的度量"，熵增表示系统内的无序程度的增加。举个简单的例子，我们将一滴墨水滴到一杯清水中，墨水分子的无序运动会使它逐渐扩散，直到这杯水变为淡淡的墨色，这就熵增的过程。我们无法再分离出墨水和清水，所以这就是不可逆的过程，不会倒退也很难改变。

可累积的典型应用就是复利。复利被称为世界第八大奇迹。复利就是利滚利，指在计算利息时，某一计息周期的利息是由本金加上先前周期所积累利息总额来计算的计息方式。现代金融学的基础就是承认并接受利息的存在，也无处不在地应用着复利原理。股票、基金等采用的是复利的计息方式。100年里道琼斯指数的增长曲线，世界人口增长曲线，个人人生的成长曲线，它们的形状跟复利曲线的形状都完全一样。但是，复利增长有个天然的"缺陷"，就是在初期很漫长的一段时间段里，增效都非常低，低到几乎感觉不到它在增长，只有走到某一个位置，这个曲线才会急速上扬，这个斜率突然发生变化的点，就是拐点，我们可以定义为"可积点"，跨过这个点，才开始真正有意义，才真正开始了不可逆转的进程，在那之前都是积累与等待。例如，麦当劳日本连锁公司的掌门人藤田田，在他年轻时每月雷打不动地坚持把工资和奖金的 1/3 存入银行，尽管许多时候这样做会让自己非常拮据，但他仍咬牙坚持，有时甚至借钱维持生计，也从来不去动银行的存款。这样的情况他坚持了 6 年，随后他用自己在艰苦岁月里仍节衣缩食积累 5 万美元存款的经历，打动了一名银行家，获得了创业所需的 100 万美元的贷款，开设了日本第一家麦当劳，最后成为麦当劳日本连锁公司的掌门人。贷款创业就是藤田田"可累积性"存款的拐点；如果他只是坚持存款，看着账户上的数字在不停增加，那这样的累积又有什么意义呢？

交班可积要避免奇点。奇点在数学中是指无法定义的点，一般分成两种情况：一是这个点的值在数学上没有定义，比如，$f(x)=1/x$ 在 $x=0$ 的点，是一个奇异点，在这个点上函数趋于无限，而在数学上无限的值是没有定义的。二是这个点破坏了该数学物件的整体一致性，这个点被称为病态的，是良态的反义，比如光滑曲线或平面（光滑函数）上的尖点，它破坏了该函数的可微性，$f(x)=|x|$ 的 $x=0$ 那一点是奇异点，是连续的曲线中一个断掉的点，它破坏了该曲线的连续性。反映到现实生活中，政策的突然改变导致烂尾楼大量出现就是典型的奇异点。奇点会导致不可积累，西西弗斯的精疲力尽点也是奇点。

交班可积要达到交班时允许的误差范围之内。比如，航天领域的导弹有复合制导模式，研究的内容基本集中在两方面：第一是各阶段上的制导导引规律；第二为各制导段的交接班问题。交班时刻可能是不同模式的交接，但前一模式必须控制到目标误差范围内，才能使后一模式发挥应有的作用。

　　交班可累积与自然停止点既紧密联系，又有所区别。前者突出强调阶段工作的"可累积性"，是对冲交班风险的一种有效措施；"可累积"更多的是面对一场"无限的游戏"，不是争一时输赢，重要的是这个游戏本身必须无限地延续下去。而自然停止点则是面向有限的游戏，有限游戏的目的是取胜、积分。市场上卖得好的或者可以用来出售的大都是有限游戏，有限游戏意味着竞争，让玩家知道终点在哪儿，才能明白继续的方向；而为了让游戏继续下去的无限游戏，像一些农场类的游戏，主要是为了稳定地保持流量，因为农场可以无限扩大，没有终点。

## 第四节　坚　韧

**顺势而为**

　　推行长期复杂任务要善于积厚成势、顺势而为。庄子说，"风之积也不厚，则其负大翼也无力"。譬如下围棋，每一处自然停止点的积分，就好比落一颗棋子，棋手们的每一落子都会导致"势"的变化，并且在一步步的变化中积累自己的优势。围棋中的"势"，专指外势。外势是指对弈过程中形成的一种具有潜力的虚空，一种对未来作战有利的厚度，所以人们将外势又称之为厚势。这也是"积厚成势"的出处。但是，"厚势"又不同"实地"。棋高一着的人往往把对手做成的强大外势和形成的大模样不放在眼里，任凭外势有多厚，模样有多大，他轻轻一投，白茫茫的空顿时化为乌有。所以古人云"高者在腹"。善走外势者，对棋手的艺术境界和技术水准要求是很高的。首先要求棋手具备良好的心态，同时还要有强大的攻击能力、灵活机动的实力和外势的转换能力、准确无误的形势判断能力和把控全局的均衡能力。要运用好外势，棋手除了具备很强的战斗能力和计算力，还要有敏锐的观察力。这里所说的"顺势而为"，是化胜势为胜利。

组织越庞大，惯性越强，只有把一件事推到一定程度，才可以形成发展的"势"。字典中的"势"的释义是：力量惯性趋势。"势"可拆解为执、力，势是一种力，力的产生必然伴随运动，同时具备速度和方向。《易经》中势也被解释为"时、位、度"，所以"势"是在不同的时点和位置所蕴含的能量。有运动自然会有方向，"势"具有有向性，要顺势而为、做大势所趋的工作。老子认为水有七善，其中一善为"动善时"，就是要把握时机，完成从面对到接纳，最后有所作为的过程。顺势而为的核心有两个，一是顺，二是为，就是要在正确的时间里做正确的事。

顺势不仅是顺应，还要有预见。德鲁克说过，"对于外部的情况，真正重要的不是趋势，而是趋势的转变，趋势的转变才是决定一个机构积极努力的成败关键"。如果当下形势不利，而未来趋势基本明朗，发展势头乐观，我们也应当利用各种工具和手段，将各种资源引导至有利的方向发展。

就如小说家威廉·吉布森的一句话："未来已经到来，只是尚未平均分布。"在当前数字化成为新一轮科技革命和产业变革加速推进的重要动力的背景下，规范、精益、集约、高效、智慧成为建设世界一流财务管理体系的标准，集团公司正在推动的这些战略财务任务，包括财务数字化建设、财务共享中心建设、司库建设、财务工作质量保证体系建设、成本管理基础能力提升这些基础性工作，都需要我们借势、蓄势，积厚成势，然后顺势而为地坚决推动。例如，我们在推动财务共享中心建设的过程中，一方面借上级部门要求的"势"，借兄弟央企成功建成的"势"，更重要的，我们在集团公司内部充分利用试点带动的效应，在最重要的几个成员单位逐个推进，先是火箭院成立了财务共享业务处理分中心，接着是上海航天局（八院）成立了财务共享业务处理分中心，然后是卫星院、四川航天局（七院）等等，纷纷成立了自己的财务共享业务处理分中心。跟进的成员单位越多，蓄的"势"就越大，最后所有的主要成员单位都组建了财务共享业务处理分中心。在这些工作的基础上，集团公司也决策成立了财务共享中心——我们是先难后易、自下而上地最终完成了"1+N"模式的财务共享中心建设。

## 渐进主义

我们的生活是个庞大、复杂的系统。而越是这种庞大、复杂的系统，反馈的周期就越长，短期内的结果根本影响不了长期的走向。要是想控局，就要做时间的朋友，不能急于求成，要当渐进主义者。

渐进主义可能并不是一个十分严谨的概念，从字面的意思也能理解其内涵，但我们也可以看看和它相关的理论。地质学领域的渐进主义可以追溯到 19 世纪 30 年代。1831 年，达尔文得到一个工作机会，在小猎犬号测绘船上担任"博物学家"。他在小猎犬号上待了将近 5

年（1831—1836），大部分时候在南非，收集了许多植物、动物和化石标本，并且不断阅读、思考、写作。他信奉莱尔的《地质学原理》，认为各种地貌（山脉、峡谷和岩石的形成）是受风力、水流、火山爆发、地震等因素不断侵蚀而成，而不是圣经中所说的诺亚洪水这样的大灾难造成的。达尔文提出了渐进主义观点，即微小因素日积月累也会有很大的影响。

管理学领域的渐进主义是1959年由耶鲁大学经济学家林德布洛姆最早提出。他在《公共行政评论》杂志上发表的论文《"渐进调适"的科学》，从公共政策研究领域提出了渐进主义决策理论。渐进决策理论认为，一个决策的形成或者政策议程备选不是完全理性的，因为决策者无法每年都检查所有现行的政策和提出的政策建议，在考虑所有相关信息的基础上作出政策抉择；同时也不是"满意准则"的产物，它应该是在"元政策"的基础上不断修正、不断完善，以适应社会发展的政策。渐进主义决策是一种保守的决策，坚持"积小变为大变""稳中求变"和"按部就班"的原则，这种微妙变化的原则，看似没有理性决策那般完美，但是经过一定年限迭代，产生的效果却是巨大的。达尔文和林德布洛姆从自然科学和公共管理学的角度都对渐进主义进行了有效性的验证。

美国法院创新中心的格雷格·伯曼和奥布里·福克斯合著的《渐进：激进时代的渐进变革》一书中提出，公共政策的渐进式方法不仅是描述美国政府实际运作方式的最佳方式，而且是实现变革的更有效方式。同时，作者也明确提出"毕其功于一役"的思考在剧变时代很流行，通过提前做好计划，推翻过去就能赢得新的未来。

渐进主义也是一个蓄势的过程。蓄势本身就是一个长期的过程，前期准备越充分，积蓄能量越大，工作的成效越会显著。蓄势蕴含的两个关键点是积势、待时，积势指的是一项工作前期的准备、各种资源的积累，待时就是找准合适的时机来发动，等待不是懈怠，是一种有效的克制，为一击制胜创造条件。

渐进主义更多面向无限游戏。"毕其功于一役"这样的思考方式，缺乏对复杂变化多次博弈的认知，如果放在"有限游戏与无限游戏"的思维框架下审视，仍然是有限游戏。多次博弈，不断变化，根本容不得复杂周密的设计，所谓"计划赶不上变化"就是这一道理。渐变，改良/改革反而是剧变时代不断试验，同时不断经受检验的最佳方式。

渐进主义体现了短期和长期之间的张力，也为龟兔赛跑做出了全新注解。渐进主义好像乌龟，短期看不到太大的改变。激进主义类似兔子，很快就能带来大改变。但如果从长期衡量——这个长期是十几年甚至几十年——不难发现，乌龟的厚积薄发，相比较兔子的爆发力强但缺乏持久性，更胜一筹。改变需要耐心，改变面临各种阻力，改变能否持久也需要持续的经营，这都是渐进主义的重要特点。

渐进主义有助于建立并维系团队协作。有研究比较了三种团队协作机制：项目从小开始并慢慢增大的"渐进主义"、项目从小开始但在某一轮突然巨幅增大的"半渐进主义"、项目从一开始就规模很大的"大爆炸"方式。通过理论阐释和实验验证了渐进主义机制，尤其在后期规模较大的项目协作上有着远高于另外两类机制的成功率。所谓循序渐进的团队协作方式，是让团队成员首先从事规模较小或难度较低的项目开始建立协作关系，随着时间推进逐渐提高项目的规模与难度，而不是一开始就让团队成员从事规模很大或难度很高的项目。因为从小项目开始做起可以让团队成员对其他成员参与协作的可能性有着更高的信念，从而自己也更愿意参与贡献；而慢慢增加项目规模则有助于维持对其他成员在更大项目上参与协作概率的乐观信念，从而使得所有团队成员在大项目上仍保持较高的贡献意愿。这也与我们一直倡导团队协作，以核心小团队一圈圈推开去带动更大的团队，有着诸多相似之处。

渐进主义的关键是实现交班可积。就像 SpaceX 渐进式团队每一次小任务积攒的默契和信念，渐进主义绝不是盲目地找路和奔跑。2023 年 4 月 20 日，SpaceX 的巨型火箭星舰在发射测试中失利，第一级火箭发射后，33 台猛禽发动机中的 5 台没有启动，上升到 40 公里高度时两级火箭分离失败，不得不启动自毁程序。虽然马斯克征服火星的梦想非常激进，但在实际推动中，SpaceX 的创新是奉行渐进主义的。不断实验、小步前行、快速迭代，是 SpaceX 发展到今天，开始测试全球推力最强劲的火箭的原因。对 SpaceX 的努力和失败，我们应该保持尊重的态度，因为我们知道每一次的失败都代表着他离目标又近了一步。事缓则圆、渐进有道，一定要让每一步的工作都有存在的价值和意义，可累积、可迭代才能行必至。

《基督山伯爵》的结尾说，人类社会的所有智慧，就蕴含在两个词里面：等待和希望。2019 年我们开始做财务信息化三年跃升工程，成立了 5 个人的专班，开始了集团财务信息化基础的调研、评估，三个月后形成论证报告的征求意见稿。然后是向领导汇报、不断迭代修改，一年半后才通过总经理办公会审议。当面对长周期复杂问题的时候，我们需要一点钝感力，在遇到挫折、困难和模糊不确定的局面时不妨放慢节奏，通过缓冲器来蓄积能量、重装出发；也需要一点渐进主义，通过假以时日实现厚积薄发。

## 愚公移山

当一个渐进主义者，得有坚强的意志力和坚韧不拔的精神。在所有的人物中，如果算上虚构的文学形象，那么最典型的代表就是愚公了。愚公移山的故事体现了他的意志力，他的信心、决心、恒心和耐心。而这些都是推进长期复杂任务所必不可缺的。

善战者无勇功。美国心理学家罗伊·鲍迈斯特认为，意志力绝不是自我感动式的头悬梁锥刺股，而是好整以暇、举重若轻，用意志力来建立习惯，而不是用它来应急。首先，意志力是有限的，会随着使用损耗，随着休息恢复。当我们在元旦给自己制订一堆宏大的计划，大概率第二天就将它搁置；大家减肥和背单词所需要的意志力是从同一个意志力账户支取的，所以不要同时追求太多意志力目标（最好不要超过三个）。其次，高尚的目标和意义感可以增强意志力。如尼采所说，"知道为什么而活着的人几乎能承受任何活着的问题"。

意志力并不是一成不变的。意志力由浅入深可以分为三种状态。第一种是刻意意志力状态，坚持做应该做的事情。村上春树每天坚持长跑，他曾说过："正因为不想跑所以才要去跑。"心理学家在对戒烟后又重新吸烟的人进行研究后发现，许多人原先并没有认真考虑如何去对付香烟的诱惑，所以尽管鼓起力量去戒烟，但是不能坚持到底。第二种是坚毅意志力状态，坚持我要做的事情，坚持自己喜欢做的事情。英国著名作家狄更斯平时很注意观察生活、体验生活，不管刮风下雨，每天都坚持到街头去观察、谛听，记下行人的零言碎语，积累了丰富的生活资料。这样，他才在《大卫·科波菲尔》中描写出精彩的人物对话，在《双城记》中刻画出逼真的社会背景，成为一代文豪。

第三种是无意志力状态，就是去做自己已经习惯的事情。意志力像肌肉一样，也可以通过锻炼变得越来越强大。锻炼方法很简单，就是逐渐养成一些习惯，当成为习惯后，对意志力的消耗会大幅降低。所以我们在坚持一个长期目标时，可以循序渐进。

意志力会影响每个人的生存与发展，一个意志力顽强的人，他懂得控制自己的注意力、情绪和行为，这使得他们比意志薄弱的人生活得更幸福，人际关系更和谐，在面对冲突、诱惑和困难险阻方面解决能力更强。1972年，心理学教授沃尔特·米歇尔做了一个有趣的实验，被称为斯坦福棉花糖实验。研究者们追踪了一群小孩很长一段时间，发现那些在4岁时就能够用意志力抵抗诱惑的小孩，进入青少年时期后心理调节能力更强，也更值得人信赖，成年后的人生也更加成功。也就是说，我们需要意志力来抵御即时诱惑。只有意志力坚强的人，才能为了将来的收获克己忍耐，收获长远的成功。

意志力体现在行动上，就是动力足、能持久。意志力就像无形磁场，客观存在并发挥着作用。意志力作为一种能力发挥作用，或者说愚公移山精神，可以总结为四个阶段，即坚定信心、下定决心、保持耐心、坚持恒心。

坚定信心是第一个阶段。信心是面向目标、面向理想的坚定信念。一方面，信心是一种主观的心理状态，尤其是情况不明、环境多变时更是如此。它集中表现为一种信念，往往并非基于现实的理性选择。另一方面，信心又能对现实产生客观的影响。1966年，美国心理学家罗森塔尔通过实验，研究了教师对学生的期望（信心）对学生成绩的影响。他来到一所乡村小学，给各年级的学生做语言能力和推理能力的测验，测完之后，他没有看测验结果，而是随机地选出20%的学生，告诉他们的老师说这些孩子很有潜力，将来可能比其他学生更有出息。8个月后，罗森塔尔再次来到这所学校。奇迹出现了，他随机指定的那20%的学生成绩有了显著提高。为什么呢？是老师的期望起了关键作用。老师们相信专家的结论，相信那些被指定的孩子确有前途，于是对他们寄予了更高的期望，投入了更大的热情，更加信任、鼓励他们，反过来这些孩子的自信心也得到了增强，因而比其他80%的学生进步得更快。

当信心面向自己时，就是自信。真正的自信也是面向目标的。只有知道自己的目标是什么，然后知道自己的长处是什么、短处是什么，才能做到真正的自信。良好的自信水平有助于自我意识的提高，自信心的建立也是一个认识自我、肯定自我、改进自我的过程。在面对一项复杂的工作时，要锚定方向不放松，然后从多方面来探寻坚定信心的要素，比如打造可信任的团队、及时发布取得的成效等等。愚公的信心来源于把太行、王屋两座大山移走后"指通豫南，达于汉阴"的蓝图和愿景，我们财务信息化三年跃升工程的信心则来源于建成"全国有名"的财务管理信息系统的坚定信念。

下定决心是第二个阶段，是面向行动、面向困难的。决心不是盲目的，不是对面临的困难视若不见，或者是"盲人骑瞎马、夜半临深池"一般对风险和困难一无所知，更不是对困难采取鸵鸟政策。下定决心是"明知山有虎、偏向虎山行"，是不到长城非好汉、不达目的不收兵。愚公的决心就体现在对"土石投诸渤海之尾，隐土之北；子子孙孙无穷匮"等充分论证后，仍然决定要"毕力平险"。愚公也是知道难但不怕难，是吃了秤砣铁了心，要带领全家排除万难。

我国古代学者所提倡的"立志"，便含有坚定信心、下定决心的意思。大家常说的"有志者事竟成",也体现了立志对于事态发展结果的重要性。当然,下定决心不能是盲目的,要认清客观条件,展开动机分析,积极进行思考。可以说,只有立足实际、明晰利弊,所下的决心才是有意义和可行的;盲目下定的决心,即使决心再大,也是无济于事的。下定决心主要表现在两个方面。一是明确行动目标,经过反复衡量比较后,以决定的形式确定目标,因此,决心是决定的内部基础,而决定则是决心的外部表观;二是选择实现行动方法和方式,并且最终以决定的形式确定下来。

下定决心是一种力量,能激励我们不断突破天赋和资源的限制,追求更大的成就。例如威尔玛·鲁道夫,她在1960年罗马奥运会短跑和接力赛中获得三枚金牌后,被称为"世界上跑得最快的女人"。但在小时候,她的身体素质远远算不上有天赋,她是一名早产儿,经常生病。她4岁时因为长期与肺炎、猩红热以及小儿麻痹斗争而差点夭折,有一条腿因为小儿麻痹而接近瘫痪。医生说她的腿好起来的希望非常渺茫,随后8年的时间里,她努力地进行着物理治疗,到12岁时才摆脱了腿部的支撑器,开始正常走路。她参加田径比赛后说:"我只希望大家记住我是一个很努力的人。"也许,跑得不够快、跳得不够远,做的事情没有达到预期的目标,并不全是身体的原因和资源的约束,我们也需要一些必达的决心。

保持耐心是第三个阶段,是面向过程、面向挫折的。在正念中,耐心是指人对于不确定感的耐受力,因为人的本能是不喜欢不确定感的,害怕在悬而未决中等待。在工作中,不确定感来自很多方面,可能是来自棘手的技术问题,可能来自用户的抱怨,可能来自团队成员间的摩擦,也可能来自上级的质疑,等等。这些不确定性,都会带来一种挫折感，令我们感到沮丧、怀疑。没有人会在项目顺利推进时主动放弃，但是一旦遇到较大的挫折，就是对耐心的考验。

其实，很多时候，我们对困难的事物缺乏耐心是因为看不到全局，就像复利曲线中所描绘的价值积累的普遍规律：前期增长非常缓慢，但到达一个拐点后会飞速增长；学习曲线中也印证了学习不同阶段会有平台期，所以在面对困难时，我们要告诉自己这些都是目标实现过程中的荆棘，要学会转变认知视角，探寻行动的好处和意义。

从另一个角度看，耐心是应对外界环境的一种态度。保持耐心就是根据变化的客观条件随时调整自身的心理状态，并努力克服各种冲击。这就是韧性，或者说坚韧。所谓韧性，是一种抵消干扰并且保持基本功能和架构的能力体系。在一些领域里，人们虽然面对不确定性，却依然要寻找道路前进。在推动目标的过程中，必定会碰到一些意想不到、无法预知的事情，我们必须运用耐心构筑这样一个体系：面对未知的冲击它不会垮塌，甚至能从中获益，这样我们才能在变幻无常的局势中获得胜利。就如同佐利所说的那样："潮流的变化实在难以驾驭，不要再想着去驾驭它，我们其实可以建造更好的舟艇。"

坚持恒心是第四个阶段，面向长周期、面向细务的。如果说愚公的耐心体现在"寒暑易节，始一反焉"，那么愚公的恒心就体现在"虽我之死，有子存焉；子又生孙，孙又生子；子又有子，子又有孙；子子孙孙无穷匮也"。恒心是与时间做朋友，是与平庸、琐碎做斗争。"恒"本义为上弦月逐渐趋满的样子，指绵延、延续的意思。《说文》中讲"恒，常也"，《易经》中讲"恒者，久也"，恒本身就有长久不变的含义。我国古代学者非常强调恒心的价值，如荀子云："锲而舍之，朽木不折；锲而不舍，金石可镂。"在推进长周期复杂任务的过程中，恒心阶段具有更为本质的意义。因为仅有信心、决心、耐心，而没有坚持到底的恒心，那结果可能就是行百里者半九十。绳锯木断、水滴石穿，尤其是面对长周期的工作时，要理解一张蓝图绘到底的意义，一方面要抵制不符合行动目的的主观因素的干扰，另一方面也要善于长久维持已经开始的符合目的的行动。

在某种程度上，恒心也代表了重复的力量。卫星院的一位年轻同事为了保证嫦娥五号飞行试验器以接近第二宇宙速度"打水漂"返回地球，带领团队做了超过百万次的模拟飞行试验。他感叹说："干航天最牛的是什么？是能静下心来踏踏实实把一件简单的事重复干一千遍一万遍。"这就体现了恒心的力量。通过不断重复进行积累，可能一开始会觉得进展缓慢，甚至会感到失望，但是只要坚持下去，随着时间的推移，就能看到令人惊讶的结果。

我最近常常思考"坚韧"这个概念。埃莉诺·罗斯福曾说："每一次你停下脚步与恐惧对视，你都会收获自信、勇气和力量，这样你便可以告诉自己，我已经经历过这一切了，我有勇气面对下一个挑战。"这便是坚韧，不仅包括了耐心和恒心在里面，细究一层，它还包括了信心和决心在里面。我每每与同事聊天，谈到这些年我们推动的这些战略财务工作，我坚信它们是一个个活的系统、是有生命力的系统。它们就像自己的孩子，刚开始的蹒跚学步、咿呀学语，很幼稚也不成熟，需要我们投入时间和精力；但终有一天，它们会长大成人，会反哺我们，会创造价值。我坚信，只要我们始终锚定目标前进，假以时日，它们一定会成长为一个个朝气蓬勃、活力四射、勇挑重担的青壮年。

# 后 记

首先感谢王爱国研究员和徐广玉博士，没有他俩，这本书不可能完成。一年前，我刚冒出这个想法，想对近30年的航天财会生涯做一次回顾，立刻得到了他俩的热切支持。他俩帮助我收集整理材料、讨论文章结构、推敲润色词句，从最初的长编到最后的清样，他们的付出和我一样多；可以说，他俩是本书的共同作者。

其次要感谢中国宇航出版社的彭晨光、刘凯和马喆，感谢他们专业、细致又高效的编辑工作。感谢航天科技图书出版基金评审委员会和办公室，他们决定对本书的出版予以全额资助。

这本书发轫于《财务与会计》2023年第5期的系列文章。感谢《财务与会计》编辑中心的编辑们，将集团公司有关财务管理的文章专题刊发并加了编者按。感谢这些文章的共同作者：刘永、聂儒昌、沈晓、喻新文、赵晓红、陈海峰、李涛、孙乾、于亮、汤雷、汪建、贾纯锋、王淼、王哲，以及集团公司财金部的许多同事。他们是新一轮成本管控、财务信息化三年跃升工程、财务共享中心建设、司库体系建设和航天财务工作质量保证体系建设等战略财务任务的核心团队成员，是集团公司财金系统的"国家队员"，依赖他们的智慧与力量、投入与付出，这些战略财务任务得以顺利推进并取得了骄人的成绩。

我还要感谢在火箭院、卫星院并肩奋斗过的同事们。苹果公司史蒂夫·乔布斯说过："向前展望时你不能把点点滴滴的经历联系在一起，只有在向后回顾时才能发现它们之间的联系。"本书介绍的财务工作质量保证体系、内部会计控制标准体系、火箭院EASI系统建设和全面预算管理体系，分别是卫星院在2018年、火箭院在2007年和2002年开始的战略财务活动，这些财务变革是我们现在许多工作的源头和嚆矢。这些工作一直持续至今，彭建国、胡苇、王玮、王力波、金胜、李宏宇、王晓美等团队领导人转岗了，栗晋、王宁、刘均华、姚钧等带领新的一批团队成员继续以不屈服的劲头和愚公移山的精神持续推进，打造了一个个有生命的系统，并多次获得国防科学技术进步奖、全国企业管理现代化创新成果奖和中国国防科技工业企业管理创新奖。这几项战略财务任务的具体情况在我主编的《军工单位财务工作质量保证体系》和《内部会计控制标准体系——中国运载火箭技术研究院的治理实践》《集团公司财务信息系统工程》《集团公司全面预算管理》中有详细介绍，再次对这几本书的其他编者表示感谢，他们包括陶玉贵、张黎明、林松、刘靖、范晓飞、李恒杰、孙云飞、李蕊、刑志娜、王苏、童明姗、高树学、于丽慧、任顺、姜凝、王芳、戴静、王清等。

压轴的感谢献给我的几位师长，他们对我耳提面命、言传身教，让我终生受益。我亲承謦欬，本书总结的很多做法、观点都是向他们学习而来的，甚至一些说法也是拾人牙慧。对他们，我始终心怀感恩。

最后感谢我的家人们，感谢她们的一直陪伴和默默的支持。

2023 年 12 月 26 日勘正于北京大有庄